薬物依存からの「回復」

ダルクにおけるフィールドワークを通じた社会学的研究

相良 翔

Sagara Sho

ちとせプレス

はしがき

　私は偶然が重なり非行および犯罪からの「立ち直り」について研究することになった。

　大学時代に社会福祉学を専攻していた私は，社会福祉士になるべくソーシャルワーク実習の授業を履修していた。そのときの実習先の中に更生保護施設があった。その実習では，更生保護施設だけではなく，精神科クリニックやホームレス支援関係の施設など関連機関にも多く連れていってもらい，さまざまな視点から「立ち直り」について考えることができた。そして，この社会の現状について，とくに社会的排除のリアリティについてまざまざと見せつけられた。さまざまな理由はあれども，人が生きていくのに必死になってしまう環境に追い込まれるさまを見て，心のどこかにモヤモヤを抱えることになった。大学入学当時からなんとなく大学院に進学しようと思っており，このモヤモヤを解明することを考えて進学した。このような研究関心を得られたのも，そのときの実習指導者の方のおかげであり，大変感謝している。

　修士課程から社会学を専攻し，「立ち直り」を支援する場所でもある更生保護施設でフィールドワークを行い，研究を進めていた。その中でやはり考えることが多かったのが，薬物関係の犯罪を起こした人たちの存在であった。とにかくその犯罪を繰り返している人が多かった。また，他の罪種で更生保護施設に住むことになった人の中にも過去に違法薬物の使用をしていた人が少なくなかった。「立ち直り」について考えていくうえでは，薬物犯罪について，薬物依存からの「回復」について調べることが必要になるだろうとそのときに思った。

　博士課程に進学することを決め，更生保護施設の研究の傍らで薬物依存に特化した研究が必要だと考え，知人を通じて，薬物依存の民間リハビリテーション施設であるダルク（DARC：Drug Addiction Rehabilitation Center）の1つXダルクへの訪問を決めた。Xダルクに関する事前情報を得ていたものの，具体的なイメージもつかめずに訪問の日を迎えた。正直，そのときの記憶はもうおぼろげ

なのだけれど，たしかミーティングに参加し，事務所でスタッフの方から説明を受けたと思う。印象としてダルクは，更生保護施設に比べて，ゆるい場所だなと感じた。そして，それは個人的にはとても心地のよい場所であった。その当時はそれがなぜなのかわからなかったし，今から思えばダルクでの生活の一側面しか見ていなかったが，とても楽な場所なのだろうなと思った。それがなぜなのか知りたいと素直に思った。そのうえで「回復」という用語自体は事前に知っていたのだけれど，その内容に考察を試みようとした。

そのタイミングで東京大学大学院の教育社会学を専攻する有志によって始められた非行研究会で，研究報告をする機会があった。そこにダルク研究会で一緒に活動することになる森一平さん（現在，帝京大学）と伊藤秀樹さん（現在，東京学芸大学）と出会った。そして，そのお二人からダルク研究会に誘われることになった。2011年1月頃と記憶しているが，本当にタイミングがよく，この出会いには感謝している。そして，早8年が過ぎるが，いまもダルクでの研究を続けている。

このように私がダルクをフィールドにして薬物依存からの「回復」について研究を始めるようになったのは，偶然が積み重なった結果ともいえる。しかし，この研究を続けてきたのはどこか自分の問題関心，つまり研究に向かう根本的動機に合ったものであったからだと思う。「立ち直り」もそうなのだが，「回復」という言葉に私が自然と関心を寄せたのは，これまで自分がどこか重荷のようなものを抱えて生きているような気がしており，そこから解放されたいと考えていたからであろう。そのヒントをダルクから見出せそうな気がしたからだ。勉強や研究を重ねるにつれて，そのような生きづらさを抱えているのは私だけではなく，社会的なものなのだと気づいた。そして，犯罪社会学，福祉社会学，医療社会学の観点から薬物依存からの「回復」について考察することを通じて，そのような生きづらさからの解放のヒントを考え出そうとしたのが本書のコンセプトにもなろう。薬物事犯という犯罪の研究，薬物依存症という病気の研究というよりも，薬物依存者として生きていくことの研究である。

目　次

はしがき　i

初出一覧　vii

序章
本書の問題関心　1

1　日本の薬物問題の現状　3

2　日本の薬物事犯者の現状　4

3　「五か年戦略」と「行動計画」　8

4　薬物事犯者に対する処遇の動向　10

5　本書の独自性　11

第1章
ダルクとはいかなる場所なのか？　15

1　ダルクの概要　16

2　ダルク小史　19

3　ダルクの運営状況　21

4　ダルク運営上における現在の課題　24

5　まとめ　26

第2章
薬物使用における〈止める‐プロセス〉の検討　29

1　薬物問題の社会学の構成　30

2　〈止める‐プロセス〉をどう見て取るか？　38

iv

3 まとめ　42

第3章

調査概要　45

   1 XダルクとYダルク　46

   2 インタビュー協力者　48

第4章

「回復」に向けた契機としての「スリップ」　53

   1 「回復」における「スリップ」の意味　54

   2 データについて　56

   3 回避対象としてのスリップ　57

   4 スリップを経験する　60

   5 スリップ後の変化　62

   6 「仲間」との関係性の構築　64

   7 まとめ　65

第5章

「回復」と「仲間」　69

ダルクにおける生活を通した「欲求」の解消

   1 「仲間」と関わり合う日常生活に焦点をおいた「回復」の分析の重要性　71

   2 データについて　73

   3 データの検討　74

   4 まとめ　84

目　次　v

第6章

「回復」のプロットとしての「今日一日」　89

1 「今日一日」というスローガン　90

2 データについて　95

3 「今日一日」を受け入れることの意味　95

4 「今日一日」のもとで生きる　101

5 まとめ　104

第7章

「回復」における「棚卸し」と「埋め合わせ」　107

1 「棚卸し」と「埋め合わせ」　108

2 「棚卸し」「埋め合わせ」を実践するうえでの困難　111

3 データについて　113

4 分　析　114

5 まとめ　121

第8章

ダルクベテランスタッフの「回復」　125

1 ダルクメンバーの「回復」観　127

2 データについて　128

3 データの検討　129

4 「スタッフとしての自己」の位置づけ／ダルク外の居場所　136

第9章

「回復」を巡るコンフリクト　143

1 「回復」における困難とは？　144

2 データについて　146

vi

3 データの検討　147

4 薬物依存からの「回復」を巡るコンフリクト　156

終章

「回復」を支える社会のあり方　161

1 「回復」を巡るコンフリクトへの対応　162

2 「回復」を物語るための「接ぎ木」　163

3 何かによって生かされ続けられるような社会のあり方　167

4 本書のまとめ　171

補論

ダルクメンバーのライフストーリー

1 「今日一日」を積み重ねて　……………………………………　177
　　Gさん／男性／40代前半／覚せい剤，アルコール

2 誰も支援してくれなかったじゃないか　…………………………　195
　　Hさん／男性／20代前半／覚せい剤，アルコール

3 何となくダルクにたどり着いて　…………………………………　217
　　Vさん／男性／40代前半／覚せい剤

4 「回復」はつまらない　……………………………………………　231
　　cさん／男性／40代前半／風邪薬

おわりに　253

引用文献　257

事項索引　267

人名索引　272

初 出 一 覧

序章　書き下ろし

第1章　書き下ろし

第2章　書き下ろし

第3章　書き下ろし

第4章　相良翔，2015,「薬物依存からの『回復』に向けた契機としての『スリップ』── ダルクメンバーへのインタビュー調査から」『保健医療社会学論集』25（2）: 63-72.

第5章　相良翔・伊藤秀樹，2016,「薬物依存からの『回復』と『仲間』── ダルクにおける生活を通した『欲求』の解消」『年報社会学論集』29: 92-103.

第6章　相良翔，2013a,「ダルクにおける薬物依存からの回復に関する社会学的考察──『今日一日』に焦点をおいて」『福祉社会学研究』10: 148-170.

第7章　相良翔，2016,「薬物依存からの『回復』における『棚卸し』と『埋め合わせ』── ダルクメンバー／スタッフの「回復」における困難とその克服（1）」第89回日本社会学会報告原稿.

第8章　相良翔，2017,「ダルクヴェテランスタッフの『回復』── ヴェテランスタッフへのインタヴューからの考察」『駒澤社会学研究』49: 137-158.

第9章　書き下ろし

終章　書き下ろし

【補論】

1　相良翔，2013b,「『今日一日』を積み重ねて」ダルク研究会編（南保輔・平井秀幸責任編集）『ダルクの日々── 薬物依存者たちの生活と人生』知玄舎: 191-219.

2　相良翔，2013c,「誰も支援してくれなかったじゃないか」ダルク研究会編

viii

（南保輔・平井秀幸責任編集）『ダルクの日々 —— 薬物依存者たちの生活と人生』知玄舎：219-246.

3　書き下ろし

4　相良翔，2018,「回復はつまらない」南保輔・中村英代・相良翔編『当事者が支援する —— 薬物依存からの回復　ダルクの日々パート 2』春風社：147-173.

序章

本書の問題関心

現代の日本において薬物をめぐる社会問題（以下，薬物問題）に対する関心は高まりつつあり，とくに薬物依存（症）への対応について喫緊の課題となっている。

日本では，薬物依存者に対して犯罪者として扱ったうえで介入していく司法モデルによる統制が従来よりなされていた。つまり，少々大袈裟な物言いになってしまうが，薬物依存者は社会秩序を乱す存在として矯正施設などに「隔離」され，そして矯正施設などにおいて薬物依存に陥らずに社会に適応できるように「教育」される存在として扱われる傾向にあったといえる（相良 2015b）。そして，その教育がうまくいかなった場合，まるでゴミのように社会から「廃棄」されてしまうことも想定される（Bauman 2004 = 2007）。

そのような司法モデルによる統制に対する反省から薬物依存を精神疾患と扱ったうえで介入していく医療モデルによる統制が図られつつある（Conrad & Schneider 1992 = 2003）。アメリカ精神医学会によって作成される診断基準であるDSM−5によれば，いわゆる薬物依存は「物質使用障害」の一種とされ，治療方法は年々変化している。そのような医療モデルによる介入は，司法モデルに比べて相対的に道徳的な介入であろう。しかし，社会秩序を乱す病気になった者として病院などに「隔離」し，そして社会に再び適応できるように医師などによって「治療」し，その治療がうまくいかない場合は「廃棄」するという性質は備えた統制方法ではある。

司法モデルであれ，医療モデルあれ，薬物依存者に対して排除の論理に従って社会は扱う可能性をもっているといえる（相良 2015b; Young 1999 = 2007）。そのような論理に対して，薬物依存者はつねにいわば受け身の存在として描かれてきた。だが，近年では薬物依存に対して「回復」という概念から接近する方法が着目されつつある。この「回復」とは「治し方」ではなく，「治り方」に着目する性質をもつ概念である（中村 2011）。つまり，薬物依存者がどうにか依存薬物の使用を止めながら社会で生活するプロセスを捉えようする視座でもある。事実，すべての薬物依存者が依存薬物を使用し続けるわけではなく，どうにかそれを止めながら生活している人が多く存在する。しかし，その「回復」とはいかなるものなのか。それに対する社会的関心は高まっていながらも，その全体像や固有性および個々のプロセスはあまり明らかにされていない。

それゆえに本書では薬物依存からの「回復」について，社会学的に検討する

ことを目的にする。まず序章では日本の薬物問題の現状について記述していく。

1　日本の薬物問題の現状

　第1節では先行研究を参照しながら（平井 2005, 2015; 本田 2011; 丸山 2007, 2015; 佐藤 2006, 2008），薬物問題の現状について簡潔に記述していく。

　日本の薬物問題の現状を捉えるうえで重要な試みとしてあげられるのが，国立精神・神経センター精神保健研究所の薬物依存研究部が行っている「薬物使用に関する全国住民調査」と社会安全研究財団（現：日工組社会安全研究財団）委託研究である「覚せい剤乱用者総数把握のための調査研究」である。

　「薬物使用に関する全国住民調査」は，飲酒・喫煙・医薬品を含む薬物使用状況を把握することを目的にしたものである。この調査は 1992 年に開始され，1995 年以降から隔年で全国住民調査が行われており，最新の調査報告書は 2017 年に行った調査に関するものである（嶋根・邸・和田 2018）。全国の一般住民を対象とした薬物乱用・依存の実態把握調査としては日本唯一のモニタリング調査とされている。この調査は住民基本台帳から層化二段抽出法によって 15 歳以上 64 歳以下の男女 5000 名を抽出し，調査員の戸別訪問による無記名の自記式調査で行われた。

　この調査では「薬物使用の生涯経験者」（生涯のうちに一度以上使用する者）として，国内の各種薬物使用経験者の推計値が提示されている。2017 年の調査報告書において，有機溶剤が約 103 万人，大麻が約 133 万人，覚せい剤は約 50 万人，コカインが約 26 万人，危険ドラッグが約 22 万人の生涯経験者が存在するとされる。この結果は 2015 年の調査に比べて，大麻は大幅に増加，それ以外は減少傾向にあるとされている。ただし，覚せい剤および MDMA の使用を誘われる経験に関しては増加しているという結果が出ていることに注意が払われている。また，覚せい剤使用に対しては 90％以上の調査対象者は否定的な意見であったが，少数ではあるが覚せい剤の使用に関しては個人の自由とするなどの容認する意見もあることも触れられている。その中でもとくに 20 代の若年層において容認する意見が増加していることについて注意が呼びかけられている。なお，「薬物使用に関する全国住民調査」ではあくまで対象者本

人の使用経験について問われており，それゆえに調査手法に配慮があったとしても違法薬物の使用経験について正直に答えられない可能性は否めない（丸山 2015: 12）。

他方で「覚せい剤乱用者総数把握のための調査研究」は薬物の不法使用（乱用），とくに覚せい剤乱用者数の推定をすることを目的にした研究であり，1998 年から 2003 年にかけて調査を行い，六度の報告書が出されている（田村 2004）。この調査は住民基本台帳から層化二段抽出法によって 20 歳以上の男女 2000 名を抽出し，調査員の戸別訪問による個別面接調査で行われた。この調査では調査対象者に対して違法薬物使用の経験を直接聞くのではなく，周囲にいる違法薬物使用者について把握するように質問が構成されている。それゆえにこの調査では調査協力者が知っている違法薬物使用者数を違法薬物乱用者数と捉えるという仮説を用いている。その結果，調査期間において約 100 万人から 230 万人の覚せい剤乱用者が存在していたと推定されている。この調査に関しては 1998 年から 2003 年にかけての推測値であり，その数も現在に至るまでに変化していると考えられる。また，「知っている人の数＝乱用者の数」という前提をもとにした推測である点については注意が必要であろう。

「薬物使用に関する全国住民調査」と「覚せい剤乱用者総数把握のための調査研究」からは，議論の余地はあるが依存性の高い合法ならびに違法薬物の使用者の数の推移がある程度把握できる。その結果から我が国において継続的に多くの依存性の高い薬物の使用者が存在することが想定できる。

2　日本の薬物事犯者の現状

第 1 節では，我が国において依存性の高い合法ならびに違法薬物の使用経験がある人物の推定をした調査について言及してきた。ここで注意が必要なのは，それらの調査で言及しているのはあくまで使用経験であるという点である。本研究は薬物依存者に注目したものであるが，薬物依存に至るまでにはさまざまな過程が存在し（Becker 1973 = 2011），一度薬物を使用したからといって，すぐにその薬物に依存するわけではない [1]。しかし，薬物依存者に関する統計は我が国においては存在しない。そこで代替的に司法統計における薬物事犯者の

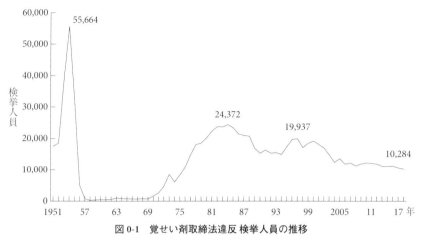

図 0-1 覚せい剤取締法違反 検挙人員の推移
（出典）法務総合研究所（2018: 140）より作成。

現状について把握する。薬物事犯者の数が薬物依存者の数と同じであるとはいえないが、逮捕されるまで薬物使用を繰り返すほどの薬物依存にまで至っていることが多いとも考えられる。なおここでいう薬物事犯者とは、「覚せい剤取締法」「麻薬及び向精神薬取締法（麻薬取締法）」「あへん法」「大麻取締法」の違反者[2]を指す。

まず、覚せい剤取締法違反の検挙人員の推移について確認する（図 0-1）。なお、覚せい剤取締法は 1951 年に成立した法律であり、現在に至るまでに 8 回の改正を重ねている[3]。覚せい剤取締法の検挙人員はこれまでに 3 つのピークがあるとされる。第 1 のピークは 1954 年の 5 万 5664 人を頂点にした時期である[4]。その後、検挙人員は急激に下がったが、1976 年に検挙人員が 1 万人を超えて、1984 年には検挙人員が 2 万 4372 人に達した。この頃が第 2 のピークである[5]。そして、いったん検挙人員が 1 万 5000 人ほどに落ち着いたものの、1997 年において 1 万 9937 人に増加した。この頃が第 3 のピークである[6]。第 3 のピーク以降は減少傾向にあり、2016 年より 1 万 1000 人を下まわるようになり、2017 年においては 1 万 284 人であった。

次に大麻取締法、麻薬取締法、あへん法違反の検挙人員の推移について確認する（図 0-2）。麻薬取締法、あへん法違反の検挙人員に関しては比較的検挙

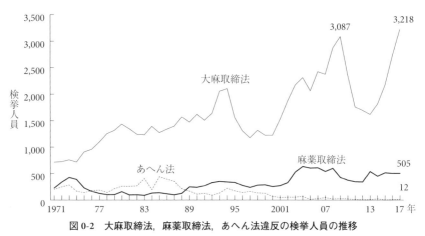

図 0-2　大麻取締法，麻薬取締法，あへん法違反の検挙人員の推移

（出典）　法務総合研究所（2018: 142）より作成。

人員は少ない状態のまま推移している。2017 年の検挙人員は麻薬取締法違反では 505 人，あへん法違反では 12 人となっている。大麻取締法違反者の場合は変動はあるが長期的には増加傾向にあることが垣間見える。2009 年に検挙人員が 3087 人とピークに至り，その後減少はしたが 2013 年から再び増加し，2017 年においては 3218 人となっている。覚せい剤に対する取り締まりが強化されるなかで，その代替となる薬物として大麻が扱われている可能性が指摘されていたが（丸山 2015: 28），それを示すかのように過去最大となった。

次に覚せい剤取締法違反による入所受刑者人員の推移について確認する（図 0-3）。刑事施設の年末収容人員は 2006 年の 8 万 1255 人をピークにし，その後は減少し続け，2017 年においては 5 万 3233 人となっている。ただ，覚せい剤取締法違反による入所受刑者人員の推移を見ると右肩下がりになっているわけではないことがうかがえる。2017 年において覚せい剤取締法違反による入所受刑者人員は 5355 人であり，入所受刑者総数に占める比率は 27.7％である。また，女性入所受刑者は 694 人であり，女性入所受刑者総数に占める比率は 36.7％となっている。入所受刑者人員総数の下げ幅に比べて，覚せい剤取締法違反による入所受刑者人員の下げ幅は緩やかなものになっている。

また，覚せい剤取締法違反による入所受刑者人員（男女別，入所度数別）の推移に関しては図 0-4 の通りである。男性の場合，初入者に比べて二度以上の受

序章　本書の問題関心　7

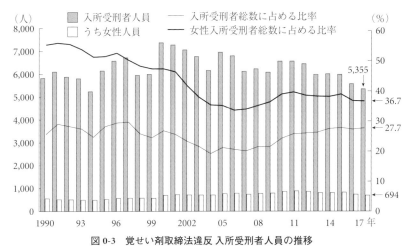

図 0-3　覚せい剤取締法違反 入所受刑者人員の推移

（注）　矯正統計年報による。
（出典）　法務総合研究所（2018: 145）より抜粋。

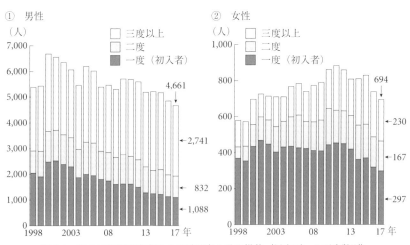

図 0-4　覚せい剤取締法違反 入所受刑者人員の推移（男女別，入所度数別）

（注）　平成 10 年〜29 年。
（出典）　法務総合研究所（2018: 146）より抜粋。

刑者の割合が多く，2017 年のその割合（再入者率）は 76.7％になっている。そして，三度以上の入所受刑者の割合が最も高い。他方，女性の場合でも 2017 年の再入者率が 57.2％となっている。図 0-3「覚せい剤取締法違反 入所受刑者人員の推移」も併せて鑑みても，一度薬物事犯者となった者が何度も薬物事犯を繰り返してしまうというような負のスパイラルにはまってしまう様子がうかがえよう。

3 「五か年戦略」と「行動計画」

　先述の通り，覚せい剤取締法による検挙人員に関してはいままでに統計上 3 つのピークがあった。その最後である第 3 期の終息を目指すうえで「薬物乱用防止五か年戦略」（以下，「五か年戦略」）が策定された。なお策定にあたっては，内閣総理大臣を本部長とする薬物乱用対策推進本部が舵をとっていた。「五か年戦略」はこれまでに四度策定されており（1998 年，2003 年，2008 年，2013 年），その都度内容が変化している。

　とくに薬物依存からの「回復」に関して言及するものとして挙げられるのは，3 次戦略および 4 次戦略である。3 次戦略以前において，「薬物密売組織の壊滅や水際での密輸入を阻止する『供給側中心の政策』と青少年等への啓発活動や徹底した末端薬物乱用者の取り締まり，治療・社会復帰支援による薬物再乱用防止を行う『需要側の政策』」（丸山 2015: 24）という 2 つの視点をもって薬物問題に対する政策が行われていたが，どちらかといえば供給側を取り締まる方針に比重がおかれたものになっており，「治療・社会復帰支援による薬物再乱用防止」に関してはあまり重点的に行われていなかった。その上で丸山泰弘は薬物使用に至っていない人々に対する予防（第 1 次予防）にはつながっているが，すでに薬物を使用したことがある人々に対する再使用への予防（第 2 次予防）にはあまりつながっていなかったと言及している（丸山 2015: 24-25）。

　そのような背景のもと，2008 年に策定された 3 次戦略においては，「薬物依存・中毒者の治療・社会復帰の支援及びその家族支援の充実強化による再乱用防止」についても第 1 次予防と同等のレベルの目標として設定された。その具体的な内容としては内閣府，警察庁，文部科学省，厚生労働省において相

談機関の充実が記されている。なお，3次戦略が制定される直前に厚生労働省において各精神保健センターや役所の相談窓口に「薬物問題相談員マニュアル」[7] が配布された。また，2014年に策定された4次戦略においては「脱法ハーヴ」（現在では「危険ドラッグ」と名称される）への対策[8] が記されるなど薬物乱用を巡る問題の多様化への対応を図ることや，薬物乱用者の家族支援の充実について触れられている。そして，4次戦略において重要な点として，薬物依存者への支援において民間団体との連携の必要性について述べられていることが挙げられよう。

　また，2003年12月には「犯罪に強い社会の実現のための行動計画――『世界一安全な国，日本』の復活を目指して」（以下，「行動計画」）が政府の犯罪対策閣僚会議で決定された。その「行動計画」も第1次予防に関して比重がおかれているが，「組織犯罪等からの経済，社会の防護」の中の「薬物乱用，銃器犯罪のない社会の実現」の項において薬物乱用への対策が重要対策として位置づけられている。その具体的な内容として挙げられるのは，薬物中毒者等の治療，相談体制の充実，保護観察対象者に対する簡易尿検査の実施などによる薬物中毒者等の社会復帰支援，家族を対象とした相談体制の充実などである。

　その後，犯罪対策閣僚会議では2012年には「再犯防止に向けた総合対策」，2016年には「薬物依存者・高齢犯罪者等の再犯防止緊急対策」が練られた。前者においては，再犯防止のための重要対策の1つとして薬物依存者への対応が位置づけられており，「個々の再犯リスクに応じたプログラム」[9]「薬物依存症の治療及び生活支援の一体的実施」「医療機関，民間団体等との連携による継続的・長期的な指導・支援の充実」「薬物依存者の家族等への支援の充実」などが図られている。後者においては，薬物依存からの「回復」に向けた矯正施設・保護観察所による指導と医療機関による治療等を一貫して実施するための環境整備が目指されており，「矯正施設・保護観察所による一貫性のあるプログラムの実施」や「薬物依存症の治療拠点となる医療機関の全国的な整備」などが具体的な目標とされている。そして，2016年には「再犯の防止等の推進に関する法律の施行」が公布，施行され，国及び地方公共団体の責務によって，薬物事犯を含む再犯を防ぐことが目指されるようになった。

4 薬物事犯者に対する処遇の動向

第3節において我が国における薬物問題への対策の変遷について記述してきた。それに加えてこの節では近年における薬物事犯者に対する処遇の動向について記述する。丸山によれば，①即決裁判を活用した方法，②裁判段階から更生保護的手法を活用した方法，③矯正段階での特別改善指導を活用した方法，④保護観察所での簡易薬物検査を活用した方法，以上の4つが主要な動向であるとされる（丸山 2015: 46-52）。

「即決裁判を活用した方法」とは，単純自己使用や所持の裁判手続きが簡略化されたうえで，その対象者に対してセルフヘルプ・グループなどへの参加やカウンセリングなどの治療的機会を提供できるようになったものである。「裁判段階から更生保護的手法を活用した方法」とは，特別遵守事項を執行猶予者にも付することができるようになり，そのため簡易薬物検査を用いながら認知行動療法に基づいた処遇を受けることを執行猶予者に義務づけることが可能になったものである。これは執行猶予者保護観察法の一部改正法律や更生保護法を根拠にした方法である。「矯正段階での特別改善指導を活用した方法」とは，1970〜80年頃に一部の矯正施設での処遇や1993年4月から実施された処遇類型別指導として実施された処遇を起源としたものである。なお，2005年に成立した刑事施設及び受刑者処遇法によって特別改善指導を薬物事犯者に行えるようになった。このうち特別改善指導では民間組織のスタッフが法的根拠をもって矯正施設での処遇に携わることができるようなったところが特徴的である。また，体系的・計画的に処遇を行うことができるようになったことも重要な点である。「保護観察所での簡易薬物検査を活用した方法」とは2004年より全国的な施策として保護観察対象者本人の意志に基づき簡易薬物検査が実施されていたことを起源とするものである。ここで念頭におかれているのは，保護観察対象者を監視するための検査ではなく，断薬への努力をたたえるための検査であるという点である。ただし，丸山によれば更生保護法によってこの簡易薬物検査も義務化できるようになったため，監視の側面が強くなることが懸念されている（丸山 2015: 55-56）。

5 本書の独自性

　以上，日本の薬物問題をめぐる現状とその対応について概観してきた。そこから薬物問題への対応については近年において大きな変化を迎えていることがわかる。その変化に対する評価は本書における直接の目的ではないが，ここで重要なのは薬物事犯者への処遇において薬物問題を犯罪化したうえで対応するだけの方法ではなく，非刑罰的な対応であるダイバージョンとして医療的な関わりなどが選択肢として挙がってきたこと，そしてダルク（DARC：Drug Addiction Rehabilitation Center）をはじめとした民間団体がそのアクターとして関わるようになったことである。

　ダルクとは1985年に創設された薬物依存からの「回復」のためのリハビリテーションを行う民間施設である。そのメンバーはもちろんスタッフも薬物依存の当事者というセルフヘルプ・グループの要素をもつ組織である。現在においてダルクは薬物問題を解消するうえで重要な担い手と見なされているが，いわば司法的な処遇や医療的なケアといった専門家が主導するようなアプローチとは異なる形で薬物依存に向き合っている（中村 2016: 499）。

　ダルクに関しては，医学，刑事政策学，精神看護学，社会福祉学，ダルク関係者などによって，少なくない数の考察がなされてきた（嶋根 2007b; 松本 2016; 石塚編 2007; 上岡・大嶋 2010; 近藤 2009 など）。その中においても，ダルクは薬物依存者に対する介入におけるオルタナティヴな存在として描かれている。我が国の薬物政策は司法的な取り組みを中心としているが，ダルクはそこから距離をおきながら薬物依存当事者が薬物使用を止めるために自然発生的に誕生したとされる（嶋根 2007b: 168）。そして，ダルクは医師を中心とした医療的な介入ではなく，当事者がお互いの助け合いをもって「回復」を目指しているという点に特徴がある。ダルクに対して年々着目が高まりつつある。そのような着目の高まりは，ある社会問題に対して司法モデルや医療モデルによる介入ではなく，セルフヘルプやピアサポートによる助け合いを求める社会の流れが強まっているなかで形成されたものともいえよう（伊藤編 2013）。

　ダルクに関する先行研究においては，薬物依存からの「回復」に言及したものが多い。しかし，薬物依存の「回復」のプロセスや「回復」の意味世界はい

かなるものなのかについての言及はあまりされていない。それに対して，これまでに我が国の社会学では薬物依存からの「回復」を含む薬物問題に対して，おもに社会統制の観点から研究が進められてきた（平井 2005, 2015; 本田 2011; 佐藤 2006, 2008）。しかしながら，社会統制の観点からの研究においては，薬物依存当事者が社会統制に対して受け身の姿勢でいるという前提のもとで記述されることが多い。たしかに薬物依存者はいわば社会的排除を受けながら社会生活を送ることを余儀なくされる側面はある（相良 2015b）。しかし，薬物依存者はそのような排除の論理に対して受け身でいるだけでなく，それに対して抵抗や変容などの動きを見せるとも考えられ，そこにより焦点をおいた研究も必要となろう。薬物依存者に対する支援への関心が，徐々にだが高まっている現状において，その理解を進めるうえで「回復」のプロセスや意味内容を記述し，社会学的に考察することには意義があろう（ダルク研究会編 2013; 南・中村・相良編 2018）。

　その上で本書の構成は以下のようになる。まず，第1章ではダルクの小史や取り組みについて記述する。第2章では薬物問題に対する社会学的な研究に関するレビューを行い，本書の立ち位置を明確にする。本書の立ち位置は薬物問題に対する社会学的研究の中でも薬物使用を止めるプロセスに言及した研究になる。第3章では，ダルクに対する調査方法の概要について記述する。第4章では，ダルクメンバーがダルクに所属するプロセスについて「スリップ」と呼ばれる依存薬物の再使用を焦点に分析していく。第5章では，ダルクメンバー同士の相互行為による欲求解消実践を焦点にし，ダルクが「回復」を促進する場であるための社会的条件について言及する。第6章では，ダルクメンバーが「回復」を語るうえでの「時間の感覚」について，「今日一日」と呼ばれるダルクのスローガンに着目して分析する。第7章では，ダルクメンバーが「回復」を語るうえでそれが困難になってしまう可能性について，「棚卸し」と「埋め合わせ」と呼ばれる行為を焦点に分析していく。第8章では，ベテランスタッフの「回復」について言及していく。第9章ではダルク在所歴が長くなったメンバーへのインタビューから，「回復」を巡るコンフリクトについて考察する。終章では，そのコンフリクトを解消する方法の考察を通して，現代日本において薬物依存からの「回復」をもたらすための社会的な条件について考察する。また，最後に補論として薬物依存になる／「回復」のプロセスについてより考

察を深めるためにダルクメンバーおよびスタッフのライフストーリーを記述する。

註

(1) 薬物依存とはその対象薬物の使用を止めたくても止められない状態になることであり，そのために日常生活に支障をもたらす。しかし，そのような状態に至らず状況に応じてコントロールして薬物を使用する人々の存在（コントロール使用者）も明らかになっている。本研究で対象となるのは薬物依存者のため，コントロール使用者については扱わないが，薬物問題の社会学において着目すべき存在である（佐藤2008）。

(2) 「覚せい剤取締法」（輸入・輸出・製造および譲渡・譲受・所持・使用などが違反対象），「麻薬及び向精神薬取締法（麻薬取締法）」（輸入・輸出・製造・譲渡・譲受・交付・所持・施用などが違反対象），「あへん法」（栽培・採取・製造・輸入・輸出・譲渡・譲受・所持・吸食が違反対象），「大麻取締法」（栽培・輸入・輸出・譲渡・譲受・所持が違反対象）。

(3) 覚せい剤の成分であるメタンフェタミンは長井長義が1893年に発表した物質である。メタンフェタミンは1941年にヒロポンという商品名で疲労防止薬として市販されるようになった。戦時中においては軍事目的で使用され，戦後は薬局において自由に販売されるようになった。しかし，覚せい剤に依存する人々が増えたために社会問題となる。覚せい剤は旧薬事法において劇薬指定となり規制され，また最終的には製造や販売も禁止されることになったが，それでも乱用者の数が収まらず，覚せい剤取締法が制定されることになったとされている（丸山2007, 2015; 嶋根2007a など参照）。

(4) 第1のピークに至った後に取り締まりが強化された理由として丸山は，覚せい剤使用者による殺人事件が新聞などによって報道されたことによる社会的関心の高まりを指摘する（丸山2015: 20-22）。他方で佐藤哲彦は，覚せい剤使用者に対する取り締まりの強化よりも，供給側への取り締まりが強化された結果であり，使用者に対する取り締まりの強化はその後に起きたと指摘する（佐藤2006: 332-334）。

(5) 犯罪対策閣僚会議における薬物乱用対策推進本部（議長：厚生労働大臣）のウェブサイトによると，第2のピークの原因として「暴力団の資金源としてのシャブの密輸密売」や「青少年の乱用と中毒者の凶悪犯罪」が挙げられている。(http://www.kantei.go.jp/jp/singi/yakubutu/980701yakubutu.html 最終アクセス2019年6月17日)

(6) 薬物乱用対策推進本部のウェブサイトによると第3のピークの原因として「暴力団に加えイラン人等の密売組織の街頭や携帯電話による販売（仕出地は中国）」や「中高生によるファッション感覚による乱用の急増」が挙げられている。(http://www.kantei.go.jp/jp/singi/yakubutu/980701yakubutu.html 最終アクセス2019年6月17日)

(7) 薬物依存者に対する支援に関わる援助者のためのマニュアルとされる。薬物依存に関する基礎知識，アセスメントの方法，相談の際の具体的対応などの内容を盛り込んだものである。違法薬物使用が疑われる相談者への対応について厚生労働省として具体的な

指針を示した点が特徴的である（丸山 2015: 27）。このマニュアルはウェブサイトよりダウンロードできる（http://www.ncnp.go.jp/nimh/yakubutsu/reference/pdf/soudanManual.pdf 最終アクセス 2019 年 6 月 17 日）。

(8)　先述した「薬物使用に関する全国住民調査」の 2017 年調査の結果によると「危険ドラッグ」の生涯経験者は約 22 万人と推定され，2013 年調査では約 40 万人，2015 年調査では約 31 万人だったことから比べると減少傾向にあるとされる。

(9)　これは認知行動療法に基づいた SMARPP（Serigaya Methamphetamine Relapse Prevention Program）と呼ばれるプログラムを中心に展開されている（松本 2016）。SMARPP とはアメリカの覚せい剤依存症外来治療プログラムであるマトリックス・モデル（Matrix Model）を参考にした薬物依存症治療プログラムである。これは欧米の更生理論であり，我が国の社会内処遇においても重要なものとして扱われているリスク・ニード応答性モデル（Risk-Need-Responsivity Model; Andrews & Bonta 2010）にも影響を受けているといえよう。リスク・ニード応答性モデルでは再犯リスクが高い元犯罪者がもつ再犯リスク因子に焦点をおき処遇が行われる。処遇の目標は個々の元犯罪者がもつ再犯リスク因子に基づき，定められる。つまり，対象者がそれぞれにもつ依存薬物の再使用につながるリスク因子に焦点をおき，それに対して処遇が行われているといえよう。

第1章

ダルクとはいかなる場所なのか？

前章において，現代日本の薬物問題を解消するうえでダルクをはじめとする民間団体が重要なアクターとして存在することについて記述してきた。そこで本章では，ダルク関係者の書籍ならびにダルクに言及した先行研究からダルクの概要や運営上の課題について記述していく。

1 ダルクの概要

ダルク（DARC）とは，序章でも触れたように「Drug Addiction Rehabilitation Center」の略で，薬物依存者のためのリハビリテーションを行う民間施設である。ダルクには通所と入所という2つの利用方法があるが，ほとんどのダルクが入寮施設を有している。また，スタッフの多くが薬物依存からの「回復」の経験を有しており，セルフヘルプ・グループ的な特徴をもっている。ダルクは1985年に東京・日暮里に第1号の施設が開設された。2017年4月時点では，全国に59の運営団体，120カ所の施設が存在するとされている。ダルクでは，覚せい剤などの違法薬物への依存者だけでなく，アルコールや市販薬など，多様な薬物への依存者を同時に受け入れている。日本では欧米諸国に比べ，「回復」を目指す薬物依存者の受け皿となる社会内の資源が少ない。そうした中でダルクは，社会内の多様な薬物依存者の「回復」を支援する貴重な場となってきた。

ダルクにおける薬物依存からの「回復」は，「クスリをやめることがゴールなのではありません。それは回復していくためのスタートなのです。『回復』の状態とは，人生の問題がなくなることではなく，人生の問題に正面から向き合うことが出来るようになること」（東京ダルク支援センター 2010: 7）と言われるように，薬物依存になったために破綻した人生からの脱出，新たな人生の再構成を意味するものである[1]。その再構成のプロセスをより詳細に検討することが本書の目的にもなる。

このような思想的な背景のもとダルクにおける薬物依存からの「回復」のためのプログラムは構成されている。ダルクのプログラムはアルコール依存者のセルフヘルプ・グループである AA（Alcoholics Anonymous）[2] や薬物依存者のセルフヘルプ・グループである NA（Narcotics Anonymous）の12ステップをもとに

したミーティングを中心に行われる。この 12 ステップとはアルコール依存や薬物依存からの「回復」に向けた 1 つの指針とされるものであり，ダルクのプログラムも，12 ステップをもとに構成されていることが多い。以下に，12 ステップを示す。

1. 私たちは，アディクションに対して無力であり，生きていくことがどうにもならなくなったことを認めた。

2. 私たちは，自分より偉大な力が，私たちを正気に戻してくれると信じるようになった。

3. 私たちは，私たちの意志といのちを，自分で理解している神の配慮にゆだねる決心をした。

4. 私たちは，徹底して，恐れることなく，自分自身のモラルの棚卸表を作った。

5. 私たちは，神に対し，自分自身に対し，もう一人の人間に対し，自分の誤りの正確な本質を認めた。

6. 私たちは，これらの性格上の欠点をすべて取り除くことを，神にゆだねる心の準備が完全にできた。

7. 私たちは，自分の短所を変えて下さい，と謙虚に神に求めた。

8. 私たちは，私たちが傷つけたすべての人のリストを作り，そのすべての人たちに埋め合わせをする気持ちになった。

9. 私たちは，その人たち，または他の人びとを傷つけないかぎり，機会あるたびに直接埋め合わせをした。

10. 私たちは，自分の生き方の棚卸を実行し続け，誤った時は直ちに認めた。

11. 私たちは，自分で理解している神との意識的ふれあいを深めるために，私たちに向けられた神の意志を知り，それだけを行っていく力を，祈りと黙想によって求めた。

12. これらのステップを経た結果，スピリチュアルに目覚め，この話をアディクトに伝え，また自分のあらゆることに，この原理を実践する様に努力した。

(Narcotics Anonymous World Services 2006: 26-27)

そして，ダルクにおけるミーティングは，「言いっぱなし，聞きっぱなし」と表現される。そのミーティングでは薬物使用の理由を問わず，またその経験を分かち合う場とされている（葛西 2007: 122-125）。ミーティングは 1 日 3 回行われ，午前・昼にはダルク施設内でミーティングを行い，夜は地域の NA のミーティングに参加することになる。なお，NA は，1947 年にニューヨーク市で最初の組織が設立されたものとされている。NA の構造とプログラムのほとんどは AA からの引き写しである。しかし，NA では特定の薬物だけでなく，すべてのアディクションに対して無力であるとし，アルコールの摂取もやめることを約束している（White 1998 = 2007: 252-254）。ダルクもこれに従いアルコールの摂取を止めることを促している。薬物依存者が地域生活を送るうえで NA の存在は重要なものになっており，それゆえにダルクではメンバーが退所後にも NA に通うための橋渡し役を担っている（日本ダルク本部 2009: 4）。また，ダルクにはミーティング以外にもスポーツなどのレクリエーションプログラム，退所後の住居設定などのアフターケア，個別カウンセリング，医療機関や就労支援機関との連携による支援，地域のボランティア活動への参加などのプログラムも存在する。

ダルクのプログラムにおいて最も重要なのは依存薬物に対して無力であることを認めることである。これは 12 ステップのうちステップ 1 の内容を指す（葛西 2007: 91-93）。依存薬物の使用を何度も止めようとしたが，何度も再び使用してしまう。そのように依存薬物に対しては合理的な判断ができない存在として自身を捉える必要があることをダルクではメンバーに促すのである。その中で，メンバーは依存薬物の使用に対するコントロールの不可能性を認める。

そして，自分では依存薬物に対してどうにもできないために「私たちより偉大な力」に身をゆだねて生きていくことを促されるのである。「私たちより偉大な力」は「ハイヤーパワー」と呼ばれる。ハイヤーパワーとは「12 ステップ・プログラムの中で自分自身を超えた自分よりも偉大だと認められる『力』」（西田編 2002: 153）のことを指す言葉である。これはステップ 2 とステップ 3 の内容を指す（葛西 2007: 94）。

このステップ 1 から 3 がダルクのプログラムの基盤となっているともいえる。その中でダルクメンバーは，自分は何かによって生かされている，という感覚の中で「回復」を紡ぐことを促されているのである。

2 ダルク小史

　ダルクは北海道出身の近藤恒夫という 1 人の薬物依存者によって創設された（近藤 1997, 2000, 2009）。近藤は 1980 年に覚せい剤取締法違反によって執行猶予付きの実刑判決を受けたあと，1 年半ほどの精神病院での通院治療と AA などのセルフヘルプ・グループへの参加を続け，どうにか覚せい剤を使用しない日々を積み重ねていった。そのような中で，あるときから AA の活動を支えるための手伝いを始めることになった。その中で，マック（MAC: Maryknoll Alcohol Center）[3] というアルコール依存者の「回復」を支える施設のスタッフとなった。その後，札幌マックの所長にもなった。

　その後，1983 年 11 月に近藤は東京のみのわマックに異動することになり，その活動資金集めに奔走することになる。その当時，マックはすでに全国 15 カ所に存在したが，その活動をより活発にするためのものであった。だが，その中で近藤は薬物依存者のための施設を開くことを決意する。上記のようにマックはアルコール依存者のための施設であり，近藤の存在が証明しているように薬物依存者であっても排除することはないが，薬物依存をメインに扱った施設ではなかった。そのため，マックの活動を広げるのであれば，薬物依存者のための施設もあるべきであろうと近藤は考えた。また，近藤は薬物依存者のための施設を創ることをマック関係者に相談すると，薬物依存者が「回復」することについて懐疑的な意見（「薬物依存者の回復なんて，ありゃしないよ」）を述べられたと語る（近藤 2009: 61）。その回答を聞き，近藤は「じゃあ，このオレは何なんだ。薬物依存者じゃないか。オレの回復はないってことか」（近藤 2009: 61）という思いに駆られたという。つまり，近藤自身の「回復」の証明のために薬物依存者のための施設運営という目標を達成しようとした。

　否定的な意見を述べたマック関係者ではあったが，開所にあたって相談先として精神科医などを紹介してくれた。しかし，どの相談先に行っても，「近藤自身がつぶれてしまう」との理由から施設創設については反対意見が出されていた。しかし，NA やセミナーなどの活動を行っていた近藤のまわりには多くの薬物依存者たちが集まり始め，実際みのわマックにも薬物依存者が訪ねてくるようになった。

その結果，近藤は自身の再起における恩人でもあったロイ・アッセンハイマー神父に費用を借り，また NA の仲間たちの協力のもと，施設が開所できる物件を探した。それが東京の日暮里にあった物件であり，1985 年 7 月にダルクを開設することになった。開設すると，すぐに 4 名の入寮者が集まった。しかし，そのうち 3 名の入寮者は依存していた薬物の使用が止められず，施設内で近藤などのスタッフの目を盗んで，好き勝手に生活することが続いたようだ。その状況に「地域から反対運動が起きるかもしれない」と不安を覚えた近藤は札幌マックの規則（飲酒禁止，門限は 23 時，セックスの禁止など）を採用した。しかし，「規則に従う連中ならばとっくにクスリをやめている」（近藤 2009: 70）と語るように，うまくはいかなかった。

　それでも近藤はどうにかダルクの運営を続け，開設してから 3 カ月が経つ頃には入寮者は 10 名を超えるようになった。近藤は「ダルクの扉を叩いたすべての人を受け入れる」という理念を掲げながらダルクの運営をしていた。当時のダルクの入寮費は 10 万円であったが，入寮者の多くは生活保護を受給しており，その一部をダルクに支払っていた。しかし，事情があり，生活保護を受給できない者であっても，求めるのならば入寮は断らなかったと語る。もちろん金銭面だけではなく，病院や警察などからも見放された人々に対してもダルクの門戸を開いていた[4]。

　しかし，門戸を開いているといっても入寮している人のほとんどが依存薬物の使用を止められない状況が続いた。その中で近藤は，自分が規則によって入寮者をコントロールしていることに気づき，それが結果的に入寮者の「回復」につながらないのではないかと認識した。薬物依存者である入寮者のための施設ではなく，近藤自身のための施設になっていたことに気づいたのである。そこで近藤は「1 日 3 回のミーティングに出席する」というルール以外は撤廃した。朝と昼にダルク内で行われるミーティング，夜は地域の NA に参加する，それだけのルールになったのである。

　　3 回のミーティングは土日も休みなしだ，ダルクでは極端に言えばクスリをやってもかまわない。唯一のルールがミーティングへの絶対参加だ。しかし，クスリをやればミーティングには出られない。つまり，結果としてクスリをやめざるをえないのだ。（近藤 2009: 73）

ダルクの規則を「1日3回のミーティングへの出席」だけにしたところ，近藤のもとに入寮者からさまざまな悩みや相談がくるようになったと述べられている。それらに応じるなかで，入寮者が抱える困難に対して新たな気づきを得られたという。入寮者の中にもアルバイトを始めるなど，開設した頃に比べると劇的な変化が起きていた。

その後，1986年に入寮施設とは別にデイケアセンターとして通所施設が開所され，昼間にも薬物依存者だけで語り合う場所ができた。これによって，入寮者の生活スケジュールにも変化があった。入寮者は10時に起床し，1日の食費ならびに交通費などの一定の金額（1300円ほど）を受け取る。そのままデイケアセンターに移動して，朝のミーティングを行う。その後，近くにあるマックにて昼食を摂る。そして，再びデイケアセンターに移動して，昼のミーティングを行う。その後，自由時間を過ごし，夜は地域のNAに入寮者全員で出席する。この生活パターンは多くのダルクで現在も受け継がれているものである。

その後，ダルクは全国に広まっていった。しかし，全国のダルクは東京の日本ダルク本部と連携はとっているが，本部から指示や命令があるわけではなく，それぞれのダルクが独立して運営を行っている。つまり，ダルクは組織化されていないという特徴をもつ。近藤（2009）ではダルクを組織化しないことによるメリットについて，第1に運営するうえで各ダルクが自由に運営できるようになったこと，第2にダルクを運営したいスタッフがいれば勝手に分裂してダルクが増えることを挙げている。組織化することによるヒエラルキーの発生を抑え，アメーバーのように増大できるような仕組みにしたことにより，ダルクの活動が全国に広まっていったといってもよいだろう[5]。

3 ダルクの運営状況

ここまでダルクの概要やその小史について記述してきた。この節では，少々古いものになるが，2008年に行われた全国のダルクの状況について詳細な調査である『薬物依存症者が社会復帰するための回復支援に関する調査』の報告

書からダルクの運営状況について記述する（東京ダルク 2009）。なお，この調査では 2008 年 2 月 1 日現在の運営状況について，2008 年 1 月から 3 月の期間にアンケート調査が行われた。調査対象となったのは 2008 年 2 月 1 日現在においてダルクに在籍するスタッフならびに入所・通所メンバーであり，質問紙調査への回答が可能で，調査に同意した人物である。調査時点において，全国で 45 の運営母体ならびに 68 施設が存在し，スタッフ数は 86 名（男性 74 名：女性 12 名，平均年齢 41.2 ± 8.4 歳），メンバーは 445 名（男性 397 名：女性 44 名，平均年齢 37.2 ± 9.9 歳：男女と合計の数字が合わないが，数字は報告書に基づく）となっている。1986 年に最初のダルクが設立されてから毎年複数のダルクが活動を開始しているが，とくに 2000 年代以降に現在の 80% 以上のダルクが活動を開始していることが特徴といえる。

　施設形態に関して，通所のみ 17 カ所（25%），入所のみ 36 カ所（52.9%），混合利用が可能 14 カ所（20.6%）となっている。また運営母体の形態として 24 団体（53.3%）が法人化している。そのうち 1 カ所が社会福祉法人であるが，それ以外は特定非営利活動法人であった。法人化を希望する理由となったものとして公的補助金を受けることがおもな理由となっている。他方で，法人化を希望しない理由として法人化によって活動に制限が出ること，手続きの複雑さが挙げられていた。経済状況としては平成 18 年度の収入が 1000 万から 2000 万の施設が最も多く（36%），十分ではない様子がうかがえた。また，給料の遅配や施設設備の遅れ，職員の不足などの経営状態の困難さも挙げられている。

　各ダルクの職員の配置数に関しては 1 名 37.8%，2 名 31.1%，3 名 17.8%，4 名 8.9%，5 名 2.2%，6 名以上 2.2% となっており，各施設において状況は異なるが，基本的に配置されているスタッフの数はあまり多くはないといえる。また，スタッフの中で薬物依存当事者が 86 名中 85 人であり，そしてダルクプログラムの経験者は 77 名（89.5%）となっている。スタッフに至るまでの「クリーン」（断薬継続を意味するダルクのジャーゴン）は平均値が 40.0 カ月であり，中央値が 24.5 カ月となっている。他方，職員の年収は 300 万以上が 29.1% である一方で，100 万以下が 15.1% であったことから多くのスタッフが低収入に耐えている状態ともいえる。スタッフの仕事内容として挙げられた業務のうち，多かったのはメンバーに対する個別相談やサポートであった。なお，スタッフのうち精神保健福祉士などの専門資格をもつ者は数 % にとどまっている。

各ダルクのメンバーの数については 5 名以下 13.3%，10 人以下 37.8%，20 人以下 28.9%，30 人以下 15.6% となっている。メンバーの年代は 20 代 24.0%，30 代 38.7%，40 代 25.2%，50 代以上 10.7% となっている。調査時において，現在婚姻関係がある者は 4.5%，婚姻歴がある者は 35.7%，未婚の者は 62.9% であった。最終学歴は中学が 16.0%，高校が 31.5%，専門学校などが 14.0%，大学が 11.0% であった。就労経験に関しては。これまでに就労経験がない者が 17.3% であり，就労経験がある者においても不安定な就労経験しかない者が多いことが判明している。調査時における経済基盤に関しては，生活保護受給で賄う者が 62.7%，家族・親族からの支援による者が 27.6% であり，経済基盤が安定していない状況であることがわかる。調査時のメンバーがダルクにつながる契機になった乱用薬物に関しては，覚せい剤が多く (49.4%)，有機溶剤，アルコール，睡眠剤・精神安定剤，大麻，ブタンガスなども回答されている。メンバーの中で精神科や神経科を受診した者は 89.9% であり，調査当時に通院している者は 68.3% であった。また，入院経験がある者も 80.3% であり，そのうち複数回入院した経験がある者が約 8 割であった。薬物使用のための逮捕・補導経験をもつ者は 72.1% であり，また少年院への入所経験は 18.4%，刑務所への入所経験がある者に関しては 38.4% であった。暴力団との関係に関しても，何らかの関わりをもった者が 63.6% であった。ダルクの利用歴に関してははじめて利用する者が 45.4% であり，半数以上の者が複数回利用している。

　なお，全国のダルク関連施設に対する最新の調査は 2016 年に行われている (東京ダルク 2016)。東京ダルク (2009) とは質問項目がやや異なり，かつ回答率も異なるため (対象施設 49 団体)，単純な比較はできないが，東京ダルク (2009) から最新の調査における主な変化点は以下の通りである。まず，法人化したダルク関連施設に関しては，最新の調査では約 8 割に上っていた。年間総収入については 1001 万円から 2000 万円の団体が変わらずに多い一方で (27.7%)，3001 万円から 5000 万円のダルクも多かった (31.9%)。そして，配置されている有給職員数も増加している様子がうかがえた。また，何らかの専門資格 (精神保健福祉士，社会福祉士，ホームヘルパーなど) をもつスタッフに関しては増加している様子がうかがえた (回答者 173 名中 41 名)。最後に，ダルクメンバーの中で調査時にはじめてダルクを利用する人が最新の調査では約 6 割に上っていた。

4 ダルク運営上における現在の課題

第3節において，ダルクの運営状況について記述してきたが，この節ではダルクが運営するうえで抱える問題と考えられる事柄について簡潔に記述する。

[1] 事務手続きの増大

第3節のように，2016年の調査時において約8割がダルクを法人化したうえで運営している。ダルクは精神保健福祉法に基づく精神障害者地域生活援助事業としてグループホームを運営する形をとることが多かったが，ダルクスタッフである加藤武士によると「2005年秋，任意団体が運営するグループホーム事業への補助金給付ができなくなるとの通達を自治体から受け，補助金を受けていたダルクがNPOとして法人格を取得する必要に迫られた」（加藤 2010: 47）とし，法人化が進められた背景を述べる。その結果，会計処理や報告などに関しても的確に行う必要が出てきた。また，障害者自立支援法（現：障害者総合支援法）における請求事務や書類作成などの事務作業が多くなり，スタッフの負担になることも同時に指摘している。障害者自立支援法によってかえってスタッフへの負担が増すようになり，皮肉にもダルク運営の障壁にもなることが指摘されている。

[2] 重複障害・重複依存をもつメンバーの存在

近年，ダルクメンバーの中において薬物依存症以外に知的障害や広汎性発達障害などをもつ者がいることが指摘されている。また，薬物依存以外にもギャンブル依存・摂食障害などの他の依存を抱える場合もある。この場合，ダルクのプログラムだけでは対応できないことも多いとされる。そして，ダルクのプログラムや個別対応の変更もそうだが，医療機関や他の関係機関などとの連携が必要とされている。その流れの中でスタッフにも支援者としての「専門性」が必要なのではないかと言及もされている（市川 2014: 96-99）。

[3] 自立準備ホームと一部執行猶予

ダルクは近年において司法との連携をもつようになってきている。たとえば，

矯正施設における薬物依存離脱指導に対する協力を挙げることができよう。これは刑事施設及び受刑者処遇法によって，薬物に対して依存傾向がある受刑者に対して改善指導を行うことが義務づけられたことにより，ダルクに対する協力が要請されるようになったことが背景にある。

　また，ダルクは刑の一部執行猶予制度の対象となった薬物事犯者のための社会内での受け皿として期待されている。刑の一部執行猶予制度とは，2013年6月に公布された「刑法等の一部を改正する法律」および「薬物使用等の罪を犯した者に対する刑の一部の執行猶予に関する法律」に定められるものであり，2016年6月に施行されている。初犯者や薬物事犯者で，懲役3年以下または禁錮刑に付された者に対して，一部の刑期は矯正施設で服役させ，残りの執行を猶予し，保護観察の対象とすることができる。そのため，社会内処遇を受ける薬物事犯者が今後増えることが想定される。そのため，ダルクはその受け皿として期待されているのである。実際に，自立準備ホームとして一部のダルクも登録されるようになった[6]。

　ただし，ダルクが自立準備ホームとして登録されることや，一部執行猶予者のための受け皿としてダルクが存在することに対して，1つの懸念が指摘されている。それは「通報義務」の問題である。ダルクにおいて依存薬物の再使用はスリップと称されており，それはメンバーの「回復」につながる契機とされる。しかし，とくにそれが違法薬物の場合，司法においては「犯罪」とされてしまう。この通報義務の扱いについては，今後のダルクの運営においても論点となっている[7]。

[4]　退所後の問題

　多くのダルクにとって課題の1つとされているのは，メンバーの退所後の問題である。簡潔にいえば，メンバーが社会復帰する場所が足りないとされることである（嶋根2007b: 178-179）。たとえば，就労自立をもってダルクを退所しようとした場合も，前科や治療歴などによって就職時に不利な状況になる可能性がありうる。また，たとえ就労がうまくいったとしても，新しい人間関係や生活リズムの中でストレスがたまることが考えられる。ダルクの中では落ち着いて自分に向き合う機会があったのに対し，退所後にそのような機会が保障されていないことも問題に挙げられる。ダルク退所後のライフコースのあり方の1

つとして，ダルクスタッフになることが挙げられるが，それ以外の道も模索されている。

5 ま と め

本章ではダルクの概要について記述してきた。その中で，ダルクが日本の薬物問題を解消するうえでの重要なアクターになっていること，ダルクを運営するうえでの課題が少なくないことについて触れてきた。このような状況の中で，ダルクメンバーおよびスタッフは薬物依存からの「回復」を紡ぎ続けている。それではダルクにおける薬物依存からの「回復」をどのように捉えられるのであろうか。次章では薬物問題に対する社会学的研究のレビューを通して，ダルクにおける薬物依存からの「回復」を捉えるための視座について確認していく。

註
(1) このような「回復」観は近年の精神保健分野でキー概念となっているリカバリー（recovery）がもとになっているといえよう。リカバリーの定義は多くの論者によってなされ，その定義はさまざまあるが，共通する点としてはある病気を抱えながらもその当事者が自分で選択した人生を育むことを可能にすることがいえるだろう。つまりリカバリーは治療側から見た「治し方」ではなく，当事者から見た「治り方」に焦点をあてることを促している（中村 2011）。リカバリー概念に関しては，野中猛（2005），木村真理子（2003, 2004a, 2004b）を参照。

(2) AA とは Alcoholics Anonymous の略であり，アルコール依存者のためのセルフヘルプ・グループである。AA は，1935 年にオハイオ州アクロンにおいてビルとボブという 2 人のアルコール依存者が出会い，アルコール依存にまつわる経験をお互いに話し合ったことから始まったとされている。その後，アルコール依存を抱える多くの人たちとともに AA を創り上げていった。その過程において，12 ステップといわれる「回復」のための段階的に示されたプログラムや 12 の伝統といわれる AA という共同体の運営方針が定められていった。また「ビックブック」と呼ばれるテキストも創り上げて，これをガイドにしていろいろなグループが開かれていった（葛西 2007: 45-84; 野口 1996: 74-87; White 1998 = 2007: 125-144）。もちろん，ダルクも AA に影響を受けている。

(3) マックでは AA の 12 ステップに基づいたプログラムを採用しており，アルコール依存者の「回復」を支えている。1978 年 6 月にアルコール等依存症者リハビリテーションデイケア施設みのわマックとして発足したのを皮切りに全国各地に施設が広がっている。

第 1 章　ダルクとはいかなる場所なのか？　　27

（4）　この点に関しては，平井秀幸（2013a）および本書第 5 章を参照。

（5）　近藤が主張したダルクを組織化しなかったメリットをより詳細に記述すると以下のようになる（近藤 2009: 204-205）。1 つは権力関係を抑えることができた点である。組織化をすれば国からの支援を受けやすくなるが，それだけ国からの指示や思惑にダルクの活動が左右される可能性があるとし，それを避けることができたことをメリットとして挙げている。他方で，本章でも記述した通り，補助費はダルク運営においても重要な要素になっており，その点は看過できないだろう。もう 1 点は，ダルクが増えやすくなった点である。ダルクを運営したいと考えるスタッフが出れば，勝手に分裂して増え，それだけ薬物依存者の「回復」のチャンスが広がることにつながる点がメリットと考えられている。しかし，現在においてはダルクがもつ理念を再検討しないまま無造作に増えていくことに対して危機感を挙げる声も出てきている。たとえば，2016 年にダルクスタッフによって『ダルクノコレカラ』というタイトルで行われたシンポジウムの中で同様の点について考察されていた。また，そのシンポジウムでの内容などを含んだ書籍もダルク名義で出版された（ダルク 2018）。

（6）　自立準備ホームとは 2011 年度から開始された「緊急的住居確保・自立支援対策」の一環として設定されたものである。あらかじめ保護観察所に登録された NPO 法人等に対して，保護観察所から宿泊場所，食事の提供とともに，毎日の生活指導等を委託するものである。

（7）　この点に対して，平井（2017）では，ダルクが刑の一部執行猶予制度をより多くのメンバーとの「出会い」のきっかけになると捉えたうえで，制度の問題点を「無効化」するための工夫を練るさまを描き出している。

第2章

薬物使用における〈止める－プロセス〉の検討

1 薬物問題の社会学の構成

　前章までにおいて日本における薬物依存からの「回復」への着目，およびダルクの活動について記述してきた。その上で，本章ではダルクにおける薬物依存からの「回復」を検討するための視座について確認する。

　本書はいわば薬物問題の社会学として位置づけられるものである。その対象をおおまかにいえば，薬物使用者（およびその周辺の人物）と薬物をめぐる社会統制がある。我が国においては，とくに後者における優れた研究が存在する（平井 2005, 2015; 本田 2011; 佐藤 2006, 2008）。他方で，本書は薬物依存からの「回復」について検討するものであり，そのために使用者を対象とした薬物問題の社会学として位置づけられる。

　使用者を対象とした薬物問題の社会学は，〈使う－止める〉と〈原因－プロセス〉という 2 軸をもとに 4 象限に分類できると考えられる（図 2-1）。この〈使う〉とは薬物の使用を指す。〈止める〉とは薬物の使用を止めることを指す。また，〈原因〉とは〈使う〉および〈止める〉における社会構造的な要因を指す。そして，〈プロセス〉とは〈使う〉および〈止める〉におけるその過程を指す。つまり，〈使う－原因〉は薬物使用に至る構造的な要因に言及する研究，〈使う－プロセス〉は薬物使用に至るまでの過程に言及する研究，〈止める－原因〉は薬物使用を止めるに至る構造的要因に言及する研究，〈止める－プロセス〉は薬物使用を止めるに至る過程に言及する研究となる。

　これまでの研究において，〈止める〉に関する研究は相対的に少ない状況である。また，〈止める－プロセス〉に関する研究はさらに少ない状況である。本論はおもに〈止める－プロセス〉に位置づくものである。次に各象限における古典的な研究および重要な研究における知見を抜粋して記述していく。

[1]　〈使う－原因〉

　第 1 象限として位置づけられるのは〈使う－原因〉である。この代表例として挙げられるのはロバート・K. マートンのアノミー論であろう（Merton [1949] 1957 = 1961）。マートンはいかなる社会にも存在する，その成員なら誰もが目指す文化的目標を，社会で是認された制度化された手段のバランスが崩れた

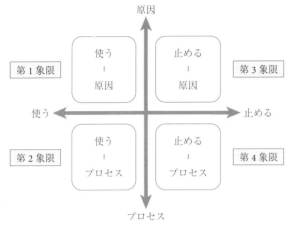

図 2-1　薬物使用を巡る社会学の構成図

きに，社会の緊張状態を指すアノミーになるとする。マートンはそのようなアノミー状態になった際に人々がとる行動様式の分類を行ったが，薬物使用および薬物依存と関係がある分類として考えられるのは退行主義（Retreatism）といわれるものであろう。退行主義においては文化的目標および制度化された手段の双方を拒否したうえで社会から孤立し，退廃的な生活に身をおくことが想定されている。そのような退廃的な生活を送る結果，ホームレスやアルコール中毒および薬物中毒者になっていくことが想定されている。

　またリチャード・A. クラワードとロイド・E. オーリンは，マートンが述べる退行主義についてサブカルチャー論の観点から考察している（Cloward & Ohlin 1960: 178-185）。クラワードとオーリンは逸脱的なサブカルチャーを，犯罪的サブカルチャー（Criminal subcultures），葛藤的サブカルチャー（Conflict subcultures），退行的サブカルチャー（Retreatist subcultures）に分類し，それぞれのサブカルチャーにおける逸脱行動について説明を行った。とくに退行的サブカルチャーでは退行主義的な行為が多く存在し，その中でも薬物使用に至ることが目立つとされる。

　退行的サブカルチャーに所属する少年は，当時のアメリカの文化的目標とされる金銭の獲得を合法的な手段はもちろんのこと，非合法的な手段を通じても

達成が難しい状況に追い込まれるという二重の失敗（double failure）を経験するとされる。つまり，合法的な手段では文化的目標の達成ができず，それゆえに非行集団に所属してその目標を達成しようとする。しかし，非行集団内の争いおよび他の非行集団との争いにおいても敗れてしまう少年も存在する。そのような状況の中で，その少年らは精神的な悩みを抱えつつ，薬物使用をもって現実から逃避する。薬物使用が重なれば周囲の人物もしだいに遠ざかり，最終的には孤立に至ってしまうとされる。

　このようなマートンやクラワードとオーリンの研究において，薬物使用者は社会構造的な要因によって退廃的な生活を送らざるをえない人々とし，いわば社会構造によるプレッシャーを一方的に受け続ける存在として描かれていることが特徴といえよう。また，薬物使用はいわば現実からの逃避の方法として，つまり退行主義における行為としてのみ描かれており，薬物使用を巡る意味の多様性についての言及は少ないものであったと評価できる（佐藤 2008: 55）。薬物使用が人々に対してもたらす意味の多様性について描き出すうえでは〈プロセス〉についての言及も必要となる。

[2] 〈使う - プロセス〉

　第 2 象限は〈使う - プロセス〉である。この象限において古典的な研究とされるのはアルフレッド・R. リンドスミスによるあへん使用における依存に関する研究である（Lindesmith 1968）。リンドスミスはさまざまな調査を通して，人が薬物に対して依存していくプロセスを「アディクションが起きるのは，このストレス（註：あへんの効果が切れることによる心身へのストレス）が正確に理解もしくは解釈できた後に，言い換えるならば，そのストレスがあへんの使用習慣を巡るなかで発展した言語的なシンボルと文化的なパターンに関連したうえでその使用者に表れた後に，そのようなストレスに対してあへん使用を通じて軽減するときにのみ起きる」（Lindesmith 1968: 191）と説明する。これはつまり，いわゆる薬物使用に際する離脱症状 [1] の際の社会の中での振る舞いによって，依存となるかどうかが決まるとされるともいえる。この離脱症状の苦しみから乗り越えるうえで，さらに薬物を使用する。そして，その使用からまた離脱症状が生まれ，さらに薬物を使用するという循環が生まれることが依存とされているともいえる [2]。

第 2 章　薬物使用における〈止める－プロセス〉の検討　　33

　また，ハワード・S.ベッカーによるマリファナ使用常習者に至るまでの学習
への言及も重要である（Becker 1973 = 2011: 37-76）。ベッカーは個人の心理的特
性を明らかにするだけでは，マリファナ使用の背景を十分に解明できないとし，
「楽しみを目的としたマリファナ使用を導く，態度と経験における変化のシー
クエンス」（Becker 1973 = 2011: 38：強調は原文ママ）について言及した。ベッカ
ーはマリファナ使用常習者に至るまでにおいて，喫煙法，薬理効果の知覚の仕
方，薬理効果の楽しみ方を学習すると述べる。適切な喫煙法を知らなければ，
マリファナの効果についても知覚することができない。また，マリファナによ
る心身への影響の認知の仕方を知る必要がある。そして，マリファナによる心
身への影響を楽しむ方法についても覚える必要がある。そのような学習過程を
通じて，マリファナ使用者としてのキャリアを積んでいくとする。その上で重
要なのはマリファナ使用者の集団の中で，マリファナ使用者になるための学習
が行われるという点である。

　また，マリファナ使用者の集団への参与は，マリファナ使用に対する社会的
な負のサンクションから逃れるうえでも重要なものになっている。そもそも，
違法薬物であるマリファナを入手するにあたって，それを警察などの目を掻い
潜って日常的に入手している者および集団への接近が必要となる。つまり，マ
リファナを使用するにあたっては，マリファナを供給する者とのコネクション
を得て，確実にマリファナを入手できるような環境が必要となる。継続的にマ
リファナを入手できなければ，常習使用者となるチャンスも存在せず，機会的
使用者に止まるのである。そして，マリファナを使用する集団へ帰属し，そこ
でマリファナ使用に関する学習を通じ，その集団において信用を得る必要性が
生じる。また，その集団に所属することにより，またマリファナ非使用者との
接触も少なくなり，マリファナ使用という違法行為を他人にばらされることな
く秘密にできる。そして，その集団内の相互作用を通じて，マリファナ使用を
社会内において合理的かつ正統的なものと見なし（たとえば，アルコールと比べ
て無害であるとする），マリファナ使用を継続していく。

　これらの研究群において，まず薬物依存となるうえでは心理面以外の要因が
あり，複雑なプロセスがあることを明らかにしたことが重要な指摘である。そ
の上で，同じ薬物使用者との相互交流の中で，薬物の適切な使用方法を学び，
その上で薬物使用常習者としてのキャリアを積み上げていくという指摘があ

った点も同様に重要であろう[3]。これらの指摘に関しては，〈止める－プロセス〉においても重要な論点でもある。

[3] 〈止める－原因〉

第3象限は〈止める－原因〉である。〈止める〉に関する研究は，犯罪・非行からの離脱（desistance）研究の1つして展開されること多いが，日本ではその数はあまり多くはない。離脱に関する研究の包括的なレビューを行ったステファン・ファラルらは離脱研究を設計する際に望ましいとされる方向性として，縦断研究および横断研究ができるようにセッティングすること，実証的研究としての妥当性を担保することを挙げる（Farrall et al. 2014: 18-25）。ファラルらの指摘はたしかに重要であるが，このような研究を設計できる環境を整える時点で困難が予想される。とくに我が国においては，〈止める〉の研究以外でも同様であろうが，このような大規模な研究設計は困難なものになるといえよう。そのため，〈止める〉の研究に関しては欧米諸国で発展しているのが現状である。

なお，犯罪・非行からの離脱に言及する研究群は薬物依存からの「回復」について正面から捉えたものではないかもしれない。しかしながら，離脱において（違法）薬物使用を止めることが必須である前提で論じられていることが多い。たとえば，薬物使用に至るうえでは，その薬物を購入しなければならない。しかし，金銭面に窮している場合は，どこかで窃盗を働き購入費用を稼ぐか，そもそも薬物自体を盗むかなどの非行・犯罪行為をするケースも十分に考えられる。つまり，薬物への依存が高まると非行・犯罪行為への加担への可能性が高まるともいえる。そのために，離脱に関する研究における知見も本書を展開するうえで重要なものとなる。

離脱に関する研究の中でも最重要といわれているロバート・J. サンプソンとジョン・H. ラウブの研究においても，薬物使用について触れられている（Sampson & Laub 1993）。サンプソンとラウブは，グリュック夫妻が行った非行少年と一般少年それぞれ500名に対する追跡調査（1940年，1949年，1965年）の縦断的データの再分析を通して，離脱におけるライフコース上における原因について言及した。その結果，成年時以降に非行からの離脱をした人々は，少年時の非行行為の背景とは独立して，強い社会的絆（Hirschi 1969 = 1995）をもつようなターニングポイント（turning point）を経験しているとした[4]。そのような

ターニングポイントとして，経済面や人間関係などにおいて安定している場への就職や情緒的な関係性によって成立した結婚を挙げる。しかし，それとは逆に安定しない仕事や関係が破綻した結婚生活はかえって非行や犯罪行動を起こす要因にもなりうるとした。つまり，離脱においては，結婚や就労の質も問われるのである（Sampson & Laub 1995）。また，安定した仕事や結婚生活があったとしても，当人がアルコール依存などの問題を抱える場合，非行や犯罪行動を起こすことにもなりうるとされた。アルコールも薬物の一種とするのであれば，サンプソンとラウブの研究においても離脱の上でその薬物依存からの「回復」は必要とされているといえよう。

　ただし，ターニングポイントなどはあくまで離脱に向けたきっかけであり，その当事者が突如離脱を経験するわけではない。たとえば，ターニングポイントとなる出来事によって当事者が離脱に向けて認知およびアイデンティティの変容（Giordano et al. 2002）などが生じると考えられる。そのために，ターニングポイント後のプロセスについて言及する必要があろう。それはもちろん薬物依存からの「回復」においても同様のことがいえよう。薬物使用を止めるようなきっかけがあったとしても，その後のプロセスについて言及することは重要なことである。それでは，そのプロセスについてどのように検討されてきたのであろうか。

[4]　〈止める－プロセス〉

　第4象限は〈止める－プロセス〉である。この象限も薬物問題の社会学においてあまり着目はされていない。つまり，どのようにして常習的な薬物使用から「回復」していくのかという点への着目が欠けているといえる。上述のように，〈止める〉を検討していくうえでは，その要因だけではなく，そのプロセスについても検証する必要がある。ただし，〈止める－原因〉に比べて，〈止める－プロセス〉に着目した研究はより少ない。〈止める－原因〉として位置づけた上記の研究においてもたしかに〈プロセス〉についても触れられているが，なぜ離脱したのかという説明ができたとしても，どのように離脱していたのかという記述にはあまり重点がおかれていない。たとえば，サンプソンとラウブらの研究において，元犯罪者が安定的な仕事や幸せな結婚生活を通じてどのように犯罪を〈止める〉のかについては充分には言及しきれていない。〈止める

－プロセス〉の研究群はどのようにして犯罪キャリアから離脱し続けているのであろうかという点を言及するものであり，それをもって〈止める－原因〉の研究群による知見を補完するものであるといえる。

〈止める－プロセス〉への注目は近年高まりつつあるが，それ以前から研究の蓄積がある。その代表例として挙げられるの，クリフォード・R. ショウによる非行少年の生活史の研究である『ジャック・ローラー』（Shaw［1930］1966＝ 1998）であろう。その登場人物であるスタンレー少年の離脱に向けた自身の物語（own story）が描かれているが，その中でサンプソンとラウブが指摘したような仕事と結婚への言及がなされている。スタンレーの離脱において，安定した就職（ここではセールスマン）によって得た人間関係や恋人などの情緒的な関係を結ぶことができる存在は重要であったとされる (5)。

離脱の過程について，より深く言及するうえで，シャッド・マルーナによる研究は重要な知見となる（Maruna 2001 = 2013）。マルーナは離脱における「意思決定が合理的であると思うことと，まっ当になりその状態を保ち続ける過程を理解することは，似て非なる」（Maruna 2001 = 2013: 39）と主張し，離脱のプロセスに着目する。また，そのようなプロセスを捉えていくうえで，「犯罪をしない状態を維持し続けるには，元犯罪者は自分の人生を納得できる（意味の通る）ものにしなければならない」（Maruna 2001 = 2013: 18；強調は原文ママ）という前提をおき，元犯罪者の人生に一貫した秩序を与えるようなナラティヴ（自己物語）が離脱において必要とされると主張する。また，このようなナラティヴの（再）構築は「自らが認識する過去，現在，予期する未来を統合するが，それ自体が，成人におけるアイデンティティの形成過程でもある」（Maruna 2001 = 2013: 19）とし，元犯罪者が犯罪から離脱するうえで，自分の人生に意味を与えるようなナラティヴを構成し，それをもって向社会的なアイデンティティの形成や認知的な変容が必要であるとした。

そして，マルーナはリヴァプール離脱研究（Livapool Desistance Study）の活動の１つとして研究を行った。より具体的にいえば，55 名の男性と 10 名の女性，計 65 名に対してライフストーリーインタビュー調査を行った。その上で，30名を犯罪キャリア離脱群，20 名を犯罪キャリア持続群と見なした。マルーナは離脱群にしろ，持続群にしろ，本人がそのように認めていること，つまり本人の主観を重視した。その上で，過去 1 年以上にわたり犯罪をせず，今後にお

いても犯罪をするつもりがないと話した人物を離脱群と選定した。なお，調査協力者の多くは，身体また心理的虐待を過去に受けた経験，長期にわたる犯罪歴とそれに伴うスティグマ，貧しい地域での生活，享楽的な人格的傾向などの犯罪に向かってしまうリスク要因を多く抱えていた（Maruna 2001 = 2013: 82-102）。もちろん，アルコールやヘロインなどの薬物への依存もその要因の1つとして含まれる。

　マルーナは離脱群にあてはまる人々のナラティヴを贖罪の脚本（redemption script）として提示した。この贖罪の脚本は3つの特徴がある。第1に，語り手は自身のアイデンティティを逸脱的なものではなく，向社会的なものとして確立する点である。語り手はたしかに過去に非行および犯罪を起こしていたが，それは生活環境などの外的要因によるものとして，自身を「非行少年」や「犯罪者」というアイデンティティのもち主とは見なさない。他方で，本来の自分は「子を愛する両親」や「忠実な友達」など向社会的なアイデンティティをもつ存在であると認識し，それを維持するという語りが展開される。第2に，語り手は「自分自身の過ちが，自分をより強い人物にするという信念」（Maruna 2001 = 2013: 138；強調は原文ママ）をもとに語りが展開される点である。第1の特徴では本来の自分を向社会的な存在として見なすことを挙げたが，それに気づくうえで非行や犯罪という経験が必要であったとすることが第2の特徴として挙げられる。その上で，より崇高な目標を達成するために力を注ぐという語りも展開する。第3に，その崇高な目標として社会に対して貢献と恩返しを図りたいという希望が語られる点である。とくに語り手自身と同じように非行・犯罪やアルコールや薬物などに対する依存から「回復」しようとする次世代の人々への貢献を語ることがある。その中で過去の非行・犯罪経験を自身の強み（strength）として読み替えて活用しようとする（Maruna & LeBel 2009 = 2011）。

　マルーナに代表されるようなナラティヴに着目した離脱研究は，ナラティヴ・クリミノロジー（Narrative Criminology）として近年注目を集め始めている（Presser 2016）。つまり，ナラティヴ・クリミノロジーでは，その当事者が非行・犯罪経験や離脱経験をいかにして自身のナラティヴに組み込んでいくのかについて言及する。ただし，マルーナが指摘した贖罪の脚本のようなプロットを抽出するだけでなく，そのナラティヴをいかにして語るのかについての言及も必要になるだろう。

2 〈止める‐プロセス〉をどう見て取るか?

[1] ナラティヴへの着目

　ここまで薬物問題の社会学を〈使う‐止める〉と〈原因‐プロセス〉という2軸をもとに4象限に分類し，それぞれについて検討していた。本書はおもに〈止める‐プロセス〉の研究群に位置づけられるものであり，その検討を進めるうちに〈止める‐原因〉にも言及することになる。そして，〈止める‐プロセス〉について，ダルクにおける薬物依存のからの「回復」について検討していくうえでナラティヴという視座が重要になろう。

　近年の我が国において，ナラティヴに関する研究は社会学だけではなく，さまざまな分野で進められてきている（野口 2002, 2005; 野口編 2009）。その中において，代表的な論者である野口裕二によると，ナラティヴとは「具体的な出来事や経験を順序立てて物語った」（野口 2005: 5）ものとされる。それは，ジェローム・ブルーナー（Bruner 1986 = 1998）がナラティヴ・モード（narrative mode）と呼ぶものである。ブルーナーは人々が現実を理解するうえでの形式には論理科学モード（Logico-scientific mode）とナラティヴ・モードの2つが存在すると述べる。野口は前者については，我々に対して「ひとがなんらかの法則のもとに生きる存在であること」，後者については社会構成主義に基づき「ひとが多様な可能性に開かれた存在であること」を教えるものと説明する（野口 2005: 7）。

　本書で対象とする薬物依存者の「回復」を見て取るうえでも，ナラティヴ・モードという観点が重要となる。先述した〈使う‐原因〉や〈止める‐原因〉においては，論理科学モードによって薬物依存について説明されているものといえる。つまり，何らかの原因があるからこそ薬物使用に至る／を離脱するという形式の説明になる。ただし，中村英代（2011）の指摘を踏まえると，論理科学モードによる薬物依存の説明についてもいくつかの限界がある。第1に，原因が判明したからといって，その原因をただちに除去することは困難な場合がある点である。第2に，薬物依存者が第三者によって診断され，影響されるだけの存在として描かれてしまい，薬物依存者自身の意味解釈が含まれないという点である。

　前章を踏まえると，薬物依存からの「回復」は薬物依存当事者が薬物依存を

抱えながらも自分で選択した人生を育むこととおおまかに定義することができる。そして，その詳細を検討していくためにも，薬物依存者の自身の人生の解釈方法について読み取っていくうえでナラティヴは必要となるのである。いかにして薬物依存を伴いながら生きているのか，薬物依存に伴う困難にあったときにどのように向き合っているのか，どのような人生を育んでいこうとしているのか等について把握することは薬物問題の社会学においても，また薬物依存者の「回復」を支援する意味でも重要なのである。その意味で本書は広義の意味でナラティヴ・アプローチの立場をとっている。

　そもそも「薬物依存」というカテゴリは，逸脱の医療化（medicalization：Conrad & Schneider 1992 = 2003）の過程において生み出されたものである。刑事司法の領域において違法薬物の使用者として見なされていたものが，徐々に「薬物依存（症）」という病気カテゴリが当てはめられ，医療の中で扱われるようになってきている。近年の日本でいえば，一部執行猶予制度の成立がその例となろう。たしかに薬物依存者は刑事司法の領域において処遇を受ける者として扱われているが，その処遇の方法において認知行動療法などの治療が導入されるようになってきている[6]。「医療化」は厳罰的な処遇ではなく相対的に道徳的な処遇をもたらすものではあるが，その上でも治療者による治らせ方だけでなく，その当事者の治り方にも着目する必要があろう（中村 2011）。

　また，近代医療における「薬物依存」カテゴリとダルクにおける「薬物依存」カテゴリにおいて違いがある。平井（2004）では，近代医療における「薬物依存」とダルクの「薬物依存」との違いについて論じている。第1に，近代医療における「薬物依存」は診断されるカテゴリであるのに対し，ダルクにおける「薬物依存」はみずから名乗らなければならないカテゴリであるという点である。第2に，近代医療において「薬物依存」とは治す対象であるのに対し，ダルクにおいて「薬物依存」とは自身の問題として向き合い続けるものであるとするという点である。ダルクメンバーは薬物依存によって乱された心身の状態の落ち着きだけではなく，メンバー各自が薬物依存までに至ってしまったプロセスを探り，そこで見出された人生上の課題に対して向き合うことも求められる。それゆえにダルクでは薬物依存からの「完治」ではなく，「回復」を目指しているのである。そして，ダルクにおける「回復」について論じていく際には「回復者本人が語る〈回復〉に至るまでの経緯の物語を追いかけていく」

（中村 2011: 55）ことが必要になり，それゆえにナラティヴという視座が重要になるのである。

　薬物依存からの「回復」についてナラティヴの観点から捉えていくうえで病いの語り（illness narrative）が重要な概念となる。アーサー・クラインマン（Kleinman 1988 = 1996）は，病いとは多様な意味をもつ社会的な出来事であり，その当事者が病いを自身の人生に組み込むことが強いられることを論じている。そして，クラインマンはとくに慢性の病いについて語ることについて，「その患者が語り，重要な他者が語り直す物語であり，患うことに特徴的な出来事や，その長期にわたる経過を首尾一貫したものにする」（Kleinman 1988 = 1996: 61）と定義する。つまり，語ることを通して病いを経験しながらも自分の人生の航路を安定したものにしようとするのである。

　また，アーサー・W. フランクは慢性の病いは人々に病いの語りを語ることを2つの理由から要請すると述べる（Frank 1995 = 2002: 83-84）。第1に，慢性の病いはこれまでの人生を一変させるものであり，それゆえに新しい人生の目的を定めるうえで語ることを要請されるとする。第2に，医療従事者や家族や知人などの他者に患ってしまった病いの状態について説明を求められるからである。病いの当事者が求めようが求めまいが，病いについて語ることを要請されるのである。

　クラインマンやフランクの主張をもとにして想定するならば，ダルクメンバーは自身の状態を語ることを通じて薬物依存という経験を自分の人生に組み込み，そして新たな自分の人生を構成しようと試みるのである。それこそがまさにダルクで言われる「回復」なのである。そのような「回復」の意味内容について把握することが本書の目的になる。

[2]　臨床の場としてのダルク

　また，〈使う－プロセス〉の研究群にもあったように，〈止める－プロセス〉の研究群においても，集団内における相互作用は重要なものになるといえる。前章における記述を踏まえると，ダルクは薬物依存になることによって生じる生きづらさや「不安を声にするための時間と空間」（Melucci 1996 = 2008: 126）をダルクメンバーに提供する。つまり，ダルクはそのような声を聴く場所であり，薬物依存からの「回復」における臨床の場としても位置づけられる。その意味

では，本書は薬物依存者のナラティヴを観点にその「回復」を読み解いていく臨床社会学（伊藤編 2013; 中村 2011; 野口 2005; 野口・大村著 2001; 崎山ほか編 2008）という位置づけにもなろう。

　そもそも臨床社会学とは「臨床的現象を対象とする社会学，および，臨床的応用を目的とする社会学の両者を包含する社会学の総称」（野口 2005: 3）とされ，臨床的現象に対する理解をいかに深めるか，また，臨床的応用にどれだけ貢献できるかが問われるものである。本論も薬物依存を研究対象としており，その「回復」について探求することを目的とするため臨床社会学による研究群の1つにもなろう。本書においては，薬物依存という現状に向き合いながら生きている人々に対して，その見通しを与える試みの1つになる。

　さて，ダルクを薬物依存からの「回復」を目的とした臨床の場として設定したとき，どのような特徴を指摘できるのであろうか。まず，セルフヘルプ・グループという点を指摘できる。前章でも検討したが，ダルクは薬物依存当事者によって運営されている施設である。その中における相互作用の中において「回復」を紡ぐのである。また，そのような相互作用がダルクのいたるところで行われているのも重要な点である。ダルクは「言いっぱなし，聞きっぱなし」を原則としたミーティングを中心にしながら運営されているが，日常生活の何気ないやりとりが行われるなかでも「回復」が目指されている。そのような状況において，薬物依存からの「回復」が紡がれているのである。ダルクにおけるプログラムや日常生活を通して，いわばダルクの共同体の物語を聴くことを通じて，ダルクメンバーは個人の物語として「回復」を紡ごうとしているともいえる（Rappaport 1993）。

　ダルクのようなセルフヘルプ・グループという場において，その参加者のナラティヴがいかにして生成されるのか。その点について言及した重要な先行研究としては伊藤智樹（2009）が挙げられる。伊藤が描き出そうとしたのはセルフヘルプ・グループ参加者が「自己イメージを変更し，傷ついた状態から，自分自身に生きる価値と希望を見出し実感するような過程」（伊藤 2009: 8）である。そして，アルコール依存者と死別体験のセルフヘルプ・グループにおけるその過程を，ナラティヴの観点から，描き出そうとした。その際に伊藤はフランクが用いた概念である回復の物語（the restitution narrative ：Frank 1995 = 2002: 111-138）と対比したうえで，セルフヘルプ・グループで生成されるナラティヴの特

徴やその過程を見出した。そして、「参加者にとって変化を遂げることが長く困難な道のりであること、そして、そのような困難な道のりをたどる場であるからこそ、セルフヘルプ・グループが価値ある存在」（伊藤 2009: 213）であるとも述べる。もちろん、ダルクメンバーも「回復」の上で多くの困難があると考えられ、そのような困難に対してどのように対応しているのかについて検討する必要もあろう。

3 ま と め

本章では薬物依存からの「回復」について社会学的に検討する方法について論じてきた。まず、本書を薬物使用者に着目した薬物問題の社会学に位置づけた。そして、〈使う－止める〉と〈原因－プロセス〉という軸をもとに4象限に分類し、それぞれの事象を検討したうえで、本書を〈止める－プロセス〉の薬物問題の社会学と位置づけた。そして、〈止める－プロセス〉を捉えるうえで「病いの語り」という観点が重要なこと、およびダルクがそのようなナラティヴを生成する臨床の場として見なされることについて論じてきた。

その上で以下の章において、次の問いについて論じていく：①ダルクメンバーはいかにして「回復」を紡ぐようになったのであろうか【臨床の場としてのダルクへの言及】（第4章、第5章）、②ダルクメンバーはどのように「回復」を紡ぐのであろうか【薬物依存からの「回復」をいかに物語るのか】（第6章、第7章、第8章）、③ダルクにおいて「回復」を紡ぐうえでの困難は何か（第9章）。次章では本書における調査概要について記述する。

註

(1) 一般的に依存している薬物の使用を止めたときに生じる心身への影響のことを指す。身体的には頭痛、吐き気、発汗などの症状が発生する。精神的には不安、焦燥などの強い不快感を伴う症状が発生するとされる。

(2) この点についてはグレゴリー・ベイトソンの有名なアルコール依存症に関する論考も参考になろう（Bateson 1972 = 2000: 420-455）。

(3) いわずもがな、この点は分化的接触理論（Sutherland & Cressey 1960 = 1964）に代表される逸脱行為における学習理論の観点からも指摘できることであろう。

第2章　薬物使用における〈止める‐プロセス〉の検討　　43

⑷　なお，ベッカーにおいても，女性との愛情関係が形成されたときにマリファナ使用が
常習的なものから機会的なものへと後退すると言及されている（Becker 1973 ＝ 2011: 67）。

⑸　ただし，玉井眞理子（1998）が指摘するようにスタンレー少年は『ジャック・ローラ
ー』が出版されて以降に，スポーツ用品店で強盗未遂を起こし，逮捕されてしまう（玉
井 1998: 100-101）。そのとき，スタンレーは結婚をしていたのだが，経済恐慌によって職
を失ってしまった。妻が働くことで家族は生計を立てていたのだが，スタンレーは家族
を支えることができない劣等感を抱き，そのストレスが最終的に犯行につながった要因
の1つとされる。

⑹　その際に薬物依存に対する統制をめぐって司法や医療などの領域における「定義の政
治」が繰り広げられているといえる。定義の政治とは病気を巡る一般的定義の構成過程
を読み解く視点である。一部執行猶予制度などの近年の薬物関連の政策・法律における
定義の政治に関しては本書の関心からずれるため詳細な記述は避けるが，その定義の政
治の中においてダルク関係者などの薬物依存当事者の声も反映されるようになってきて
いる。この点に関しては薬物統制を巡る社会学的研究がくわしい（平井 2005, 2015; 佐藤
2006, 2008）。

第3章

調 査 概 要

本章ではダルクでの調査概要について記述していく。この調査はダルク研究会のメンバーと共同で行ったものである。ダルク研究会は社会学者からなる組織であり，薬物依存からの「回復」をテーマにした研究を積み重ねてきた（ダルク研究会編 2013; 平井 2013a; 南 2012, 2014, 2015, 2017; 南・中村・相良編 2018; 中村 2016; 相良 2013a, 2015a, 2017; 相良・伊藤 2016; 森 2013; 山下 2012）。以下では，調査対象地となった X ダルクおよび Y ダルクの特徴（第 1 節）とインタビュー調査の概要（第 2 節）について記述していく。

1 X ダルクと Y ダルク

筆者は共同研究の一環として 2011 年 4 月より X ダルクや Y ダルクにおいて参与観察やインタビューなどの調査を行ってきた[1]。X ダルクは大都市圏に位置し，比較的古くに創設されたダルクである。また Y ダルクは X ダルクの支部として発足し，近年に独立した。X ダルクと Y ダルクは創成期のダルクのあり方を運営の基本ベースとしており，ダルクにおける薬物依存からの「回復」について，また今後のダルクのあり方について検討していくうえでも重要な場であろう。

フィールドエントリーの際に調査対象となったダルクと調査倫理ガイドラインを取り交わす（目的，データ管理，プライバシー保護など）などの倫理的配慮を行っている。もちろん，フィールドエントリーの際に筆者を含めたダルク研究会のメンバーのポジショナリティ（「薬物依存からの『回復』について研究する社会学者」）について説明したが，ダルク内においては異質な他者であり，それが本調査における限界の 1 つである。

X ダルクと Y ダルクの施設概要は以下の通りである。X ダルクと Y ダルクの宿泊定員は 10 名程度である。両ダルクとも 2～3 名で使用する居室がいくつか存在し，リビングルームや調理場と食堂，風呂などを兼ね備え，メンバーはそこで集団生活を送っている。また，ミーティングのみに参加する通所のメンバーも多く存在する。両ダルクのプログラムは，ともに 1 日 3 回行われるミーティングを中心に構成されている。朝は 10 時から 11 時，昼は 13 時 30 分から 15 時，夜は各地の NA（19 時から 20 時 30 分）への参加の計 3 回である（表 3-1 を

第 3 章　調査概要　47

表 3-1　X ダルクおよび Y ダルクの週間スケジュールの例

	月	火	水	木	金	土	日
10：00〜 11：00	施設生活に関するミーティング	ミーティング	ミーティング	ミーティング	ミーティング	ミーティング	
13：30〜 15：00	ミーティング	ミーティング	ミーティング	ミーティング	スポーツ		
19：00〜 20：30	NA	NA	NA	NA	NA	NA	NA

（注）　施設生活に関するミーティングとは，おもに施設生活に関する事柄についての話し合いである。セミナーなどのダルクに関する催し物がある場合は予定が変更されることがある。

参照）。それ以外の時間はメンバーがそれぞれ自由に過ごすことが多い。その他にも，金銭管理，服薬管理，就労指導，心理療法プログラムなども行われる。また，他にもスポーツプログラムや他ダルクとの交流会なども行っている。おもな禁止事項には施設内での薬物使用，異性交際がある。最低 3 カ月が基本プログラムとされているが，退所までにさらなる時間がかかることが多々ある。また，両ダルクとも退所してからも定期的なダルクへの通所を薦めている。もちろん，両ダルクにおいてメンバーが退所するにあたっての生活環境調整も行っている。外部に向けては電話相談や家族相談などの相談事業，講演などの予防・啓発事業も行っている。

　なお，この調査はインタビュー調査を中心に行ったが，それだけでなくミーティングなどのプログラム，レクリエーション活動，ボランティア活動，余暇活動などに関しても，参与観察調査を行っている。また，比較資料とするために他地域にあるダルクにも訪問調査を行っている。これらの調査結果に関しては，フィールドノーツを作成し，それをデータとして扱っている。そのフィールドノーツは本書における中心的なデータにはなっていないが，スタッフやメンバーの行為や語りの文脈を理解し，そして分析するうえで大きく助けるものとなった。

2 インタビュー協力者

　おもなインタビュー協力者は 2017 年 5 月時点で 31 名（インタビュー開始時に入寮者であった方，スタッフであった方）であり，ここまでのデータを本書の分析対象とした。なお，6 名の調査者がそれぞれ担当を分担してインタビュー調査にあたっていた。そのうち筆者が主として担当させていただいたのは，メンバー G さん，H さん，J さん，L さん，S さん，V さん，スタッフ c さん，d さんである。その他の方へのインタビュー調査にも参加させてもらっている。なお，インタビューにおいては協力者 1 名に対して，調査者が複数名で臨む場合も多くあった。

　2011 年 4 月から 2017 年 6 月までの間に，調査対象者 1 人に対して 1〜23 回のインタビュー調査を行っている（表 3-2 および表 3-3 を参照）。調査方法は半構造化面接法を用いた。インタビュー項目としてメンバーには「ダルクに至るまでの経緯」「ダルクでの生活」，スタッフには「スタッフに至るまでの経緯」「現在のメンバーの状況」などのテーマからをいくつか用意し，薬物依存からの「回復」についてオープンに語っていただいた。なお，メンバーへの調査は基本的にはパネル調査をもって「回復」プロセスを検討できるように調査設計した [2]。そのため表 3-2 では初回インタビューと最終インタビューの年月について記述している。また，スタッフへのインタビューはパネル調査としては設計していないが，ダルクへの訪問の度に行っている。場所は，時に例外はあるが，ほとんどが X ／ Y ダルク内で行われた。インタビュー時間は 30 分から 2 時間ほどである。

　なお，学会発表や論文などにより研究成果を公表するに際して，上記のようにガイドラインに基づいて，ダルク代表者だけでなく，データとして中心的に取り上げた協力者にも事前にチェックしていただくようにした。しかし，調査期間中にダルクを退所したなどの事情によってその協力者とアクセスできない場合は，代替としてダルク代表者にチェックしていただくようにした。なお，途中で X ダルクおよび Y ダルクを離れ，別のダルクに異動した協力者に対しても追跡調査を行っている。インタビュー協力者の概要は以下の通りである [3]。

第3章　調査概要　49

表 3-2　インタビュー協力者（メンバー）の概要

名前	在所・通所施設（調査開始時）	おもな依存対象	インタビュー回数（2017年5月末まで）	初回インタビュー	最終インタビュー
A さん	X	覚せい剤，風邪薬	13 回	2011 年 5 月	2016 年 3 月
B さん	X	覚せい剤	16 回	2011 年 5 月	2014 年 3 月
C さん	X	覚せい剤	8 回	2011 年 5 月	2012 年 1 月
D さん	X	アルコール，ギャンブル	3 回	2011 年 5 月	2011 年 9 月
E さん	X	覚せい剤	12 回	2011 年 5 月	2013 年 7 月
F さん	Y	アルコール，風邪薬	19 回	2011 年 5 月	2017 年 6 月
G さん	Y	覚せい剤，アルコール	22 回	2011 年 5 月	2017 年 5 月
H さん	Y	覚せい剤	11 回	2011 年 8 月	2013 年 9 月
I さん	Y	風邪薬	10 回	2011 年 9 月	2015 年 9 月
J さん	Y	覚せい剤	17 回	2012 年 1 月	2017 年 5 月
K さん	X	風邪薬	1 回	2012 年 2 月	2012 年 2 月
L さん	Y	アルコール	4 回	2012 年 12 月	2014 年 3 月
M さん	Y	アルコール	5 回	2012 年 12 月	2014 年 6 月
N さん	X	覚せい剤，風邪薬	3 回	2012 年 2 月	2016 年 3 月
O さん	Y	覚せい剤	1 回	2012 年 3 月	2012 年 3 月
P さん	Y	風邪薬	18 回	2012 年 12 月	2017 年 2 月
Q さん	Y	アルコール	8 回	2012 年 10 月	2015 年 9 月
R さん	X	覚せい剤	1 回	2012 年 3 月	2012 年 3 月
S さん	Y	アルコール	2 回	2012 年 3 月	2013 年 5 月
T さん	X	覚せい剤	3 回	2014 年 8 月	2016 年 11 月
U さん	Y	危険ドラッグ	7 回	2013 年 11 月	2015 年 1 月
V さん	Y	覚せい剤	8 回	2013 年 8 月	2016 年 10 月
W さん	X	覚せい剤	4 回	2013 年 11 月	2016 年 11 月
X さん	Y	覚せい剤	5 回	2015 年 11 月	2017 年 2 月
Y さん	X	市販薬	3 回	2014 年 8 月	2016 年 3 月
Z さん	Y	危険ドラッグ	2 回	2013 年 11 月	2014 年 2 月

表 3-3　インタビュー協力者（スタッフ）の概要

名前	勤務施設 （調査開始時）	おもな依存対象	インタビュー回数 （2017 年 5 月末まで）
a さん	X	覚せい剤	16 回
b さん	X	有機溶剤	7 回
c さん	X	風邪薬	8 回
d さん	Y	覚せい剤	23 回

　インタビュー協力者はすべて男性であり，薬物依存に悩まされている（い
た）ことが共通項である。他方で，依存対象となった薬物やダルクにつながっ
た経緯，そしてダルク利用期間はそれぞれ異なっており，メンバーやスタッフ
の「回復」の多様性についてうかがい知ることができた[4]。年代に関しても，
20 代から 60 代と幅広い年齢層が存在していた。なお，メンバーやスタッフの
「回復」の多様性の様相について触れるために補論として筆者が中心的に調査
を行った協力者のライフストーリーを記述している。
　なお，これ以降の章においてインタビューからの引用について，中略は
「（略）」と示した。引用した語りにある（　）内は筆者による補足，下線部は
筆者による強調である。語りの引用の後にある（○年×月△日〜さんインタビュ
ー）は調査を実施した年月である。なお，＃ 1 〜＃ 6 は調査者のことを示す。
筆者は＃ 5 である。
　また，個人情報保護の観点から，一部のデータについては，内容が大きく変
わらない程度に加工を加えている。

註
（1）　共同研究の成果を書籍として執筆することについては，共同研究の代表者である南保
　　　輔氏からの了承を得ている。
（2）　K さん，O さん，R さん，S さんに関してはライフストーリーに関するインタビュー
　　　調査を行うのみになっており，パネル調査を最初から企図していない。
（3）　なお，調査期間中にメンバーからスタッフに転身したインタビュー協力者もいるが，
　　　本書においてその方に関しては調査開始時の状況に応じてメンバーとして扱っている。
（4）　南保輔（2012）によれば，おもな依存対象の薬物として多かったのは覚せい剤である
　　　が，それ以外にも咳止め薬，アルコールに依存するメンバーも多くいた。また，大麻や

マリファナ，シンナーを皮切りに最終的に覚せい剤へと依存したとするメンバーもいた。依存対象となった薬物を使用した時期も 10 代半ばから 30 代前半とメンバーによって大きく状況が異なっている。また，ダルクメンバーの多くが矯正施設への入所経験をもっており，そこからの退所後に頼る場所がなくなり，ダルクに至ったというケースが多かった。薬物事犯による度重なる服役のために家族が愛想をつかしてしまったことが多いようであった。そのため，ダルクへの費用の支払いも生活保護費から支払われるケースが多かった。そして，協力者の調査時点でのダルクの利用期間に関しても 1 カ月から約 20 年とさまざまであった。ダルクにつながった回数に関しては，調査時点で初回というメンバーが多かったが，なかにはダルクにすでに 8 回もつながっているという協力者もいた。

第4章

「回復」に向けた契機としての「スリップ」

1 「回復」における「スリップ」の意味

　これまでにも述べたように，ダルクにおける薬物依存からの「回復」は依存薬物の使用を止め続けることだけではなく，そこから人生を再構成していくプロセスを指す言葉である。ただし，そのような意味での「回復」は簡単に成し遂げられることではなく，それに向けた何かしらの契機がある。「回復」それ自体の道筋が十人十色であるように，「回復」に向けた契機もそれぞれありうる。しかしながら，ダルクに在所していた人たちの手記を見る限り（日本ダルク本部 2009; 西田編 2002），回顧的にはなるが，「回復」に向けた契機の1つに「スリップ」という出来事の経験を挙げる人がいた。

　スリップとは「薬物を再使用すること」（西田編 2002: 156）を示すダルクのジャーゴンである。つまり，薬物依存からの「回復」を目指しダルクに入所しながらも，しばらくの時期をおいて（もしくはすぐに）薬物を再使用したことをいう。「回復」の道をたどりながらも，その道中で滑って転んでしまう（スリップしてしまう）というイメージであろう。

　これまでにもセルフヘルプ・グループに焦点をあてた依存からの「回復」に関する優れた研究は存在し，その中でもスリップについても言及されている[1]。たとえば，ウィリアム・L. ホワイトはアメリカにおけるアルコールや薬物依存に対する介入についての歴史的研究を行うなかで，AA における「再発」，すなわちスリップ（再飲酒）に対する扱いの特徴について述べている（White 1998 = 2007: 152）。AA が出現する以前のアルコール依存者に対して支援する団体においては，再飲酒したメンバーに対しては，罰金や追放などの対応がとられていた。つまり，団体のメンバー同士で相互監視の状態をとっていた。しかし，AA では「メンバーの誰かが再発すると，その再発を飲まないことを続けるのは困難だという認識を強めるチャンスとしてとらえ」（White 1998 = 2007: 152），スリップという出来事を AA のプログラムに取り組ませるための契機としていた。すなわち，AA においてはスリップという出来事を「繰り返し起こる再発に苦しみ，さらに感情の激発や怒りの噴出というプロセスの中で，回復が花開く可能性がある」（White 1998 = 2007: 152）ものと捉えていた。

　ホワイトの研究を引用しながら，葛西賢太は AA ではスリップすることがは

第 4 章　「回復」に向けた契機としての「スリップ」　　55

じめから想定されていることが重要であるとする（葛西 2007: 25-26）。アルコール依存者は，さまざまな問題が飲酒によって引き起こされているとしても飲酒を止めることができない。そのためスリップした場合，なぜ飲酒を止めることができないのかと罪責感を抱えてしまう。AA では，スリップしたときに生じる罪責感を一度留保する。もちろんその罪責感を帳消しにすることはないが，徐々にその償いをするように促していく。つまり，スリップは起こりうる失敗なおかつ想定される出来事なのであり，その失敗から発生する罪責感を留保し，償いを徐々にさせるという点が AA におけるスリップへの扱いの特徴だとしている。

　ホワイトや葛西が指摘した点は AA でのスリップに関する扱いの特徴を見出した点で重要であり，なおかつ現在のダルクにおいても確認できる特徴である。しかし，ホワイトや葛西らの研究ではスリップがいかにして「回復」につながっていくのかについての詳細な検討はなされていない。

　そもそも，スリップはアルコール依存者にとって困難な経験にもなりうる。たとえば，浅野智彦によると，アルコール依存者が自身の「回復」に関するナラティヴを語るとき，「回心」という独特な体験を組み込むことで対処しようとしてきたと指摘する（浅野 2001: 17-19）。「『回心』とは象徴的な死と再生の過程であり，これを得ることによって自己物語の語り手は過去の自分との断絶と連続とを同時に手に入れ」（浅野 2001: 18），それによってアルコール依存者であった自分は「死」に，「回復」した者としての自分が「再生」されたという物語に信憑性が与えられる。しかし，「回復」した者がスリップした場合，その物語の信憑性は大きく損なわれることになりうる。またスリップした語り手は，「今度こそは飲酒を絶対にしない」物語を紡ぎ続けるという緊張感をもったまま生きるというつらさも覚えるといえる。

　一方，伊藤は AA や断酒会などのアルコール依存者が集うセルフヘルプ・グループの中で生まれるナラティヴに着目し，その中で特徴的だと思われる物語の 1 つにスリップの物語を挙げている（伊藤 2009: 109-110）。スリップは断酒が目標とされるセルフヘルプ・グループにおいては失敗とされるが，そうした出来事をあえて暴露することがスリップの物語であるとする。伊藤によるとスリップの物語は，参加しているメンバーに肯定的に受け入れられる。それは「スリップのエピソードが加わることによって，物語における変化は単純ではない

ことが示され，よりドラマチックさを増す」（伊藤 2009: 182）ためであり，その
ためスリップの語り手はセルフヘルプ・グループ内では良い語り手と認識され
るという。

　つまり，浅野や伊藤の研究からわかることはスリップという経験はアルコー
ル依存からの「回復」に関する物語の展開を困難にするが，一方で「回復」に
関するナラティヴにより信憑性を与え，他者からもその物語に対する承認を得
る契機にもなりうるということである。

　それではスリップは「回復」を目指すダルク在所者に対して，実際にどのよ
うな影響をもたらすのだろうか。そこで，本章ではスリップを経験した在所者
の語りから探索的にその影響を分析・考察することを目的とする。具体的にい
うと，スリップを経験したダルク在所者のインタビュー調査で得られたデータ
をもとに，スリップする以前と以後の語りの変化を分析・考察する。

2　データについて

　本章ではYダルク在所者であったHさんのインタビューで得られたデータ
をもとに考察する。分析に際してHさんのインタビュー事例を選択した理由
は，Hさんが調査期間中にスリップを経験し（なおかつそれを認め），スリップ
前の語りとスリップ後の語りを検討することができるがゆえである。

　Hさんは 20 代の男性であり，Yダルクには 2011 年 7 月から入所した。な
お，ダルクへの入所はそのときがはじめてである。用いるデータはHさんに
対して 2011 年 8 月から 2013 年 9 月までに行った計 11 回のインタビューである。
時間は各回およそ 45 分から 90 分ほどである。この期間，Hさんは睡眠薬とア
ルコールでスリップしている。半構造化面接法を用いて，「ダルクに至るまで
の経緯」や「ダルクでの生活」などの項目を中心に薬物依存からの「回復」に
ついて語っていただいた。また，補論の 2 でもHさんのライフストーリーを
扱っている。

3 回避対象としてのスリップ

[1] スリップした者から距離をおく

　Hさんにとってスリップとはいかなる意味をもつものであろうか。ここではHさん自身がスリップを経験する以前のスリップへの意味づけについて考察したい。

> H：で，ここの人も，ここに，今もいるんですけど，もう捕まってはなくて，スリップしてるんですよね。そのとき，自分，心配したんですよね。この人が，いなくなったとき。で，その人が，こう，使う前に自分にこう，使っちゃおうかなとかそういう話してて。自分冗談って思ってたんですよ，それ。そしたら，それが本当に現実になったから，うわあ，あのとき冗談って俺捉えたんだよなって思って。それを，俺がちゃんとこう，受け止めてこう，話してたら，使ってなかったのかなあとかって思って。自分を責めて，で，心配もしたんですけど。またその帰ってきた後に，そういう他のダルクで使ってた人と，なんか2人でこう，話してて。自分をまたその中に呼んで，そういう本格的な話をこう，してたんですね。自分も，こう呼ばれていった。<u>自分はそれ何にも言えなくて，その，ここにいる人を，こう，嫌な目で見るっていうか，心配した俺がばかだったなっていう。そういう目で見ちゃって。で，もう行動も何もかも，嫌いになっちゃったんですね。</u>

> （2011年9月13日 Hさんインタビュートランスクリプトより）

> ※以下の下線部強調は筆者による

　この時期，Hさんが在所しているYダルクでは在所者の1人（以降，aさん[(2)]）がスリップしていた。Hさんが語るように，薬物使用の具体的な話をaさんとHさんはしていたという。Hさん自身はそれを「冗談」として捉えていたようだが，aさんがスリップすることによりそれが現実になり，Hさんはそれを止められなかったことを後悔する。aさんはスリップ後も，何人かを巻き込んで薬物使用に関する「本格的な話」をしていた。Hさんはそれにまた

呼ばれたのだが，それ以来「嫌な目」で a さんを見るようになり，a さんを心配した「俺がばかだった」という感情を抱いた。このとき，H さんは a さんから心理的に距離をおくという対応をしていた。

　しかし，その一方で H さん自身も下記のトランスクリプトのように薬物使用への欲求が湧いていた。

　　H：こう，真面目って思われたくないなあって思う自分もいたし。そういう，
　　　なんかそういうのがあって，言っちゃって。まあなんか，食いつくじゃな
　　　いけど，自分と反対の行動をとってしまうんですよね。

　　　　　　　　　　　（2011 年 9 月 13 日 H さんインタビュートランスクリプトより）

　　H：なかなかもう，スリップした人がいれば，そこに俺がいれば絶対に使っ
　　　てたよなあとか思って。行きたいなあって，思う自分もいるんですよ。そ
　　　こに。いいなあ，使えてって思う自分もいるし。

　　　　　　　　　　　（2011 年 9 月 13 日 H さんインタビュートランスクリプトより）

　H さんは a さんのことを「嫌な目」で見ながらも，「真面目に思われたくない」として，薬物を止めたい自分と「反対の行動」（薬物使用に関する「本格的な話」をすること）をとってしまうことがあったという。そして，a さんのようにスリップした人を「嫌な目」で見る一方で，「そこに俺がいれば絶対に使ってたよなあ」「行きたいなあ」と思う自分がいることを認識する。

　H さんはスリップをした者から距離をおくことで薬物使用をコントロールしようとする。その一方で，自身の薬物使用に対する欲求に関しても認識しており，つまりスリップした者とこのまま距離をおかないで一緒にスリップしたいという気持ちもあるという葛藤も起きていた。それを解消するために，H さんはやはりスリップの危険性のある人物とは距離をおき，スリップとは縁が遠いとみずからが思う人物の側に行く。

　　H：葛藤なんです。それから，いつでもこう行けるんだけど，今はそれを我
　　　慢してるみたいな。
　　# 5：へえ。そのなんか，自分で，どんなふうな心持ちで我慢してるのか，

とか，たとえば具体的な行動とか，習慣でもいいんだけど，そういうことってやっぱ，やってることはあるの？

H：もう，自分の場合は，使いたいなあとか，近寄りたいなあ，使っている人の場に，それは思うけれども，その人に近づかないことですね。自分自身が。で，もう，その人がいれば，使ってる人がいれば，こう絶対，その人が，やっぱ言いにくい人とかいるじゃないですか。この人がいれば，そういう話を，話題をしないっていう，そういう人のところに行ったりとか。あ，たとえばFさんの前ではやっぱそういう話とかしないじゃないですか。dさんとかそういう。だからそういう場に行ったり。

（2011年9月13日Hさんインタビュートランスクリプトより）

　Hさんはスリップの危険性が高い人物の近くに寄らないことにより，薬物使用に対する欲求をコントロールしていた。「使っている人」がいたら，その人物に近寄らず，話す機会があったとしても「そういう話」をしないことで距離を保とうとした。またスリップとは縁遠いFさんやdさんの側にいることにより，スリップしていた者との接触を断とうとした。

　このようにHさんの場合，スリップした者と距離をおくことがみずからのスリップを避ける方法の1つになっていた。

［2］「クスリを使わないH」の呈示

　さて，Hさんがスリップを回避する方法はこれだけではない。スリップをしないという自己イメージを呈示することもその1つになる。

H：だからそういうところではないっていうのはわかりつつあるんですけど，でも自分ではこう自分を守りたいというか，自分はこのイメージを崩したくないというのがあって。「クスリを使わないH」とか，「けっこう真面目なH」をこう残しておきたいという，そういう…

＃5：ああ人たちに，NAの人たちに。

H：はい。こういうところでは。だからこう使ったら，残して，自分の中でそれだけは残しておきたいから，戻りたくないです。戻ったら，ああ「クスリを使ったH」とか，失敗したんだとか思われるじゃないですか。でも，

がんばれよとは言われるんだろうけど，でも自分の中ではそれがなんか嫌だっていうか。こう昔で言えばこう真面目な自分で，全然こう手がかからない子どもっていうか。そういう感じがまだ残っているから。何でもこうできるような，自分でいたいというのがあるから。そこで失敗したら自分はここはいれないみたいな感じなんですよね。

(2011 年 10 月 25 日 H さんインタビュートランスクリプトより)

これより以前のインタビュー（2011 年 9 月 13 日）時に H さんはもし自分がスリップをして Y ダルクを出ていったら，NA にもつながることはないだろうと語っていた。それは NA ミーティングで H さん本人が呈示している自己イメージを崩されたくないからである。「クスリを使わない H」を残しておきたいという思いがあったからだ。H さんは，もしスリップしてしまえば，NA で「クスリを使った H」として思われるのではないかと考えていた。NA につながっている限り，作り上げた自己イメージを崩したくない，また自己イメージを保ちたいということがスリップを回避するモチベーションになっていた。

4　スリップを経験する

前節のように，H さんはスリップを回避するためにいろいろと模索していた。もちろん，クスリを使いたい自分はいるが，それでも「スリップした者から距離をおく」ことや「『クスリを使わない H』の呈示」をすることなどによりスリップを回避しようとした。しかし，H さんは J さんとの交流の中でスリップを経験してしまう。Y ダルクという空間で毎日生活している限り，H さんが行っていた上記の方法ではスリップを回避しきれなかったといえる。

　H：もう 1 人若い人が，J さんがまぁ処方（された薬）を飲んでたんですよね。
　　　で，それ自分スリップしてたのも見てたんですよ。
　#5：ああ，先にもう J さんは，もうスリップしてた。
　H：もう 1 カ月間くらいは偽りのクリーン [3] だったんですよ。
　#5：ああ。

第4章 「回復」に向けた契機としての「スリップ」　61

H：で，自分はそれをじゃあ，まぁ自分も見てたんですけど，まぁ，もう
　1回したら，じゃあ言っていいよってことになってたんですよ，Jさんと。
　それまで黙っとくからっていうことで。で，最終的にもうJさんはけっこ
　う自分の見てないとこでしてたらしくて。

（略）

H：（Jが飲んでいた薬は睡眠薬かという問いに対して）そうです，多めに飲んで
　る。それで，それ見てて，最終的に自分もこう，もう飲んじゃおうみたい
　な。楽しそうだったんで。飲んじゃって。

（略）

H：（Jさんは以前から睡眠薬でスリップしていたのかという問いに対し）たぶん前
　から知ってた。自分の場合は1年前ぐらいに眠剤飲んでたんですけど，そ
　れはほとんど寝るための薬で。自分はそれですぐ寝てたんです。だから気
　持ちよくなることとかもわかん，味わったことないんで。1回ぐらい味わ
　いたいと思ってこないだ飲んだら，もうテンションあがっちゃって。お酒
　買いに行っちゃって。お酒も飲んで。ここでどんちゃん騒ぎしてたんです
　けど。

（2011年12月13日Hさんインタビュートランスクリプトより）

　HさんとJさんは年齢が比較的近く，互いによく話をしていた。それゆえに
スリップの危険性がない人物だと見なしていた。しかし，HさんはJさんが処
方された睡眠薬を多めに服用してスリップした場面に出くわす。だが，Hさん
はこのことを誰にも話さずに内密にしていた。Jさんが「もう1回（スリップ）
したら」，スタッフに告げるということになっていたが，その間にもHさんが
見ていないところでJさんは何度かスリップしていたらしい。Jさんは「偽り
のクリーン」でいた。Jさんに何度か睡眠薬の服用を勧められたが，Hさんは
それを冗談として捉えて，睡眠薬を飲むふりをしてやりすごしていた。
　しかし，あるとき，HさんもJさんがスリップしているさまを見て，「楽し
そう」だと感じ，自分も「飲んじゃおう」と思い，睡眠薬を服用する。Hさ
んはいままで睡眠薬を服用していたことはあるが，Jさんのような「気持ちよ
く」なるという目的での服用はしたことがなかった。しかし，それを実践して
しまう。そして，Jさんと「お酒買いに行っちゃって」，「お酒も飲んで」，Yダ

ルク内で「どんちゃん騒ぎ」も繰り広げる。

　そして，後日スタッフにはそのことが判明し，HさんとJさんは注意を受ける。Hさんはスタッフには正直にスリップしたことは伝えたが，その場で開き直り，依存薬物を使い続け，アルコールを飲み続けようとしていた。そして，Yダルクを飛び出し，もう戻らないようにしようとしていた。しかし，Yダルクを飛び出しても生活する場所がないなど先が見えず，Yダルクに戻ることを選択した[4]。

5　スリップ後の変化

　Hさんは「クスリを使ったH」となった。2011年9月のインタビューのときに，Hさんは薬物を使用，または飲酒してしまったらもうダルクにはいられないと語っていた。しかし，その後もしばらくYダルクで生活を送っていた。スリップという経験がHさんに変化を与えたと考えられる。

H：その，スリップしたおかげで，まぁ自分がうん，なんか全部こう取り下げられたというか，今まではこう，けっこうほとんどみんな自分の後に（Yダルクに）入ってきてるし。クリーンは長い人たちはいるけど，まぁ自分の方がこうしっかりしてるだろうというか，頭の回転も速いし。もうしっかりしたオーラを出してたというか。クリーンがなくなったことによって，やっぱあいつだめだったんだとか。それ，思われるの，最初苦しかったからここ逃げようと思ったんですけど，もうそれを全部話そうと思って。で，自分はしっかりしたくないし，人に甘えたいっていうのも伝えて。

（略）

H：だからもう甘えたいし，苦しいしつらいし助けてほしいっていうことをミーティングでけっこう言い続けて，1週間くらい。それでもう楽になっていったっていうか。もう演じなくていいんだっていう，しっかりした（自分を）。

（2011年12月13日Hさんインタビュートランスクリプトより）

Hさんはスリップを回避するために、「しっかりとしたオーラ」をまとった自分を演じていた。しかし、Hさんは睡眠薬とともに飲酒をして、スリップしてしまう。そして、「クリーンがなくなったことによって、やっぱあいつだめだったんだとか。それ、思われるの、最初苦しかったからここ逃げようと思った」と語る。スリップを回避するためにまとっていた「オーラ」が崩れ、いよいよHさんは追いつめられた。

しかし、「もうそれを全部話そうと思って」、ミーティングなどを通じて、周囲の仲間に自分がとってきた行為を伝える。そして、「自分はしっかりしたくはないし、人に甘えたいっていうのも伝えて」、新たな自分を呈示する。つまり、自分は「甘えたい」ということを表明し、助けを乞うのである。その結果Hさんは自分がまとっていた「オーラ」を外し、「甘えたいH」を見せることができ、「楽」になり、Yダルクでの生活を続けた。

つまり、「クスリを使わないH」としての自己イメージは薬物使用を何らかの方法でコントロールしようとするが、それはクスリを使いたいという欲求を他者にわからないように押し隠しながら生きていくというパッシング（Goffman 1963b = 2001: 126-156）のように振る舞っていたといえる。しかし、スリップを経験することにより「クスリを使ったH」となり、「クスリを使わないH」として演じることが困難であることを認めざるをえなくなり、みずからの弱さを他者に表明することになる。つまりHさんは「クスリを使ったH」として生活をすることとなり、「クスリを使わないH」という自己イメージのための演技を放棄して生活できるようになったといえよう[5]。

しかし、「クスリを使ったH」となることにより、甘えたい気持ちが強くなり、他者との距離感（ここでは距離を近づけること）を新たな問題として捉えている。

> H：良い具合に保ててたい、っていうか。嫌われたくないなあ、っていうのも、良い具合にもっていたいし、今のこの愛され欲求も、もうちょっと抑えたいっていうか。だから、この2つをちょうどいい線にこう、ピーって引きたいなって思って。そしたらうまい具合にいくかな、と（思って）。

（2012年1月31日Hさんインタビュートランスクリプトより）

以前の H さんならば,「愛され欲求」を周囲に呈示して,嫌われはしないだろうか,と悩むことがあった。しかし,スリップ後は,もっと自分のことを見てほしいという「愛され欲求」を相手にもっと示したいという気持ちが問題になっていた。つまり,「愛され欲求」の呈示とそれによる他者からの嫌悪への恐れとの間でのバランスを保つことが新たに課題になっている。

　その一方で,「『クスリを使った H』を呈示する」ことによる「愛され欲求」の芽生えは「スリップした者から距離をおく」ことをやめたことを意味していることも重要である。つまり,スリップ後においては「愛され欲求」を他者に呈示するなどスリップの危険性のある者であったとしても関係性を密にしようとしている点も指摘できる [6]。

6　「仲間」との関係性の構築

H さんはスリップしたことを振り返りながら,以下のように語る。

> H：(略) でも,そのときスリップしなければ,こう,いつまでたってもたぶん自分はこう,「スリップしたい,スリップしたい」っていう,「飲みたい,飲みたい」っていう願望がたぶん強かったと思うんですよ。たぶんずっと回復できないまんまだったと思うんですけど。
>
> (2012 年 5 月 5 日 H さんインタビュートランスクリプトより)

　上記の語りからは,H さんにおける「回復」にとってもスリップは 1 つの契機であったということが示唆される。ではなぜスリップすることが,言い換えれば「スリップした者から距離をおく」ことをやめることや「『クスリを使った H』の呈示」が「回復」の契機になったといえるのだろうか。それは重要な他者ともいえるダルクの「仲間」との関係性が育まれることがその根拠となるだろう。

　第 2 章でも述べたように,薬物依存になるまでに,その薬物自体が依存性の高いものであったとしても,薬物使用による快楽的効能を認識するための学習が必要となり,そのことはある集団との交流の中で行われる (Becker 1973

= 2011: 37-55)。しかし，薬物依存に陥る過程の中でその集団からも離れ，孤立する。ダルク入所初期の在所者の多くはそのような孤独感を抱えていることが多い。しかし，仲間はただそばにいるだけでもさまざまなサポートをもたらし（葛西 2007: 110-142），またミーティングなどで自分の話を受け止め，促す存在でもある（伊藤 2009: 97-138）。そして，薬物依存になった過程と同じように，「シラフを楽しむこと」も仲間を通じて学んでいく（Maruna 2001 = 2013: 175-177）。「スリップした者から距離をおく」ことをやめることや「『クスリを使った H』の呈示」をすることを通じて，スリップはそのような仲間との関係性を形成する 1 つの契機として捉えることができるだろう。

　また H さんのスリップにおける一連の流れは，H さんがダルクに所属する過程ともいえる。さまざまな機関を通じてダルクにつながったとしても，ダルクにいる仲間との関係性を築くという過程がただちにクリアされるわけではない。ダルク入所初期の H さんのように「オーラ」をまとって拒み，多くのダルクの仲間は自分とは違う存在であるかのように振る舞うこともあるだろう。しかしダルクにつながっている以上，他の仲間と同様に「クスリを使った H」であることは否定できない。スリップはそれを受け入れる契機になったとも解釈可能であり，あらためてダルクのメンバーシップを保持していることに気づく契機にもなった。これらの点に関しては第 5 章でも確認していく。

7 ま と め

　本章では実際にスリップしたダルク在所者がそれ以前とそれ以後でどのように変化するのかについて H さんへのインタビューデータから考察してきた。その結論をまとめると次の通りである。第 1 に，H さんはスリップ以前において「スリップした者から距離をおく」ことや「『クスリを使わない H』の呈示をする」ことによってスリップを回避していた。第 2 に，そのような方法をとっていたが H さんはスリップをしてしまった。第 3 に，スリップ後においては，H さんは「クスリを使わない H」から「クスリを使った H」へと自己イメージを変化させた。第 4 に，「クスリを使った H」を他者に呈示することにより，「愛され欲求」への対応が必要となった。その一方で「愛され欲求」の

芽生えは「スリップした者から距離をおく」ことやめることを意味していることも重要であることが指摘できた。そして，スリップにより仲間との絆が形成され，あらためてダルクでのメンバーシップを得ていることに気づく契機になったことも考察された。だが，仲間との絆に代表される社会関係の形成と薬物依存からの「回復」との関係についての詳細な検討は次章以降の課題になる。

　以上のようにスリップはダルク在所者にとってダルクにおける社会関係を活性化させるという意味で「回復」に向けた1つ契機にもなり，Hさんのような変化をもたらすのである。しかし，Hさんの現状を考えれば[7]，スリップがHさんに右肩上がりの「回復」をもたらすものではないことも明確である。当然のことではあるかもしれないが，ダルク在所者はそのような「揺らぎ」[8]の中で自身の「回復」を紡いでいくのである。

註

(1)　なお，以下の先行研究はアルコール依存者のためのセルフヘルプ・グループについての論考になるが，ダルクはもともとAAの流れを踏んで生まれたものであり，先行研究の知見もダルクを研究するうえで参考にできる。

(2)　この時点ではインタビュー対象者ではなかった人物である。

(3)　「偽りのクリーン」とは実際にはスリップしているのだが，他者にはクリーンを継続しているように呈示していることをいう。

(4)　HさんがYダルクに戻ってきた理由としては，生活する場所がないというのも1つの理由であるが，それだけでなく薬物使用が身近にあった「過去」の生活に戻りたくないと思ったことも挙げられる。

(5)　「スリップした者から距離をおく」場合，スリップに至るような危険な人物とそうではない人物を区別して対応しようとしていたといえる。一方「スリップした者から距離をおく」ことをやめた場合，危険かどうかという区別をせずに，ダルクの仲間をはじめとしたいろいろな他者との関係性を広く結んでいこうとしているといえる。このように関わり方は変化している。

(6)　その後，ともにスリップをしたJさんとの仲が急速に良くなり，Jさんとの距離感がスタッフから問題視されていたことがあった（2012年6月インタビュー）。

(7)　2012年6月の調査後，Hさんは問題を起こし，地方のダルクに一時期転所していた。その後Yダルクに戻って生活をしていたのだが，地方のダルクで生活していたときから定期的に飲酒をしてスリップをしていたことが2013年3月に判明した。結果的にXダルクに転所することになった。しかし，Xダルクでもスリップをするなどのトラブルを起こし，また地方のダルクに転所した。「スリップした者から距離をおく」ことをやめることがかえって対人関係などの悩みを起こし，トラブルにつながっていたとも考えられる。

本章ではその過程については調査・記述しきれなかった。2018年3月時点では，紆余曲折を経たうえでHさんは地方に存在するダルクに在所しており，ダルクの仲間とのつながりは保ち続けている模様である。

(8) この「揺らぎ」に関しては，いままでのインタビュー調査をまとめ，ダルクメンバーやスタッフのライフヒストリー集を作成している（ダルク研究会編 2013; 南・中村・相良編 2018）。また本書の補論として筆者が中心にインタビューを行った協力者のライフヒストリーを記述している。

第5章

「回復」と「仲間」
ダルクにおける生活を通した「欲求」の解消

第4章では薬物依存からの「回復」において，スリップがその契機の1つに
つながることが示唆された。とくにスリップを通じて，みずからが薬物依存者
であることを認識し，ダルクのメンバーシップを再確認する契機になることが
考察された。その上で本章の目的は，薬物依存者が依存薬物に対する「欲求」
を解消していく実践がダルクでの生活の中で営まれていく様子と，それが可能
になるための条件を明らかにすることにある。具体的には，ダルクメンバーが
ともに「回復」を目指す薬物依存の当事者である「仲間」と関わり合う日常生
活のあり方に着目し，分析を進める。ダルクでは仲間との関係が「回復」に関
わってくるとされている。

　第1章でも触れたように，ダルクメンバーたちは仲間と数カ月以上にわたる
長期の共同生活を送りながら，薬物依存からの「回復」を目指している。なお，
スタッフの大多数は過去にダルクプログラムを経験した（元）薬物依存者であ
り，セルフヘルプ・グループであることもダルクの重要な特徴の1つとして挙
げられる。

　セルフヘルプ・グループを通した依存（症）からの「回復」の過程を描き出
そうとした先行研究では，ミーティング場面に焦点をあて，そこでのメンバー
たちのナラティヴの展開に注目することも多かった（葛西 2007; 伊藤 2009）。し
かし，ダルクメンバーたちが「回復」を目指す過程の中で注目すべき点は，ミ
ーティング場面だけではない。彼ら／彼女らの薬物依存からの「回復」に向け
た取り組みは，日々の生活における出来事と密接な関わりをもつものである
（平井 2013b）。

　本章では，フィールドワークのデータに基づき，ダルクメンバーが薬物使用
を止め続ける1つの過程として，仲間と関わり合う日常生活の中での欲求解消
実践を描き出す。薬物使用を止め続けることは「回復」の十分条件ではないが，
必要条件である。そのため，薬物使用の欲求を解消していく実践について検討
することには十分な意義がある。

　また，仲間と関わり合う日常生活の中での欲求解消実践は，無条件で成り立
つわけではない。それらの実践は，ダルクがある条件を満たした場であるから
こそ成立する。本章ではその条件を明らかにするとともに，薬物依存者の「回
復」を支えるうえでいかなる政策的支援が必要であるのかについて考察する。

1 「仲間」と関わり合う日常生活に焦点をおいた「回復」の分析の重要性

これまで，薬物依存からの「回復」に関する研究では，当事者のナラティヴに着目することの重要性が論じられてきた（Frank 1995 ＝ 2002; Maruna 2001 ＝ 2013; 相良 2013a）。それらの指摘を受けて日本では，依存からの「回復」に向けたナラティヴの変容が，セルフヘルプ・グループにおけるミーティングにおいて起きる様子を描き出してきた研究がある（伊藤 2009; 葛西 2007）。

ダルクをはじめとした依存者のセルフヘルプ・グループのミーティングでは，参加者が自分の抱える問題や体験について発言をし，また他者の発言を聞くことを繰り返す形式をとることが多い。その形式は「言いっぱなし，聞きっぱなし」と表現されるように，強制的ではなく自由に発言し，その内容に対して質問・疑問などを挟まない形で行われる。また，ミーティングで語られた内容も外部で言及されることはない。

アルコール依存者のセルフヘルプ・グループが依存者の「回復」に及ぼす影響を宗教学的に検討した葛西（2007）は，上記のような特徴をもつミーティングについて〈依存にいたった理由を問わず，依存の経験を語り合う場〉とし，ミーティングを通してアルコール依存者がナラティヴを再構成する姿を示している。同様に伊藤（2009）でも，アルコール依存者のセルフヘルプ・グループを，ナラティヴを構成する場として捉え，「物語を通して実現されようとしている人生のプロセス」（伊藤 2009: 9）を描き出すために，参加者の自己イメージなどの内在的な変化について検討している。

セルフヘルプ・グループのミーティングがもたらす依存者の「回復」に対する影響，とくに依存者のナラティヴの再構成への影響，という視点は，ダルクを研究するにあたっても重要な視点の1つだといえる。なぜなら，ダルクメンバーは薬物への依存を経験することにより，いままで紡ぎ上げてきた語りの変容が迫られるためである（相良 2013a, 2015a）。

ダルクの創生期における支援観を検討した平井（2013a）も，ミーティングが依存者の「回復」に及ぼす影響について，以下のように述べている。平井（2013a）によれば，ダルクのミーティングはメンバーの「承認」に向けた「支援」の機能をもつものである。ダルクメンバーの多くは，他者を認めることが

なかなかできなかったり，また自身もさまざまな面で他者から否定されたり，みずから否定してきた経験をもつという。その中でメンバーたちは，ミーティングを通して他のダルクメンバーや自身を「承認」し，「回復」に向けて歩みを進めると指摘している。こうしたプロセスからは，ミーティングによる「承認」レベルの支援によって，ナラティヴの再構成が促進されている様子を想定することができる。

　しかし，ミーティングの場がもつ機能のみに着目するだけでは，ダルクメンバーの「回復」のあり方を完全には捉えきれない。なぜなら，ダルクメンバーの「回復」には，非常に多様なバリエーションが存在するためである（ダルク研究会編 2013; 南・中村・相良編 2018）。平井（2013b）では，ダルクメンバーの「回復」への取り組みが，日々の生活における出来事と密接な関わりをもつことを指摘している。当然のことながら，ナラティヴの再構成に関しても，ミーティングの場だけでなく，日常生活のさまざまな出来事を踏まえながら行われているはずである。また，本章が焦点をあてる欲求については，ミーティングの時間帯以外で生じることもあるため，ミーティングを待たずに解消するための実践をその場で即座に行う必要が出てくる。

　そうした中で本章では，以下の3点を検討課題とする。第1に，ダルクメンバーは日常生活の中でいかなる欲求解消実践を行っているのかということである。先述の通り，欲求を解消し依存薬物の使用を止め続けることは，「回復」に向けた必要条件である。しかし，先行研究では，ナラティヴの再構成と「回復」との関係に焦点をあててきたがために，欲求の解消実践のあり方を捉えようとする試みは行われてこなかった。

　第2に，日常生活をともにする仲間がダルクメンバーの欲求解消実践にもたらす影響である。薬物依存の当事者たちが長期の共同生活を行いながら「回復」を目指すダルクでは，メンバーたちは1日のほとんどの時間を仲間とともに過ごすことになる。彼らの日常生活を捉えるうえで，仲間との関係性は無視することのできない非常に重要な要素であり，その点に配慮した分析が必要だと考えられる。

　第3に，仲間の存在が日常生活におけるメンバーの「回復」実践につながる際の条件である。以下の平井（2013a）の指摘からは，ともに薬物依存からの「回復」を目指す仲間が，みずからの「回復」を促進するものにもなりうるが，

逆にみずからの「回復」を阻害するものにもなりうるということが示唆される。

平井（2013a）では，先述した「承認」に向けた支援の土台として，ダルクメンバーに安全な生活を提供することを目的としたさまざまな面での「保障」が存在すると指摘している。当然のことだが，ダルクは共同生活を基盤としてミーティングなどのプログラムを提供する施設であるがゆえに，経済的な「保障」が重要視される。しかし，それだけではなく生活全体を保障する，つまり「あらゆるレベルで生起する『面倒』をみる／引き受ける」（平井 2013a: 108）ことも「保障」に含まれる。そこには施設内の整理整頓，在所者の入退院の世話，社会復帰の見守り，依存における禁断症状の見守りなどなど，多様な「面倒」に対峙することを意味している（近藤 2009）。

むろん，共同生活を送っている以上，スタッフだけが上記の「面倒」に対峙するだけではなく，メンバー同士でも「面倒」に対峙することになる。そうした全面的な「面倒」を引き受け合うなかで，場合によっては仲間の存在がうっとうしいものに映るかもしれない。仲間との関係性がどのような形で成立し，それがどのような形でメンバーの「回復」実践につながっているのかについては，データに基づく経験的な分析が必要であるだろう。

上記の3点の検討課題に基づいて，本章では以下の分析を進めていく。第1に，ダルクメンバーの依存薬物の使用への欲求がどのような形で生じているのかについて分析する（第3節［1］）。第2に，欲求の解消実践において，ダルクメンバー（仲間）同士がどのような影響を及ぼし合っているのかについて分析する（第3節［2］）。その上で，第3にダルクメンバー同士が仲間との関係性にどのような意味づけを行っているのかについて分析する（第3節［3］）。第4に，欲求解消実践へとつながるような仲間との関係性が形成されるうえでの条件について検討する（第3節［4］）。

2 データについて

仲間に関する調査対象者全員の語りを検討した結果，多くの方が仲間について言及し，それを通じて仲間との交流を通じた「回復」に向けた実践について語っていたため，全員の語りを対象にして分析を行っている。なお，ダル

クメンバーとの関係性の構築過程に関しては，おもにFさん，Gさんの2人の対象者の語りを分析対象とした。Fさんは40代前半であり，アルコールや市販の風邪薬に依存していた。現在はXダルクにスタッフとして勤めている。Gさんも40代前半の男性であり，おもに覚せい剤やアルコールに依存していた。現在はダルクを退所し，一人暮らしをしながらダルクに通所している。補論の1でもGさんのライフストーリーを扱っている。両者の語りに着目した理由は，①クリーンができている理由として仲間の存在を挙げており，②仲間に対する意味づけの変遷について重点的な聞き取りを行ったためである。

3 データの検討

[1] 依存薬物への「欲求」

　ダルクメンバーは薬物依存からの「回復」を目指す過程において，いつ起きるかわからない依存薬物に対する欲求への対処が求められる。たとえばEさんはインタビューの中で，「常に小さい欲求みたいなのはありますよ」（2011年8月インタビュー）と話している。

　こうした欲求は，日常生活のさまざまな出来事の中から喚起されるものである。たとえば，覚せい剤への欲求の場合，下記のEさんらのように，「性的欲求の高まり」や「人の血管を見る」，「注射器の話」などによって欲求が強くなる様子が語られている。

　　E：あと，覚せい剤の場合は，スケベなこと考えると，ムラっとすると，あの，それと同じ，なんだろ，そのときのこう気持ちいいこととか，っていうのを脳が記憶しちゃってるんで。

　　　　　　　　　　　　　（2011年6月15日Eさんインタビュートランスクリプトより）

　　H：でもたまにこう，血管見たりとか，注射器の話とかこうミーティングですると，やっぱ欲求はそのとき，一時的に出るんですけど。

　　　　　　　　　　　　　（2011年9月13日Hさんインタビュートランスクリプトより）

J：最初の 2 カ月はもう，人の血管を見るだけでヤバくなったりとか，っていうのは最初の 1 カ月とくにヤバくて。

（2012 年 1 月 31 日 J さんインタビュートランスクリプトより）

　また，アルコール依存があるダルクメンバーの場合，テレビ等から流れてくるアルコール関連の CM などにより「喉がなる」音を聞いたり，歩いている道の途中で居酒屋の看板などに遭遇すると，欲求が強まることもある。

G：CM とか見ると，やっぱり喉がね，「ウッ」ってなってる。言葉に出さないけど，うん，見ながらね，こう無言なんだけど，やっぱり，うん。

（2011 年 7 月 9 日 G さんインタビュートランスクリプトより）

L：ただ，この，こう AA（に）行く（のは），やっぱどうしても夜 6 時頃じゃないですか。そこらは（居酒屋の光で）明かりがぱっかぱっかしてるじゃないですか。

（2012 年 12 月 8 日 L さんインタビュートランスクリプトより）

　このように，ダルクメンバーは日々の生活を送るうえで何気ないタイミングで欲求が高まることがある。それを事前に察知してすべて予防することは困難であり，欲求が高まったときにそれを解消する実践が必要とされる。

[2]　「欲求」を解消する実践――「仲間」の側にいること

　では，ダルクメンバーたちはこうした欲求をどのように解消していくのだろうか。その一例として H さんは，ダルクの屋上にあるサンドバックを殴って欲求を抑えていた様子を語っている。

H：で，最近，そのーなんかその X ダルクの方で，屋上の方があのーなんかサンドバックとか置いてあるんで，そこで（X ダルクの仲間に）教えてもらってけっこういいよって言われて，［聞き取り不能］出して，あっいいなって思って。で，けっこうそのときは（欲求が）解消されるんで。

（2011 年 8 月 3 日 H さんインタビュートランスクリプトより）

上記のような実践は「（Xダルクの仲間に）教えてもらって」と語るようにダルクメンバーが見出した知恵ともいえる。そして，その知恵の伝達は「ダルクの仲間の側にいる」ということを基礎に成り立っている。こうした仲間の側にいることの効用は，知恵の伝達だけにとどまらない。たとえば，第4章でも触れたようにHさんはスリップの危険性が強い人物の近くに寄らず，スリップから縁遠いと思われる仲間の側にいることで，安心感を得て欲求を抑えようとしたと語る（相良 2015a: 66）。

> H：もう，自分の場合は，使いたいなあとか，近寄りたいなあ，使っている
> 　　人の場に，それは思うけれども，その人に近づかないことですね。自分自
> 　　身が。で，もう，その人がいれば，使ってる人がいれば，こう絶対，その
> 　　人が，やっぱ言いにくい人とかいるじゃないですか。この人がいれば，そ
> 　　ういう話を，話題をしないっていう，そういう人のところに行ったりとか。
> 　　　　　　　　　　　　　（2011年9月13日Hさんインタビュートランスクリプトより）

　さらにHさんは，仲間の側にいることの延長として，ミーティングでそのつらい思いを露呈するという形で，欲求を解消しようと試みている。当然ながらミーティングは，つらい思いの露呈を受け止めてくれる仲間が側にいることによって成立している。

> H：最初ミーティングで自分あんまり話せなかったんですけど，最近その話
> 　　すこと（欲求のこと）でけっこう楽になる部分はあるなと思って。
> 　　　　　　　　　　　　　　（2011年8月3日Hさんインタビュートランスクリプトより）

　ただし，Lさんの場合は，欲求について話す場所はミーティングだけではないという。仲間との日々の会話において欲求に関する冗談や愚痴を互いにこぼし合うことで，欲求を解消するように試みている様子も語る。

> L：後はこう，なんかこう，けっこう伸いい仲間と，こう酒飲みたいとかそ
> 　　ういう冗談で言って。とか。で，お互いに愚痴こぼし合うときもあるしね。

第 5 章 「回復」と「仲間」　77

仲間同士で。うん。そうするとやっぱね，相手の方も俺に，愚痴こぼす
じゃないですか。俺も愚痴こぼすじゃないですか。それは 2 人だけの話で，
こうばーってやって。あとそれですっきりっていう感じですよ。

（2012 年 12 月 8 日 L さんインタビュートランスクリプトより）

これらの語りからは，仲間がみずからの欲求を受け止めてくれる存在であり，
彼らとの関わりの中で欲求が抑えられると意味づけられている様子を読み取る
ことができる。

ここで欲求に対する思いを受け止めてくれる他者が側にいることについても
う少し考察をしよう。たとえば，H さんは実際に自身がスリップしたために，
スリップした他者へのつらさを理解できたと語る。つまり，自分のつらさを露
呈することだけでなく，他者のつらさを理解する契機もダルクの生活の中に埋
め込まれているといえる。

（※ a さんのスリップを，H さんが自身のスリップと重ね合わせて語る場面）

H：自分もスリップして。ここに最初スリップした後は自分つらかったんで
すよね，いることがここに。もう人の周りの目が気になるし，なんかどう
思われてるのかが本当に嫌だったというか。それを a さんは 1 カ月も耐え
たんですよね。最初のスリップから。だから a さんのそのときの気持ちを
こうわかったというか，よく耐えたなと思って。

（2012 年 1 月 31 日 H さんインタビュートランスクリプトより）

その帰結としてありうることとして，欲求に苦しんでいる他者に対するサポ
ーティヴな働きかけである。以下のフィールドノートは Y ダルクのメンバー
の買い物と昼食に筆者らが同行し，そのときの様子の一部を記述したものであ
る。β さん [1] はこの当時依存薬物（ガス）を連続使用している状況であった。
その中で M さんが β さんを 1 人にしないように，床屋に同行しようと試みて
いる場面である。

牛丼屋を出て帰ろうとすると，β さんが床屋に行くという。すると M さん
は β さんと一緒に行くという。（もしかしたら，M さんは β さんがガスを使うのを阻

止するために，ついていったのではないか？）

（2011 年 12 月 13 日フィールドノートより）

　また，L さんもインタビューの中で，欲求に関してつらい思いをしているメンバーがいたら，自分も以前につらい思いをしたときにサポートしてもらったので「お互いさま」だとして，フォローをすると語る。

　ダルクメンバーたちは，欲求を解消するために，ミーティングで欲求について話すだけでなく，屋上にあるサンドバッグを殴る，スリップから縁遠い仲間の側にいる，日々の生活の中で欲求についての冗談や愚痴を言って発散するなどの実践を行っている。また，みずからも薬物依存者であり，他者の欲求やスリップをはじめとした「回復」途上でのつらさを理解できるがゆえに，ミーティング以外の外出時間にも同行するなど，メンバー同士でスリップ防止に向けた積極的なサポートが行われている様子もうかがえる。

　これらは，ミーティングの場だけに着目しただけでは見えてこない，日常生活の中で営まれる欲求解消実践の諸相だといえるだろう。そしてそれらの欲求解消実践は，欲求を受け止めてくれる仲間が側にいることによって，達成できている[2]。

［3］「仲間」へのポジティヴな意味づけとその過程での困難

　このような仲間同士のサポーティヴな関係性は，仲間といることがクリーンにつながるという，仲間へのポジティヴな意味づけによって裏づけられているといえる。

　F さんと G さんは，現在クリーンが継続できている理由について，仲間の存在に言及している。F さんは，ダルクや地域の NA につながっているときは，飲酒欲求が起きないという。F さんはその理由を，1 人でいるのではなくダルクや NA につながっていると，安心が得られるからだと説明している。

　　F：施設（註：ダルク）にしてもまあ，NA にしてもなんでもそうだけど，つ
　　　　ながってるときはないんですよね飲酒欲求ていうのは。僕は。
　　＃5：逆に。
　　F：逆に1人になると，そう，飲みたくなっちゃうっていうか。だから，そ

れこそ，料理酒飲んじゃうみたいなああいう欲求ってのはないんですよね。
不思議とね。それだけは。つながってるときは。

#5：逆にいえば，飲まないでいる状況っていうのは。

F：そうそう，つながってればいいっていうこと，シンプルにね。もう，そ
こだけなんだなってことですよね。自分にとって。

#4：何でつながってるといいんでしょう。

F：そういうたぶん感覚ができたんだと思うんですよ。たぶん作るまでに僕
にはそんだけ時間が必要だったとは思うんですよねたぶん。目に見えない
ことを信じることだったりとか。だから，つながってるとすごく安心があ
りますよね。

（2011 年 5 月 28 日 F さんインタビュートランスクリプトより）

　G さんも，アルコールと覚せい剤を止め続けられている理由として，「もう
今すぐ思ったのは仲間だね」（2011 年 5 月インタビュー）と述べている。G さんは，
仲間を信じることで自分を信じ，そしてプログラムを信じた結果，いまのクリ
ーンがあると考えている。つまり，プログラムがもつ効果の前に，仲間への信
頼がクリーンの継続の基盤にあると捉えている。

G：（略）（仲間によって）大切にされてる，自分は大切にされてる，大事にさ
れてる，うん，信じようと思った。信じるって，思った。そしたら次に，
自分も信じたね。で，最後に，次にこのプログラム，ここのプログラムを
信じた。（略）仲間信じる。で，クリーンがあるね。

（2011 年 5 月 28 日 G さんインタビュートランスクリプトより）

　しかし，仲間の存在が上記のようにただちにポジティヴに意味づけられるわ
けではない。逆に人間関係のこじれから欲求が生じることもある。たとえば，
A さんは人間関係に悩んだときに「具合が悪くなる」と言い，依存薬物の使用
が頭をよぎると語る。

A：たとえば，具合が悪くなるってことは，人間関係ですから，こういう生
活も。ああ，こいつむかつくよな，とか，こういうこと言われて腹が立つ

よなってことは，あるじゃないですか，よく。（略）だから，まあそれが怖いじゃないですか，恐れるってことだから，人間関係を壊したくないっていうか。だからこう，まあうわべだけは笑ってて。

（2011 年 5 月 28 日 A さんインタビュートランスクリプトより）

　また，F さんや G さんにおいても仲間をポジティヴに意味づける過程は，けっしてスムーズに達成されているわけではない。彼らは，これまでの孤独な状況と人間不信になるような体験から，仲間にポジティヴなイメージを抱きそれを定着させるまでに長い時間を要している。たとえば，G さんは刑務所にいたときの経験から，入寮当初は他の入寮者とは関わりたくなかったと語っており，仲間を信じられるようになったのは入寮して 6 カ月頃であったという。

　G：はじめは（略）やっぱり刑務所のときから，ね，もう人と関わると煩わしいことが起こるから。人のために，こう自分も同じ人間だっていうのをさ，棚において忘れちゃってさ。こう人って汚いし，ズルいしね，いじめるしさ。嫌だな，人はって。で，こうダルクに入っているときも，うん，仲間だけど関わりたくないって思うけど，関わるとトラブルにあったりね。

（2011 年 7 月 9 日 G さんインタビュートランスクリプトより）

　また F さんと G さんは，仲間にポジティヴなイメージを抱くようになりつつも，ふと孤独感を抱き再飲酒したという経験を語っている。F さんは，3 カ所のダルクとそこでの飲酒経験（スリップ）の後に，10 カ月間，病院での入院治療を行いながら他のセルフヘルプ・グループが運営する施設に通所し，ミーティングに参加していた時期があった。医師とのカウンセリングやそのセルフヘルプ・グループへの通所を通じて，自分の過去にまつわる問題に 1 つずつ気づけた時期であったと話している。また，そのセルフヘルプ・グループでは，仲が良かったりミーティングの話で一緒に泣いてくれたりする仲間がいたという。しかし，F さんは「1 人じゃない」という認識をもつようになりながらも，ある日強い孤独感を抱き，お酒を飲んでしまったという。

　F：孤独を感じたね，そのとき何か，ものすごく。うん。そんだけやっぱ，

いろいろかまってくれる人だったりとか，ねえ，支えてくれる人だったり
とか，そういうのも，わかるようになってて，1人じゃないんだなってわ
かってたけれども，何かすごく孤独になりましたよ。あるとき，ものすご
く。それで飲んじゃったですよね。

（2011 年 5 月 28 日 F さんインタビュートランスクリプトより）

　また，G さんも，仲間を信じるようになったにもかかわらず，嫌われたり，
仲間外れにされることを予期して「独りぼっち」であると感じ，1 人で飲酒し
た経験があるという。仲間をポジティヴに意味づける過程は，過去に経験して
きた孤独感が再燃する「揺らぎ」を伴いながら，進行していくものだと考えら
れる。

　G：クリーンがね，止まっちゃったときはね，自分 1 人のことしか考えてな
　　　いよね。仲間って言っときながらね。仲間で…，僕は仲間の一員だって，
　　　やっぱり昔の生き方が，ね？　直ってないっていうかさ，方向転換できて
　　　ないっていうか，その，発展途上の途中だったからさ，（略）やっぱりね，
　　　いい顔していたい，いい人で思われたいっていうふうに，人間関係をやっ
　　　てきたでしょ？　そういうの，そういう生き方をしてるからね，もう，そ
　　　うなっちゃってたんだよ。（略）どう思われちゃうかなって，嫌われちゃ
　　　うんじゃないかな，相手してくんないのかなって，こいつこんなひどいや
　　　つなんすよって，とか言われたり思われたり，仲間外れにされちゃうん
　　　じゃないかなんて。そうしてこう，1 人でね，使っ（たり），飲んでてね。
　　　独りぼっちって思う，クリーンじゃなかったときは。

（2011 年 5 月 28 日 G さんインタビュートランスクリプトより）

[4]　「仲間」による無条件の受容

　F さんや G さんは，入寮当初は仲間をポジティヴに意味づけてはいなかった。
また，孤独感が再燃する「揺らぎ」も経験していた。しかし，彼らが仲間の存
在をポジティヴに意味づけるようになり，それを継続できたのは，ダルクが入
寮者を無条件に包摂し受容しようと試みる場であったからだと考えられる。
　G さんは，仲間たちが自分だけでなく他の仲間を大切にすること，そしてダ

ルク歴やクリーン歴にかかわらず大切にすることがわかり，仲間を信じるようになったと語っている。これまでの経歴によって大切にされる者／されない者が選別されることなく，誰しもが受容の対象になっているという認識が，仲間への信頼につながっている。

> ＃5：なんか，その，仲間を信じてって今言ったじゃないですか，そのときなんかあったんすか？　出来事みたいなのとか。
> G：あのね，わかったんだね。<u>仲間はね，僕のこともそうなんだけど，ほかの仲間も，新しくやってきた仲間，古い仲間，クリーンが1カ月の仲間でも，1年の仲間でも，10年の仲間でも，大切にする。大事にしてる。それがわかったから，信じたんだと思う。</u>

（2011年5月28日Gさんインタビュートランスクリプトより）

　仲間を分け隔てなく大切にするという経験は，Gさんだけが経験したものではない。当時Gさんがいたxダルクとは別のダルクでの生活を長く経験してきたFさんも，インタビューの中で仲間を思いやることは大切なことだと述べている。そして，これまでの経験から人の言動が過度に気になってしまう仲間に対しては，ダルクが彼らを見捨てない安心できる場所であるということを，スタッフやFさんやGさんのようなクリーンの長い入寮者が繰り返し伝えていくべきだと考えている。

> F：だからありのままの自分ってなんだっつったらそれを取り除いてくことだから。1つひとつ。<u>だってそんなこと必要ないことですよ。周りは怖くないんだよって繰り返し言うことだし，嫌われたりしないよって，大丈夫だって，見捨てたりしないよって，うん，そういうメッセージを伝えていくことですよ。ダルクはこういう場所だって，安心できる場所ですよ，って。それは俺とかdとかGがやっていくことだから，うん。</u>だから，それを，じゃあ，大丈夫だって感じるのに個人差はあるよね。半年の人もいれば1年の人もいれば，10年かかる人もいるし，うん。それはわからないよね，その人の個人の回復だから。だからずっと同じこと言い続けますよね，だから。どこの施設も，うん。安心できるまで。その人が，うん。

第 5 章　「回復」と「仲間」　83

でその人が安心できれば，その人が今度また伝えてくれるよね。
（2011 年 9 月 13 日 F さんインタビュートランスクリプトより）

　ダルクの入寮者は，どんなに多様なライフコースを歩もうと，またどんな性
格であろうと，すべてが仲間として包摂の対象となる。インタビューの中で，
F さんは，仲間は嫌われようが好かれようが仲間としてつながっているのだと
語っており，G さんも，「仲間は仲間だよ。うん，嫌いなやつでも」（2011 年 7
月インタビュー）と述べている。また，F さんは，ダルクの入寮中にスリップし
た，または犯罪を起こした者に対しても，ダルクや仲間は最後まで受け入れる
と話している。

　（※ビールを盗み逮捕された入寮者 θ さん〔インタビュー協力者ではない方〕に対して）
　F：ただ一般社会だと，たぶん θ みたいなのはどんどん落とされていっちゃ
　　うわけだと思うの。でもダルクは落とさないから，また θ が来ればまた一
　　緒にやるし受け入れるし，でまたあいつがたぶんパクられてもまたやるか
　　らダルクは。またこりないのかお前なんて言って。それはたぶん社会とは
　　違うと思う。だからそこでだから，そうやってなんか，俺たちだけ生き残
　　って，彼がかわいそうみたいな気はするかもしれないけれども。でもあく
　　までも最後の最後までダルクは受け入れるから，仲間がね。仲間が受け入
　　れてくれるから，そこにやっぱ救いはあると思う。どんな人でも。
（2011 年 9 月 13 日 F さんインタビュートランスクリプトより）

　ダルクでは，入寮中のスリップや犯罪に該当するような出来事があっても，
即座にその行為者をダルクから追い出すことはない。他のダルクに移るなどの
形で，「回復」に向けた生活を仕切り直すための対処が行われる。また，過去
にダルクでトラブルを起こしていようと，経済的問題を抱えていようと，入
寮希望があれば仲間として包摂するための努力が行われる。参与観察の中で
は，過去にダルクをトラブルなどで自主退寮したメンバーが，別のダルクで受
け入れられるというケースに数多く出会った。また，X ダルクや Y ダルクでは，
月々の入寮費が払えない状態で入寮の相談に来た者たちに対しても，スタッフ
が彼らの入寮のために，生活保護などの受給手続きのサポートを行う様子が見

られた。メンバーたちは，仲間たちを全国のダルクネットワークの中でできる限り包摂しようとするこうした営みを，日常生活のさまざまな場面で知ることになる。

　ダルクでは，（犯罪などの）経歴や性格特性，過去のダルクの経験，経済的事情などによって受容する／しないという選別をしないような努力が行われている。そのためメンバーたちはみずからが排除されるという不安に駆られる必要もない。同時に，みずからが孤独感を抱く「揺らぎ」によってスリップを経験したとしても，ダルクではスリップや犯罪などの失敗によって仲間たちから排除されることはない。ダルクや仲間に対してそうしたイメージをもてるからこそ，メンバーたちは仲間をポジティヴに意味づける営みが継続できるのだと考えられる。

4　ま と め

　分析の結果を3つの検討課題に照らしてまとめると，以下のようになる。第1に，ダルクメンバーは日常生活の出来事をもとに突発的に生じる依存薬物の使用の欲求に対して，ミーティングで欲求について話すだけでなく，屋上にあるサンドバッグを殴る，スリップから縁遠い仲間の側にいる，日々の生活の中で欲求についての冗談や愚痴を言って発散するなどの，多様な解消実践を行っていた。第2に，それらの欲求解消実践は，欲求に苦しんでいる自分を受け止めてくれる仲間の側にいることによって，達成されているものであった。これらの知見からは，薬物依存からの「回復」について検討するうえで，日常生活や仲間との関わりを分析の視点に含み込むことが必要不可欠であると考えることができる。第3に，そうした欲求解消実践やサポーティヴな仲間関係が成立する条件として，ダルクや仲間が薬物の再使用（再飲酒）や犯罪などにかかわらず，メンバーを無条件に受容するとイメージされる環境であるという条件が浮かび上がった。

　最後に，第3の論点に関連して，政策的支援のあり方について考察を加えておきたい。

　先述したように平井（2013a）では，草創期のダルクが入寮者の「承認」と

「保障」の両面を担保することを目指していたことを指摘している。そうした草創期のダルクの理念は，現在にも引き継がれている。Fさんや Gさんが経験してきたダルクは，いかなる（犯罪などの）経歴や性格特性であっても受容しようとする場，つまり無条件で「承認」を担保しようとする場であるといえるだろう。同時に，経済的事情にかかわらず入寮希望者を受け入れる努力を行うXダルクやYダルクは，生活の「保障」を無条件で担保しようとする場であったということも，見逃してはならない点である。

　逆に，本章の知見からは，ダルクでスリップなどの負の経験・行為が許容されなくなったとき，パッシング（Goffman 1963b ＝ 2001）の必要性のもとで孤独へと閉じ込められていくメンバーの姿も想像できる。また，みずからが受容されない場というイメージのもとで，仲間をポジティヴに意味づけることが難しくなる者が出てくることも考えられる。

　2016年6月に導入された薬物事犯者を対象とした刑の一部の執行猶予制度は，ダルクが執行猶予期間の受け皿となることを想定している。しかし，薬物の再使用の通報義務を要請しており，ダルク関係者からはダルクの支援実践の基盤を崩すことになるのではないかと危惧する声も挙がっている。Fさんもインタビュー（2012年1月）の中で，ダルクに薬物の再使用の通報義務が導入されることで，自分は通報の対象外だとしても安心できる場所ではなくなり，再使用について正直に話せなくなるということを危惧している。条件つきの「回復」[3]だけを許容する社会内処遇の場ではなく，「回復」に向けた「揺らぎ」を想定し，無条件の「承認」と「保障」を担保しようとする社会内処遇の場が必要であることが，本章の知見からは示唆される。

　このようにダルクは薬物依存からの「回復」を支えるうえで仲間とのサポーティヴな関係性をもってその環境を整えていることがわかった。それではそのような環境の中においてダルクメンバーはどのように「回復」の道のりを歩んでいくのだろうか。次章ではその道のりについてナラティヴに焦点をあてて考察していく。

註

(1)　本書におけるインタビュー協力者ではない人物である。

(2)　なお，この点は「身体」に着目して考察することができる（Turner 1984 ＝ 1999）。ア

ーヴィング・ゴフマンが「人びとがおたがいに居合わせるとき，人間の身体は物的な道具としてだけでなくコミュニケーションの媒体としての役割をはたすことができる」（Goffman 1963a = 1980: 26）と主張するように，ダルクにおいても「身体」は「コミュニケーションの媒体」を果たすと捉えることができ，それはミーティングだけではなく，生活全体を通して行われると考えられる。

　では，どのような「身体」がダルクには存在するのだろうか。そのことを考えるうえで示唆に富むのがフランクの身体論である（Frank 1991, 1995 = 2002）。フランクの身体論の特徴としては，それ以前の身体論は社会的機能に焦点をおいて論じてきたのに対して，行為の次元に焦点をおいて考察した点にある（伊藤 2012; 松尾 2010）。

　その中でフランクは身体に関する「一般的な問題」として4つの側面を提示する。1つ目は「統制（control）」の問題である。ここで問われるのは偶発性（contingency）にどのように対処するかである。「偶発性とは，統制され得ない力に従属している身体の存在状況」（Frank 1995 = 2002: 54）を指している。偶発性に抵抗するのか，もしくは受容するかなどによって身体のあり方が変化する。そして，病いは身体に偶発性をもたらすとされる。

　2つ目は「身体とのかかわり」である。これは自分と身体が「分離」もしくは「統合」しているのかによって身体のあり方が変わるとするものである。自分と身体が分離している状態とは病いによって制限がかかった「体にしばられて生きなきゃならないこと」（Frank 1995 = 2002: 57）を拒否して，自分の快楽を得るための道具のように身体を扱うことを意味している。また，自分と身体が統合している状態は「日々詳細に自分の身体に注意を向け，その身体を自分が何者であるかにかかわるものとして重視」（Frank 1995 = 2002: 57）して，病気になった身体を自己の一部であると受け入れることを意味している。

　3つ目は「他者とのかかわり」である。これも2つの側面によって構成される。第1に「互いに開かれた」身体である。これはある関心を伴ったうえで，みずからの身体と他者の身体を相互にさらす状態である。そして，「他者は私にかかわらなくてはならず，私もまた他者にかかわらなくてはならないと認識」（Frank 1995 = 2002: 60）する身体でもある。第2に「個々に閉ざされた」身体である。これは「自らを，本質的に他者から隔てられ，孤立したものとして理解する身体」（Frank 1995 = 2002: 61）のことを指し，他者との関わりは伴わない身体である。

　4つ目は「欲望」である。フランクは「欲望とは常により以上のものを良くすること」（Frank 1995 = 2002: 63）として定義している。つまり，常に「もっと」何かを追い求め続け，常に満たされない状況を指している。その中で「病いは，ほぼ一様に身体を欲望の欠落状態へと陥れる」（Frank 1995 = 2002: 65）とされるが，その中でもどうにか欲望を産出するか，欠落するかで身体のあり方が変化するとする。

　この4つの「一般的な問題」をもとにフランクは身体の4つの理念型を提示するわけであるが，その中でも注目すべきは理想型（idealized type）とされるコミュニカティヴな身体（communicative body）である（Frank 1995 = 2002: 77-79）。先述した身体に関する

第 5 章 「回復」と「仲間」　87

「一般的な問題」に沿って説明すると，コミュニカティヴな身体とは偶発性を受容し，また自分と身体が結合しており，他者と互いに開かれ，欲望を産出する身体であるという説明ができる。

このコミュニカティヴな身体は，さまざまなダルクに関する文献でも垣間見えるように（たとえば，東京ダルク支援センター 2010; 日本ダルク本部 2009; 上岡・大嶋 2010; 西田編 2002），ダルク在所者の身体の基本的な性質を表しているともいえる。ダルク在所者は「回復」を達成するうえで薬物依存から発生する偶発性を受容することが目指される。なお，薬物依存によってもたらされる偶発性とは依存対象となっている薬物摂取への欲求である。ダルク在所者はそのような偶発性を抱えた身体を自分の一部として受け入れる。その中で，ダルク在所者は薬物依存からの「回復」を目指し，共同生活を送っている。そして，共同生活を通してダルク在所者は新たな人生を歩もうとする欲望をもつ。

なお，コミュニカティヴな身体はナラティヴを紡ぎ上げていくうえでも重要な資源となる。伊藤（2012）ではパーキンソン病の患者のリハビリテーション集団をフィールドにし，その通所者の身体がいかにナラティヴを紡ぐうえでの資源となっているのかについて検討されている。それに倣って検討すると，ダルク在所者が薬物依存からの「回復」を物語っていくうえでもコミュニカティヴな身体は重要な資源になりうるのである。

(3)　第 2 章でも言及したがマルーナ（Maruna 2001 = 2013）によると，（薬物依存からの「回復」を含める）犯罪から立ち直った人々は贖罪の脚本（redemption script）に基づいてナラティヴを展開するとする。この知見は薬物依存からの「回復」にとっても重要な知見である。他方で，処遇者などの薬物依存者以外の存在により，贖罪の脚本が薬物依存からの「回復」における規範的なモデルにされてしまう懸念がある。それにより，薬物依存からの「回復」における多様性が認められなくなる恐れもある。以上については平井（2014）を参照。

第6章

「回復」のプロットとしての「今日一日」

第4章および第5章において，ダルクメンバーがダルクにおけるメンバーシップを認識する過程とその後において「仲間」との交流の中で「回復」を紡いでいく様相を明らかにした。それではダルクメンバーは薬物依存者と自身を位置づけた後にどのように生活を送り，それを物語るのであろうか。そこで，本章ではダルクのスローガンとなっている「JUST FOR TODAY（今日一日）」（以下，「今日一日」）という「時間の感覚」に焦点をおいて薬物依存からの「回復」について考察を試みる。

　ダルクは「今日一日」というスローガンをもとに薬物依存からの「回復」を支援している。「今日一日」とは，簡潔にいえば1日だけ依存対象の薬物を使わないで生きることを繰り返し，薬物依存からの「回復」を図ることを指す言葉である。一方でダルクにおける薬物依存からの「回復」とは薬物使用を止めるだけでなく，薬物依存になったために破綻した人生からの脱出，そして新たな人生の再構成も意味し，その際にも「今日一日」は言及される。本章では「今日一日」がダルク在所者の「回復」にどのような影響を与えているのか考察を試みる。

　本章の概要は以下の通りである。第1節では，薬物依存からの「回復」について語ることについて，その意味や困難を中心に考察を行う。ここではおもに病いの語りにおける「時間の感覚」について着目し，「今日一日」がダルク在所者にとって新たな「時間の感覚」として存在することを確認する。第2節では，本章におけるデータ概要について記述する。第3節では，「今日一日」がダルク在所者の「回復」に与える影響について考察する。第4節では，ダルク退所後の生活における「今日一日」の影響について言及する。

1　「今日一日」というスローガン

[1]　ダルクにおける「回復」に向けてのプログラム

　これまでの章でも確認したが，ダルク在所者はミーティングを中心にして薬物依存から「回復」を図る。ダルクにおけるミーティングでは，そのつど設定されるテーマに沿って，参加者が自分の抱える問題や体験について発言をし，また他者の発言を聞くことを繰り返す。その形式は「言いっぱなし，聞きっぱ

なし」と表現されるようにミーティングでは薬物使用の理由を問わず，またその経験を分かち合う場とされている（葛西 2007: 122-125）。

　上記のダルクにおけるミーティングを野口（1996: 64-73）によるアルコール依存者のミーティング場面の考察を援用して整理してみよう。野口の整理によれば，アルコール依存者におけるミーティングにはおおまかに2つの機能があるとする。1つ目は，代替機能である。これはそれまでアルコールが果たしていた機能を代替するものであり，不安の軽減や情緒的な傷の癒しなどの作用を意味している。2つ目は，創造機能である。依存対象となっている物質を摂取せず，新たな生き方を創造していくことを意味する。この機能には，対人関係能力の成長，自己の再発見と再確認，スティグマへの対処という下位機能が含まれる。この点に関してはダルクにおけるミーティングでも同じことがいえるだろう。

　またこのミーティングの創造機能の1つとして，ミーティング参加者のナラティヴの再構成も指摘することもできる（伊藤 2009）。そこで創られたナラティヴをもって，ダルク在所者はそれぞれの「回復」の道のりを歩むのである。いわばダルク在所者はミーティングだけではなく，それ以外の場でも共同生活を送りながら，新たな生き方を創り上げていく。つまり，ダルクは薬物依存という「病い」から「回復」に向かうナラティヴを編集し，それを実践する場としての側面をもつともいえよう。

[2]　病いの物語を展開するうえでの困難

　このように薬物依存からの「回復」を図るとき，その当事者は自身の経験を物語ることが求められるが，病いの当事者による物語行為に関する社会学的研究においては，その経験を語ることの困難についての検討がなされている。

　クラインマンが述べるように，病いとは社会的な出来事であり，それは多様な意味をもつ（Kleinman 1988 = 1996）。また，その意味は病いに関して語ることにより整理される。クラインマンは「病いの語りは，その患者が語り，重要な他者が語り直す物語であり，患うことに特徴的なできごとや，その長期にわたる経過を首尾一貫したものにする」（Kleinman 1988 = 1996: 61）と定義している。つまり，みずからの病いを語ることを通して，新たな生き方を見出すことを助長するのである。

92

　同じようにフランクは重篤さを伴う慢性の病い[1]を患うことによって，その経験が2つの意味で病いの物語を語ることへ誘うと指摘する（Frank 1995 = 2002）。1つ目は新しい生き方に向かうための方向性をもたらす意味である。「自分は人生のどの部分にありどこへ向かおうとしているのかという感覚を，病む人がその病によって損なわれてしまった時には，物語がその損傷を修復しなければならない」（Frank 1995 = 2002: 84）として，病いを抱えながらも生きていく方向性を導き出すために病いの語りは展開される。2つ目はみずからの病いを他者に説明しなければならないという意味である。「病む人々が物語を語りたいと思うか否かに関わらず，病いは物語を要求してしまうのである」（Frank 1995 = 2002: 84）とし，病む人々がみずからの状態について家族や治療者などの他者に向かって語ることが求められるとする。

　しかし，フランクは病いの語りを展開することが困難であるとし，その理由を2つ挙げている。1つ目は病いに対する空想と現実のかい離である。事前にどんなにその病いについて空想をし，準備をしていたとしても，現実で感じる不快感はやはりある。たとえば，いくらがんに関するさまざまな情報を事前に得ていたとしても，がんになった現実の前では混乱を起こすことになる。「必ずどこかで，自分が手にしていた物語は現実にフィットしなくなってしまう」（Frank 1995 = 2002: 85）のである。

　2つ目として挙げられるのは「時間の感覚」を失うことである。フランクは「聴き手も，また語り手も，語りに対しては，過去が現在へと導かれ，その現在が予見可能な未来を準備することを慣習的に期待している」（Frank 1995 = 2002: 85）として，語りにおいて「時間の感覚」が「大事な支え」として存在していることを指摘する。そして，「病いの物語が難破するのは，その現実が過去から導き出されていたものとはくい違ってしまい，未来を考えることがほとんど不可能になってしまうからだ」（Frank 1995 = 2002: 85-86）と述べるように，重い病いに直面することにより，その当事者の「時間の感覚」は喪失され，語りが難破することを示唆している。その結果，語りの秩序が不在となり，その語りは混沌としたものになりうるのである（Frank 1995 = 2002: 139-161）。

　つまり，病いを患うことは，物語を語ることを強いるのであるが，その物語を展開することはそれほど容易なことではない。「こうした物語は，疲労と不安，時には痛み，そして常に恐れを伴いながら語られる」（Frank 1995 = 2002:

第 6 章　「回復」のプロットとしての「今日一日」　93

84）のであり，病いを経験しているという現在を前に自分の生を語ることの困
難さを隠すことはできないのである。

[3]　「時間の感覚」

　フランクが挙げた病いの語りを展開するうえでの困難は，語りの秩序が乱さ
れることによって生じると考えられる。とくに「時間の感覚」は物語を展開す
るうえでは「大事な支え」として存在し，語りの秩序を保つうえでは必要なも
のといえる[2]。

　「時間の感覚」とは物語行為における時間性と互換的なものである。片桐雅
隆は，物語を「過去における出来事を，筋（プロット）をもって時間的に順序
立てて並べたもの（ストーリー）である」と定義し，「未来も，現在の観点から
物語ること（＝ライフ・プランの形成）によって構築される」ことを指摘してい
る（片桐 2011）。また，浅野が物語論に関する研究を整理するなかで，その形
態の特徴の 1 つとして「物語は時間軸にそった出来事の選択的構造化である」
ことを挙げている（浅野 2001: 62）。これは「物語ることを通して，過去から現
在へと延びている時間軸の上で，いくつかの出来事が一定の基準にしたがって
選び出され（逆に，他の出来事は捨てられ），相互に関連付けられる」（浅野 2001:
62）ことを意味している。つまり，物語は時間を基本的なプロットとしている
のである。

　他方，「時間の感覚」の喪失は病いの語りを難破させてしまう可能性を大き
くする。過去から現在，現在から未来へという時間軸に沿った語りの秩序が，
現在において病いを経験することにより，大きく乱されることになる。しかし，
このことは次のことを意味しているといえよう。新たな「時間の感覚」があれ
ば病いの語りを展開することが可能となるということである。それは病いに直
面する以前にもっていた「時間の感覚」ではなく，実際に病いを患った後に新
たな「時間の感覚」を得ることを意味する。また，薬物依存からの「回復」を
物語るためにも「時間の感覚」は必要なものとなるだろう[3]。

[4]　「今日一日」という「時間の感覚」

　それではダルク在所者が薬物依存からの「回復」を物語るうえで，新たな
「時間の感覚」となるものはどのようなものであろうか。ここでは「今日一

日」というダルクのスローガン，ダルクにおいて提案されている時間について
の考え方を取り上げる。それはダルク在所者にとって新たな「時間の感覚」と
して提案されているものといえる。

「JUST FOR TODAY──今日一日」という言葉について
　これは「今日一日を精いっぱい生きる」という意味で，ダルクの合言葉で
す。「今日一日は薬物をつかわないようにしよう」「先のことは先のこととし
て，今はとにかく使わないですごそう。今日という日を精いっぱい生きよ
う」──それを日々続けることで，クスリをやめ，回復していこうとしてい
るのです。
　過去の失敗に対する後悔や，未来への不安にとらわれずに，今を生きるこ
とができますように。すでに過ぎ去ってしまって，いまさらどうにもならな
い過去，いったいどうなるのかわからない未来に振り回されるのはやめて，
今ここで，今日一日を，精いっぱい生きることができますように。そういう
気持ちを表しています。

（東京ダルク支援センター 2010 より抜粋）

　「今日一日」は AA の中で取り入れられてきた時間についての考え方であ
る。ホワイトによる AA の歴史に関する記述の中でも，AA は過去や将来のこ
とばかりに気をとられていることにより再飲酒を引き起こす危険性を認識した
ため，「今日一日」という考え方を取り入れ，目の前の時間に集中させること
を促していたとしている（White 1998 = 2007: 152）。また，それは AA のメンバ
ーの経験から見出された警句として扱われていたともいえよう（葛西 2007: 98-
101）。「今日一日」はダルクにも受け継がれており，数々の手記の中でも「今日
一日」について述べられている（たとえば，東京ダルク支援センター 2010; 日本ダル
ク本部 2009; ダルク女性ハウス編集委員会 2005; 西田編 2002）。しかし，「今日一日」
は再飲酒や再使用に関しての警句を示すことだけではなく，新たな人生を送る
ための指針でもあり，新たな「時間の感覚」となっているともいえる。そこ
で本章ではダルクでの調査を通じて，ダルク在所者の「回復」が「今日一日」
によってどのような影響を受けているのかについて考察していく。

2 データについて

「今日一日」に関する調査対象者全員の語りを検討した結果，多くの方が「今日一日」について言及し，それを通じて【依存薬物を「今日一日」やめる】などの「回復」に向けた実践について語っていた。その中で本章ではメンバー G さん（40 代前半）とスタッフ d さん（40 代前半）の 2 人のインタビューについて取り上げる。2 人のインタビューを取り上げる理由としては，①両者とも筆者が直接インタビューに関わった人物であること，② G さんの場合はダルク在所歴が比較的長く，ダルクのプログラムが在所者に与えた影響について詳細に見ることができた人物であったこと，③ d さんの場合はスタッフとなる前に就労自立をしており，ダルク退所後の生活に関しても検討できた人物であったこと，以上の点がおもに挙げられる。G さんに関しては，そのライフストーリーを補論の 1 で扱っている。

3 「今日一日」を受け入れることの意味

[1] 生活を「楽」にする

「今日一日」を受け入れることは，ダルク在所者にどのような意味をもつのだろうか。下記の事例は，G さんが「今日一日」について語った場面である。この回答は，調査者がどうしたら覚せい剤を止め続けられると思うかという質問に対するものである。

> G：あと，今日ここのプログラムの「今日一日」ね，今日だけ，今日だけ，今日だけ飲まなければいい，飲まないようにしよう，今日だけ使わないようにしよう，今日だけこう，愛し合って暮らそうとか。今日だけ手助けし合って，今日だけでいいんだから。そう，明日なんか考えなくていいんだもん。明日は明日って。とにかく今日，今日できない人は今，って。それがね，楽，楽だよ。だって今までさ，こう，落ち着けられ，なんかこう，学校の先生がドラマか漫画かわかんないけど，幸せに暮らしたかった

ら，1年後の自分，10年後の自分，30年後の自分，そうやって計画性も
って，老後のことを思って貯蓄するとか，ノートに書くとか，未来ノート
書くとか，そうやってやんなさいよって。それがこう，幸せになる条件な
んだって。そしたらねもう，やっぱりこう，真面目だから，それを取り入
れて，生活してたの。社会で。やっぱりそうするとね，そうだ老後まで生
きなきゃいけないんだから，どこでお金を抜こうかなとか，どこで仕事サ
ボろうかなとか。なんだろうね，昔からそういう，障害なのか病気なのか
さ，依存症の症状なのかわかんないけど，そういうところがあった。

（2011年5月28日Gさんインタビュートランスクリプトより）

　ここではGさんは「今日一日」のもとでの「回復」に向けての取り組みに
ついて，Yダルク入所以前の経験との対比をしながら語っている。Gさんにと
って，「今日一日」のもとで生きていくことは「楽」なことである。いかなる
意味で「楽」なのかといえば，明日について，未来について考えなくてもよい
という点に集約されている。今日だけのことを考えて生活をしていくことは覚
せい剤を使うことなく，また酒も飲まず，落ち着いて生活できている状態だと
いう。

　それと対照的にYダルク入所以前のGさんは老後のことを考えて，いわば
人生計画を立てながら生活をしていったと語る。そのような生き方は，学校の
先生やドラマ，漫画などからの薦めにより取り入れていったとする。しかし，
その中で「障害なのか，病気なのかさ，依存症の病状なのかわからないけど」，
いわばズルをして（勤務先のレジからお金を抜く，仕事をサボる等）生活をしてい
こうと考えてしまっていた。Gさんにとってその状況は，未来のことを考えて
行くうえでのつらさ，それに対してズルをしてしまう自分の弱さを感じるなど
非常に生きにくいものであった。

　要するにGさんにとって「今日一日」のもとで生きて行くことは，Yダル
ク入所以前の生活と比べて，生活を「楽」にするものであると意味づけられて
いる。その「楽」とは1日覚せい剤を使わない，1日飲酒しないことを達成す
ることを容易にし，「今日一日」を充実させたものにしようという意味であっ
た。それは「今日一日」という時間的秩序を得て，薬物依存という混沌からの
脱出を意味しているともいえよう（Frank 1995 ＝ 2002: 154）。

[2] 「現在」と「未来」の接合

　次に「今日一日」のもとで生きることが「どうなるかわからない未来」への対処となっている事例を取り上げる。第3節 [1] において，未来について考えることは覚せい剤の再使用を引き起こす可能性をもつものとして捉えられており，「今日一日」はそれを抑制することをもたらし，Gさんを「楽」にしていた。

　ここでは未来とは根本的に不安を呼び起こすリソースとして存在しているといえる。それは「どうにもならない過去」に比べて，未来は現在の行いしだいではどのようにも変化させることが可能であると認識しやすいためである。そのような認識は薬物依存からの「回復」を展開することを困難にする可能性がある。しかし，下記のGさんの語りは，「今日一日」のもとで生きることが，未来について考えることによる不安感を抑制していることを伝えている。

G：うん。なんか「今日一日」ってわかる？　その生き方してて，もうそんなこと考えなくなってきた。そういうの先行き不安っつうんだって。

＃1：へーあぁ。

＃2：へー。

G：不安じゃなくて先に行く不安。こういうときもし，いけいけの仲間と，もしたとえば，えーっとトイレの使い方がきれい汚いでね，もめちゃったらどうしようかなとか，そこまで考えてたから，俺。たとえばの話よ，これはね。そういうやつだったのさ，前はね。でも今は，こう来て，こう見たり話したりして，あぁどうなるのかなって。どうやってこうラブリーハッピーに暮らしていけるのかなって。

＃1：えー，じゃあ先のこと考えても不安に思わなくなってきたということなんですかね。

G：そうだね。やっぱ先のことをあんまり考えなくなってきた。俺，社会にいたときはさ，妄想だったのかもしんないし，まぁ学校の先生とか仕事場の同僚とか漫画とかでさ，もう，もう将棋でいう，こう十手先まで考えたら素晴らしい人生がね，手に入りますよ，みたいな，受け入れ方をしてたから。うん。だからなんかペース配分をして，こうやってたんだけど，うん。だからここに来て「今日一日」って生き方をしてたらね，ベストをつ

<u>くせる。</u>うん。なんかペース配分をしてた生き方をしてると俺の場合ね，なんだろどこで手を抜こうかなとか，どこでこう怠けようかなとか，うん。どこでやらないようにしようかなとか。そんなふうになっちゃってたのね。うん。

（2011 年 8 月 3 日 G さんインタビュートランスクリプトより）

　G さんは「今日一日」のもとで生きることを通じて，「先行き不安」が生じなくなったと語る。この語りで G さんが「先行き不安」の対象として語るのは主に人間関係についてである。これまでにも示してきたさまに，Y ダルクは集団生活を通じて「回復」を目指している。そのため，在所する仲間も入れ替わることがある。その仲間がどのような性格をしているか，うまくやっていけるかなどの「先行き不安」に襲われることが多かったようだ。しかし，「今日一日」は「どうなるかわからない未来」への考えを抑制し，そのため「ベストをつくせる」のである。もし，「先行き不安」に駆られたまま生活していけば，覚せい剤の再使用の可能性が高くなってしまうだろう。このように，「今日一日」は結果的に「回復」に向けた実践を促すのである。

　また，以下の語りにおいても「今日一日」が「回復」を語るうえで，大きな支えになっていることがわかる。

＃3：けっこう未来のこと考えると，不安になる？

G：なる。もうつい最近までは，年齢のことと死ぬことが怖かった。怖かった。

＃3：根源的にはそこ（に不安があること）ですよね。

G：で今度ね，他のダルクのスタッフの仲間にそれを言ったら，<u>「お前はね，未来のことをわかる神様なのか」って言われたときに，「僕はそんなに未来のことをわかる神様でもないしね，そういう人間でもない」，「そうだろう」って。「バカなんだろ？」って，「うん，バカなんだと思う」って。「だったら今日だけでいい，今日だけ生きていけばいい」って。</u>でこう，聞かなかったね。それ以上。その仲間には，どうしてって，どういう理論でどういう理屈でこう，そうなるのって。そういうタイプだったけど，もうそのときは聞かなかったね。<u>ああ今日だけね，それからやったら不安</u>

が消えたね，恐怖が．

＃3：今（未来について）考えちゃうことはあんまりない？

G：たまにね，やっぱり依存症だからこだわっちゃったり，こうかすめるっ
　　つうの？　ふっと出てくるときあるよ．だけど，もうみんなとおんなじよ．
　　もう合言葉，今日だけ，今日だけね．俺はみんなと一緒にクスリ使わない
　　で，飲まないで生活するんだって．てなると，もうなくなる．

　　　　　　　　　　（2011年5月28日Gさんインタビュートランスクリプトより）

　Gさんにとって死ぬという将来にある事実は不安を語る源となる．それだけ
ではなく，年をとっていくということも不安の原因となっていた．そのような
不安の中で生きていくことは，Gさんが覚せい剤を再使用してしまう原因にも
なる．

　それに対処するために「今日一日」は導入されていると考えられる．簡潔に
いえば，未来から生じる不安を，現在において最小限に抑えるために「今日一
日」のもとで生きていき，そのことによって「どうなるかわからない未来」に
対していくばくかの見通しを与えているのである．Gさんの未来に対する不安
について，他のダルクのスタッフが「おまえは未来のことがわかる神様なの
か」と問いかけ，それに対してGさんも受け入れた．そのことにより未来に
対する不安が消えたと語る．ただ，完全に不安は消えたわけではなく，時に考
えてしまうようであるが，「今日だけ，今日だけね．俺はみんなと一緒にクス
リ使わないで，飲まないで生活する」ことにより不安は消えているのである．

　未来という語りのリソースは根本的に不安定であり，Gさんにとって不安を
もたらすものであるといえる．しかし，「今日一日」のもとで薬物依存からの
「回復」を語るうえでは，そのような不安は抑えられると考察できる．そして，
「今日一日」だけ覚せい剤をやめることを達成しながら，生活する．それを繰
り返していくのである．そうした実践を通して，「回復」へと水路づけられて
いく．

　また，ここで興味深いのはGさんが他のダルクのスタッフに「今日一日」
について話を聞かされている点である．これから考えると，「今日一日」はY
ダルクを越えて，他ダルクでも共有されている枠組みであるといえる．むろん，
ダルクに在所する人々各々によって「回復」へたどる道は異なっているだろう

が，根本的な枠組みとして「今日一日」は存在しているのである。

　そして，「今日一日」の実践はその日ごとに過ぎ去るものではなく，その実践は積み重ねられる。そして，そのことにより「回復」している未来を描き出そうとしている点も特徴的である。それが以下の語りから考察することができる。

> G：そうだね，うん。で，そうするとこう，こう何こうビーズのさ，あれじゃないけど，ブレスじゃないけどこうつながっていくじゃない。今日一日，今日一日。そうしたらこうわっかになるじゃん。まぁそれが永遠みたいなさ。なっていくのかなって。まぁみんなと，結局は社会のみんなと一緒なわけじゃん。<u>もう先を見てっていうのとうちら1日1日もう結局つながって，未来にこうつながっていくから。あぁ，これはいいなと思って。</u>
>
> （2011年8月3日Gさんインタビュートランスクリプトより）

　「今日一日」のもとで薬物を使用することなく生きることはGさんにとって大きな成果を生み出す。それは「今日一日覚せい剤を止めている」という現在である。「今日一日」は「今日一日だけ覚せい剤を止めれば良い」「今日一日だけ生きていけば良い」というように刹那的に捉えることが可能である。しかし，それでも「今日一日覚せい剤を止めている」という現在は存在する。「今日一日覚せい剤を止めている」という現在は，「今日一日覚せい剤を止めた」という過去への接続を容易にするものであるだろう。また，「過去－現在」という時間の流れの中で覚せい剤を止めているということは，「今日一日覚せい剤を止めているだろう」という未来への接続も可能にする。すなわち「今日一日覚せい剤を止めている」という現在を起源として，「今日一日覚せい剤を止めた」という過去，「今日一日覚せい剤を止めているだろう」という未来と接続し，「人生のつながりに関する一貫性の感覚」をもたらすのである（Frank 1995 ＝ 2002: 92）。

　「今日一日」は必ずしも未来に向けた語りを全面的に控えさせるのではなく，「回復」の積み重ねというあらたな考え方を薬物依存者に提供するのである。つまり，「過去－現在」，「現在－未来」という流れは「今日一日」の積み重ねによって作られているとし，その両者の流れも取り入れて「回復」を語ること

ができるようになるのである。それは G さんが「結局は社会のみんなと一緒なわけじゃん」と語るように，私たちの「時間の感覚」とそうは変わらないものになるだろう。そこで，次節ではダルク外においての「今日一日」の影響について考察する。

4 「今日一日」のもとで生きる

いままで検討してきたように「今日一日」はダルクの中で共通のものとなっており，ダルク在所者が「回復」を物語るときに影響を与えるものである。しかし，ダルクからはいつか退所をすることになる。その状況は在所者によって変わっていくが，就労などをしながらダルク外で生活を送ることになる。また，依存薬物を止め続けるだけではなく，人生の再構築を図ることも「回復」には含まれる。それは「今日一日」を共有しないであろう集団，その語りの聴き手となる人物が少ない集団の中で生活することを意味している。

つまり，「今日一日」のもとで薬物依存の「回復」を物語ることがダルク外でも受け入れられる，そして「今日一日」のもとで生きることが維持できるのかが問題となるだろう。フランクは，病いの語りの類型化を図り，個々人の物語がそれに適合することを示していたが，その利点として「病む人々が語る物語へのより密接な関心を促し，最終的には病者の言葉を聴くことを助ける」（Frank 1995 ＝ 2002: 112）ことを挙げている。本節では，その可能性となる語りについて述べていきたい。そこで，ダルクを退所して，自立生活を送った経験がある d さんの語りを取り上げる。

d：あの，俺ガソリンスタンドで働いているときにすごく嫌な上司がいたんですよ。いじめられて，女性なんですけど。

＃3：えっー。

d：で，もう辞めたくって辞めたくって，しょうがなくて，あの，辞めようかなっていうときに，ある＊＊ダルクにいる＃っていうすごい，同期のメンバーがいるんですけど

＃3：はい。

d：「とりあえず，今日一日はスタンドマンでいいじゃん」って言われたんですよ。「ケンカしてこう，辞めていくのは簡単だけど，とりあえず今日一日スタンドマンですごせよ」って言われたんですよ。それの繰り返しで，僕は結局10年くらい勤めたんですよ，スタンドに。本当にケンカして辞めるのは簡単だし，えーねっ，ずっとここでメシ食っていこうって気はあんまりなかったけど，まあそれで成功すれば，いいと思うし，あの，だからなんていうのかな？　まあ，欲，出世欲とかは全然別な問題になっちゃうけど，あの，「今日一日」の積み重ねで実績がついて，主任になれたりとか，僕の場合そうだったんですけど，本当に仕事とか，あのね，社長になりたくって頑張るっていったら，媚売るじゃないですか，主任になりたくって仕事を続けていれば認められるようなことばっかりやるじゃないですか。

＃3：はい。

d：でも，今日一日の積み重ねとして，実績として，気がついたらそういう役職だったりとか，給料アップだとか，やっぱりそこでも今日一日でしたよね。

（2011年9月13日dさんインタビュートランスクリプトより）

d：社会復帰した後ですよ，「今日一日」は，やっぱり。

＃3：むしろ？

d：あの，うん，クスリを止めるのに使われているけど，やっぱり，何ていうの，社会復帰して，「今日一日」って，やっぱり，何ていうの，クリーンが延びたりとか，ダルクを退寮した後，何ていうのかな，実際に使うっていうの？　施設ではやっぱり守られているし，「今日一日」，「今日一日」って言っていれば。でもね，守られているとこなんですよ。

＃3：そうか。

d：で，キーワード的に施設で使ってますけど，本当に「今日一日」の実践っていうのは社会出てからと僕は思いますけどね。

（2011年9月13日dさんインタビュートランスクリプトより）

ダルク在所者は，依存薬物を止め続けて，ダルクを退寮することを当面の目

標としている。しかし，ダルクから退所して生活を送るときこそ，本当の困難が始まるときともいえるだろう (Frank 1995 = 2002: 152)。dさんは「今日一日」とはダルク退所後，社会復帰を果たしてから実践し，そこで効果を得るものであるとする。dさん自身もダルクに在所していた経験をもち，退所後はガソリンスタンドで勤務し，生活していた。その勤務先で上司によるいじめがあり，今にも退職をしようとしていた。そんなときに他のダルクのメンバーに「とりあえず，今日一日はスタンドマンでいいじゃん」と言われ，退職することなく，10年間勤め，主任という地位まで獲得した。

　これも「今日一日」の中で語られた薬物依存からの「回復」に関する語りであるといえるだろう。ただし，それはGさんの語りとは性質が異なる。「今日一日」はダルクの中で共通のものとなっているからこそ，ダルクのメンバーに影響を与えていた。そして，それは依存薬物を止めるだけのために使われている側面がある。また，Gさんの語りはダルクという空間によって守られ，またそれを受け入れる聴き手がいるからこそ「今日一日」の中で「回復」を語ることができたのである。

　しかし，dさんの場合はガソリンスタンドで勤務しているときは，事実上ダルクでは生活をしておらず，「今日一日」の生き方を実践するうえでは困難な生活をしていたといえる。その中でもいかにして「今日一日」の生き方ができるか，それが薬物依存からの「回復」にとって必要であると語っている。

　もちろんdさん自身もダルクの仲間によって気づかされたという側面はある。しかし，「今日一日」が十全的に機能できる空間でなくても，「今日一日」のもとで生きることが望ましいとする。むしろ，「今日一日」はダルクになじむためのものではなく，ダルクを退所してからも，「回復」し続けるために必要なものとしているのである。つまり，ダルク退所後においても「今日一日」をもとに「回復」を語るようになることが望まれているといえるだろう。

　また，dさんの語りは社会からも受け入れやすい語りではないだろうか[4]。不安におそわれるようなこと，不快な出来事，やりたくないのにやらなければならないことなど，永遠に続くと考えると辟易してしまう出来事に対しての対処法として考えられるものである。このような筋書きは薬物依存を抱える人だけでなく，私たちの生活においても扱われているのではないだろうか。

5 ま と め

　ここで本章の結論を述べる。本章はダルクのスローガンである「今日一日」が，ダルク在所者が薬物依存からの「回復」を語るうえでどのような影響を与えるのか検討してきた。結論からいえば，「今日一日」は，薬物依存からの「回復」を語るうえで，重要な「時間の感覚」として存在していることがわかった。具体的にいえば，①「今日一日」をもとに生活することにより，「どうにもならない過去」や「どうなるかわからない未来」に対する不安を軽減し，「今日一日依存薬物を止めている」という現在につながったこと，②「今日一日依存薬物を止めている」という現在の積み重ねにより「過去」から「現在」，「現在」から「未来」という時間の流れを取り戻したこと，③ダルクという空間外でも「今日一日」のもとで「回復」を語る可能性をもつこと，以上の3点を明らかにした。

　また本章の限界点として，ダルク在所者が「今日一日」を受け入れて行く過程（たとえば，入所してから「今日一日」を受け入れる過程など）を十分には描けなかったこと，「今日一日」を受け入られないダルク在所者への言及ができなかったことがおもに挙げられる。また，薬物依存からの「回復」をめぐる「身体」(Turner 1984 = 1999) の変容についても言及していく必要性があるだろう[5]。

　「今日一日」についてまとめていくうえで，大事になるのがダルクのミーティングにおいて最後に唱えられている平安の祈りである。

　　神様，私にお与えください
　　変えられないものを受け入れる落ち着きを，
　　変えられるものを変えていける勇気を，
　　そして，2つを見分ける賢さを

（DARC ミーティングガイドブックより）

　「変えられないものを受け入れる落ち着き」を手に入れるためには「今日一日」のもとで生活をすることが求められる。ダルクの生活の中で，ダルクメンバーは薬物依存という「変えられないもの」を受け入れていく。しかし，薬物

依存を受け入れることは困難であることはわかるだろう。そして，それはある意味ではいつ死んでしまうかわからないことを意味する。その中で生き残っていくのには，「今日一日」の中で生きて，その後の人生の意味を見出していくことが必要になる。

　また，ダルク入所中では依存薬物を「今日一日」止めていくことで「回復」に向かっていき，ダルク退所後においても「今日一日」の実践の中で「回復」し続けていくことが求められている。そして「今日一日」の実践の積み上げの中で，「変えられるものを変えていける勇気」を得て，「回復」し続けることができるのだろう。

　そして，「今日一日」は，薬物依存からの「回復」を支えるだけに働くものではない。「今日一日」は薬物依存以外にも生活を送るうえでさまざまな困難に遭遇してしまった人を楽にする「時間の感覚」ともいえるだろう。この「時間の感覚」を，日々の生活の中で併存させることができるならば，生きやすさを生むことができるかもしれない。また，それは「今日一日」の物語が聴き手となる者に対して，広く受け入れられる可能性をもっていることを意味するだろう。

　このようにダルクメンバーが「回復」を紡いでいくうえで「今日一日」が重要な「時間の感覚」になることがわかった。だが，ダルクメンバーが「回復」を展開するうえで他にも重要な要素がダルクには存在する。次章では「棚卸し」および「埋め合わせ」と呼ばれるダルクのプログラムに焦点をおき，ダルクメンバーの「回復」について考察していく。

註

(1)　フランクは慢性の病いを患い，「実質的にはほぼよくなっているけれども，決して完治したとは見なされない人々」を「寛解者の社会」と総称する（Frank 1995 = 2002: 25）。その中には「依存や嗜癖からの『回復過程』にある人」も含まれており，それゆえにフランクの言う慢性の病いには薬物依存も含まれると考えられる。

(2)　この点に関しては本章に関してはアルフレッド・シュッツの時間的次元に着目した行為の動機論から示唆が与えられる（Schütz 1932 = 2006）。シュッツはマックス・ウェーバーにおける行為の動機論に関して，時間的次元からの考察を付け加えて，目的動機と理由動機に分けて論じている。目的動機は未来完了的に「――のために――する」という形式で，理由動機は過去完了的に「――だから――する」という形式で説明されるものである。後の事例分析で示していくように，「今日一日」は薬物依存からの「回復」実践

において目的動機（「回復」するために「今日一日」のもとで生きる）と理由動機（「今日一日」のもとで生きているから「回復」し続けている）の両方を当事者に理解できるようにし，「回復」を実践していくための【企図－遂行－達成】という過程に対する見通しを容易にしているともいえる。

(3)　管見の限り，この点に関する海外のアディクション研究は精神医学や心理学の文献に偏っているが，社会学的観点からはゲルダ・レイスが本章と同様の視点から考察している（Reith 1999）。

(4)　ただし，この語りを展開したのがdさんであることには注意が必要である。dさんは覚せい剤を止め続けて10年以上になる。そして，Yダルクでスタッフになっているほどである。このような形で「今日一日」の物語を展開できる薬物依存をもつ人はどれほどいるのだろうか。聴き手となる他者にとって，dさんのような語りは薬物依存をもつ人の中でも特異な事例であり，ほとんどの人がこのように語れないだろうとされた場合，「今日一日」の物語が社会から受け入れられない可能性があることを覚えておくべきだろう。また，dさんの「今日一日」をもって展開した語りは自身の生活に忍耐を与える物語である。その意味では薬物依存をもたない者にとっても承認をしやすいストーリーではある。しかし，「今日一日」の物語は利那的，享楽的（「今日一日」楽しければ良い，明日のことなんか考えなくても良い）に捉えられることがあることも念頭におくべきだろう。もちろん，ダルク内での「今日一日」の意味解釈とは違うが，聞きなれない者にとってそのような印象を与えることもあろう。本章は，受け入れられる／そうではない語りについて区別をつけることができない点にも限界はある。

(5)　薬物依存からの「回復」と「身体」については第5章の註（2）で触れている。

第7章

「回復」における「棚卸し」と「埋め合わせ」

1 「棚卸し」と「埋め合わせ」

　これまでの章において，ダルクにおける薬物依存からの「回復」の道のりについて記述してきた。たとえば，第4章のようにダルクメンバーはスリップに対する支援を通して自身を薬物依存者として認識し，ダルクに所属する感覚を得て，「回復」の道のりをたどり始める（相良 2015a）。また，第5章のように「回復」の道のりをたどり始めるうえで，ダルクメンバーという「仲間」の存在が重要になる。ダルクメンバーはさまざまな「揺らぎ」を伴いながら，仲間とサポーティヴな関係性を築き上げていく（相良・伊藤 2016）。そして，第6章のようにダルクメンバーは「今日一日」という時間感覚のもとで「回復」を展開していく。薬物依存に関しては「変えられないもの」として位置づけながらも，1日だけ精いっぱい生きることを積み重ねることによってダルクメンバーは自身の「生」を少しずつ変化させようと試みていく（相良 2013a）。

　第1章でも触れたが，ダルクの大きな特徴として挙げられるのが薬物依存者のためのセルフヘルプ・グループである NA（Narcotics Anonymous）の 12 ステップに基づいたプログラムを提供し，「依存薬物を使用しない生き方」に向けた支援を行うことである。この 12 ステップ・プログラムは「回復」をするうえでの態度を提案したものといえる（葛西 2007: 85）。これまでの章の「回復」実践はステップ1から3に対応したものとなる。つまり，依存薬物への無力を認めながら（第4章），ハイヤーパワーや仲間を代表とするような何かによって生かされつつ（第5章），依存薬物を使わない日を1日ずつ積み重ねながら自分の人生を少しずつ変化させよう（第6章）ということである。

　その上で本章では，ステップ4から5に対応した「回復」実践である「棚卸し」，そしてステップ8と9に対応した「回復」実践である「埋め合わせ」に着目して考察する。12 のステップを再掲しておく。

1. 私たちは，アディクションに対して無力であり，生きていくことがどうにもならなくなったことを認めた。
2. 私たちは，自分より偉大な力が，私たちを正気に戻してくれると信じるようになった。

3. 私たちは，私たちの意志といのちを，自分で理解している神の配慮にゆだ
ねる決心をした。

4. 私たちは，徹底して，恐れることなく，自分自身のモラルの棚卸表を作っ
た。

5. 私たちは，神に対し，自分自身に対し，もう一人の人間に対し，自分の誤
りの正確な本質を認めた。

6. 私たちは，これらの性格上の欠点をすべて取り除くことを，神にゆだねる
心の準備が完全にできた。

7. 私たちは，自分の短所を変えて下さい，と謙虚に神に求めた。

8. 私たちは，私たちが傷つけたすべての人のリストを作り，そのすべての人
たちに埋め合わせをする気持ちになった。

9. 私たちは，その人たち，または他の人びとを傷つけないかぎり，機会ある
たびに直接埋め合わせをした。

10. 私たちは，自分の生き方の棚卸を実行し続け，誤った時は直ちに認めた。

11. 私たちは，自分で理解している神との意識的ふれあいを深めるために，
私たちに向けられた神の意志を知り，それだけを行っていく力を，祈りと
黙想によって求めた。

12. これらのステップを経た結果，スピリチュアルに目覚め，この話をアディ
クトに伝え，また自分のあらゆることに，この原理を実践する様に努力
した。

(Narcotics Anonymous World Services 2006: 26-27)

第1章でも述べたように，ダルクでは基本的にはステップ1から3を念頭に
おいて支援が行われている[1]。それを，葛西（2007: 85-98）を参照しながらあ
らためて解釈すると以下のようになる。まず，ダルクメンバーは薬物依存にま
つわる問題に対して無力であり，生きていくことがどうにもならなくなった自
分を認めるように促される（ステップ1）。たとえば，これは第4章のようにス
リップしたメンバーに対する対応において現れることが多いと考えられる。つ
まり，二度と薬物を使用しないと意気込んでいたのにもかかわらず，何かの拍
子で依存薬物の再使用に至ってしまったという過程を通じて，薬物依存を自
身では制御できないことを認める。そして，ダルクメンバーはステップ1を通

したうえで，「自分より偉大な力」や「自分で理解している神」（ハイヤーパワー）に自身の新たな「生」のあり方をゆだねる（ステップ2・3）[2]。つまり，ステップ1を通じて薬物依存に対して「無力」であることを認めたのであるから，自分の薬物依存に対しては「自分より偉大な力」に頼るしかないとするのである。たとえば，第6章のように「今日一日」という時間感覚の中で生きていくことがそれを表している。終わってしまった過去やどうなるかわからない未来に焦点をおいて生きていくのではなく，自分がベストを尽くすことで充実させることができる現在に焦点をおいて生きていくことを促す。つまり，自分で制御できることを限定している時間感覚ともいえ，それ以外の出来事に関しては「自分より偉大な力」にお任せするという態度にもつながるといえよう。またステップ1から3において，第5章のように仲間との関係性が重視されていることはいうまでもない。ステップに基づき「回復」するうえで仲間などの信頼がおける他者の存在は重要である。

　本章ではステップ4から5にあたる「棚卸し」とステップ8から9にあたる「埋め合わせ」と呼ばれる実践に着目する。「棚卸し」とは「商店が商品の在庫をチェックして経営状態を確認するように，紙に自分のやったことをすべて書き連ね，『もう一人の人』に話をきいてもらうこと」（葛西 2007: 94-96）を意味する。過去に他者に対して与えた迷惑などを含むものから自身の「性格上の欠点」や「短所」について，「もう一人の人」（他者）の協力を得ながら把握する行為である。

　「棚卸し」を行った段階で，自分が抱える問題が依存物質だけでなく，自身の性格にもあることに気づく。その際に，自分の性格を変えていくうえでも自身の無力を認め，「自分より偉大な力」にゆだねていく（ステップ6・7）。そして，「埋め合わせ」を行う「気持ち」になるまで待つ。「埋め合わせ」とは「性格上の欠点」や「短所」がゆえに傷つけた人々に対して，「傷つけないかぎり，機会あるたびに直接埋め合わせ」を行うことである（葛西 2007: 96-98）。

　この「棚卸し」や「埋め合わせ」はダルクメンバーにとっても気が重いが「回復」につながる重要なステップとしても捉えられている。しかし，このステップを実践するうえでは困難も少なくない。次節では，葛西（2007: 85-109）に依拠しつつ，その困難について記述する。

2 「棚卸し」「埋め合わせ」を実践するうえでの困難

平井（2004）において検討されている通り，ダルクにおける薬物依存は，近代医療の病気概念とは異なる点がある。第1に「ダルクにおける『依存』＝病気概念は，他者から付与されるのではなく，自ら名乗る（名乗ってよい，ではなく，名乗らなくてはならない）ものであるという点で，（診断カテゴリではなく）自己決定カテゴリである」（平井 2015: 102）点である。第2に「ダルクにおける『依存』からの具体的な『回復』＝『相互作用』過程は，"病気であり続ける／病気と向き合い続ける"ような過程であり，"病気から治る／を治す"過程とは異なる」（平井 2015: 102）点である。つまり，ダルクにおける薬物依存は他者からの診断によって付与されるカテゴリではなく，ダルクメンバー各自が自ら名乗るカテゴリであることがわかる。

このようにダルクにおける「薬物依存」というカテゴリは，ダルクメンバー各自が「病気であり続ける／病気に向き合い続ける」ことを求めるのである。この際，ダルクメンバーが目指すものが「完治」ではなく，「回復」であることは特徴的であろう。ダルクメンバーは心身の状態の落ち着きだけではなく，メンバー各自がもつ生きるうえでの課題に対して向き合うことも求められている。そのために従来のアルコールや薬物依存からの「回復」を巡る社会学的研究（Frank 1995 = 2002; 伊藤 2009; 野口 1996; 相良 2013a, 2015a）と同様に，病い（を巡る語り）という観点からダルクメンバーの「回復」を論じることには意味があった。

ただし，ダルクメンバー自身の心身の状態の落ち着きがない限り，薬物依存からの「回復」を物語ることに取り組んでいくことは難しい。その際にダルクには「棚上げ」という実践が存在する。これは過去においてダルクメンバーが薬物依存によって迷惑をかけた他者に対する贖罪を行う責任をいったん留保し，現状の自身の状態の安定をもたらすまでダルクのプログラムに集中させるというものである。これには以下のような理由がある。まず迷惑をかけた他者に対する贖罪を焦って行ったとしても，その行為によるストレスに耐え切れず，スリップをしてしまう可能性がある。たとえば，相手に許されなかった場合はその怒りで，許された場合でも安堵感で依存薬物に手を出す可能性があるとされ

る。また，贖罪をすべき相手に対して，かえって傷を深くしてしまう可能性がある。それゆえにステップ1から3をこなすことにまず集中するためにダルクメンバー自身が過去に起こした迷惑に対する責任を「棚上げ」するのである。

　ダルクメンバーの多くは「棚上げ」によって，自身の心身の状況に落ち着きを与え，薬物依存に向き合うことに集中するのである。しかし，心身の状態が落ち着くにつれて「棚卸し」を行うことになる。ダルクメンバーは「棚卸し」を通じて，自身が過去に他者にかけた迷惑がどれほどあるのか確認する。それは依存薬物に支配されていた過去の自分と，自身の「性格上の欠点」や「短所」に向き合うことも意味する。ここで重要なのは「もう一人の人間」の協力を得ながら，そして紙に書きながら把握するという点である。「もう一人の人間」の多くはダルクやNAなどにいるスポンサーに任せることが多い。なお，スポンサーとは「NAの中での相談相手」のことを指す言葉であり，自分よりも経験のあるNAでの先輩に任せる場合が多い（西田編 2002: 155）。

　また，実際に「棚卸し表」が存在し，そこに書き入れることで細かく自分の状態を確認できるようになっている。「棚卸し」は義務ではない。調査協力者の中でも取り組んでいた（いる）方は少なかった。しかし，自身の「回復」に閉塞感を感じたときなどに勧められることが多い。その過程は長くなる場合が多く，そのために「もう一人の人間」の存在が必要とされるのである。

　「棚卸し」を行い，それに対する無力を認めた後に行われるのは，迷惑をかけてきた人物への直接の贖罪を行う「埋め合わせ」である。「埋め合わせ」を通じて，過去のことに囚われることにより，状態が不安定になることを避けようとする。また，他者に対する「埋め合わせ」を行うことにより自身の成長につなげていこうとする。この過程において，スポンサーとの関係もそうだが，やはり仲間の存在も重要になる。「埋め合わせ」も一朝一夕に終わるものではなく，時間がかかるものである。「埋め合わせ」の過程を承認する存在との交流を通じて，倫理的態度が醸成されていくとされる（葛西 2007: 98）。

　この「棚卸し」や「埋め合わせ」は，病いという観点から捉えるとユニークな特徴をもっているといえる。第1に，ダルクメンバーは自身が陥っている困難な状況に向かうだけでなく，迷惑（危害）をかけた他者に対する贖罪を果たすことが要請される点である。第2に，その責任を果たすことによって，自身の「回復」につなげようとすることである。病いに関する先行研究の中でも

病いになったことによる他者への迷惑（たとえば，病いになることにより，自分の子どもに十分に関わることができなくなることに対する罪責感）への着目（Kleinman 1988 = 1996: 113-129）はあるが，病いになる以前に他者に迷惑をかけた経験については着目されていない。また，迷惑をかけた他者に対する贖罪がいかに「回復」につながるかについての検討はされていない。

また，ダルクメンバーが「棚卸し」や「埋め合わせ」を行ううえで以下のような検討すべき課題が考えられる。それはダルクメンバーの「回復」の展開が困難になってしまう可能性である。上述したように，ダルクメンバーは「棚上げ」を行うことによって状態の安定を図り，またその中でダルクへのメンバーシップを確認し，その上で「今日一日」のプロットをもとにして自身の「回復」を紡ぎ始める。だが，「棚卸し」や「埋め合わせ」を実践するうえで，紡ぎ上げてきた「回復」の展開が大きく変更されることになる。それゆえに，「回復」の展開が困難になることも考えられる。

「棚卸し」と「埋め合わせ」の過程はダルクにおける薬物依存からの「回復」に向けて重要なものになる。他方で，「棚卸し」と「埋め合わせ」は「回復」の展開が困難になる可能性がある。それゆえに，以下のことを検討する必要がある。第1に「棚卸し」と「埋め合わせ」が「回復」にどのような影響を及ぼすのかという点である（第4節 [1]）。第2に「棚卸し」と「埋め合わせ」を行ったメンバーがいかなるときに「回復」の展開が困難になるのかという点である（第4節 [2]）。第3に「棚卸し」と「埋め合わせ」を行ったメンバーがいかにして「回復」を紡ぎ続けるのかという点である（第4節 [3]）。この3点を分析した後に，「棚卸し」と「埋め合わせ」による「回復」の展開がいかなる条件のもとで達成されるのかについて考察する（第5節）。

3 データについて

本章では「棚卸し」と「埋め合わせ」を行っているダルクメンバーの語りを中心に分析を行った。そのためおもにFさん・Jさんの2人の対象者の語りを分析対象とした。Fさんは40代前半であり，アルコールや市販の風邪薬に依存していた。現在はXダルクにスタッフとして勤めている。Jさんは30代前

半の男性であり，おもに覚せい剤と処方薬に依存していた。両者の語りに着目
した理由は，①「棚卸し」と「埋め合わせ」による「回復」への影響，②「棚
卸し」と「埋め合わせ」による困難について語っている点である。

4 分 析

[1] 「(薬物依存以前という) 過去」と「現在」の接続

　「棚卸し」と「埋め合わせ」はダルクメンバーによる「回復」にとってどの
ような影響があるのであろうか。下記のＦさんの語りがそれを端的に表して
いる。

> Ｆ：(略) それ (親子関係や友人関係) がまたこうね，元に戻ってきて修復でき
> たことだったから。それはお袋との関係もそうだし，××(地名) にいる
> 間15年くらい会ってない，会えなかったから。××でそうやってはじめ
> て埋め合わせ行って来いって言われて (略) そういう (関係性が元に戻る)
> 安心感みたいなのはありますよね。時間はかかったけどまたそうやって元
> に戻りつつ，戻んないものはあるけど，(略) だからそれは楽しみにつな
> がるじゃないですか。これからもっともっと。あ，これからなんだなって
> いう，こういうことをしたいっていう楽しみじゃなくて，あ，こうなって
> いくんだなっていう楽しみはありますよね，なんか。

> (2012年10月13日Ｆさんインタビュートランスクリプトより)

　Ｆさんは「棚卸し」と「埋め合わせ」を通じて，親子関係や友人関係などを
始めとする人間関係の修復がなされてきたと語る。そのような人間関係の修復
が，Ｆさんにとって依存薬物を止め続ける人生における安心感をもたらし，ま
た依存薬物を止め続けることによる楽しみにもつながると認識している。つま
り，Ｆさんは「棚上げ」していた自分の「過去」と依存薬物を止め続けている
「現在」との接続を図ったといえる。

　病いの語りを展開するうえで「時間の感覚」は重要なものであり，ダルクに
おいて薬物依存からの「回復」を語る際でも同様である。たとえば，第6章の

ように「今日一日」という時間感覚は，依存薬物の使用を止めている「現在」を積み重ねていくことにより，薬物依存者としての自己を物語ることを可能にしている（相良 2013a）。しかし，「今日一日」は「現在」を積み重ねることを通じて新たに「過去」や「未来」を紡ぎ上げる「時間の感覚」であり，薬物依存以前の経験を「現在」に接続することを意図していない。その上で「棚卸し」と「埋め合わせ」は，過去に迷惑をかけた他者に対する贖罪を通じて，薬物依存以前という「過去」と依存薬物の使用を止め続けている「現在」を接続する試みともいえよう。Fさんの場合においても，「棚卸し」と「埋め合わせ」を通じて「回復」に新たな展開もしくは補強をもたらしたともいえる。Fさんが述べる通り，それを達成するうえでは時間はかかることであるが，「回復」を展開し続けていくうえで重要な出来事であるといえる。

[2] 「棚卸し」と「埋め合わせ」による「回復」の展開における困難

　しかし，「棚卸し」は安心や楽しみをもたらす以前に，ストレスを与えることが往々にしてある。たとえば，下記のようなJさんの語りに表れている

> J：（略）（「棚卸し」や「埋め合わせ」が）自分のプラスになるっていうことは，頭ではぜんぜんわかってるんで。だけどなんか単純にこう，文章，勉強みたいな感じで，その，もの書くだとか，そういうのとか，あのー，がめんどくさかったり。あと，（略）たとえば16歳ぐらいの頃の自分の過去のあれを書いてると，ちょっといったん具合悪くなったんで。
> （2014年11月25日Jさんインタビュートランスクリプトより）

　Jさんも「棚卸し」を行うことが，自身の「回復」にとってプラスになると認識している。しかし，「棚卸し」を行うことはたしかに「めんどくさい」。自身の過去を振り返りながら，自身が起こした「迷惑」を書き連ねることは難しく，ストレスを覚えることは明白なことであろう。書き連ねた量が少なければその少なさに疑問が生じ，書き連ねた量が多ければ落ち込むこともあろう。またその「迷惑」を詳細に思い出すことによって，Jさんのように「具合」が悪くなることがある。過去の迷惑に対する贖罪を行おうとすることによって，薬物依存の状態が悪くなってしまう可能性があるのである。

116

　また，「棚卸し」で確認した自身の欠点や短所があったからこそ，過去のその状況から生き延びたということがある。たとえば，下記のFさんの語りである。

> F：(略) だって家がバラバラただ，それをやっぱり，その恨むことで生き延びた部分があったわけですよ，親父を。でも，恨みの影にやっぱ恐れがあったんですよね。恨む前に。あー，家がバラバラになってっちゃうみたいな。ものすごく恐れたですよね。壊れていくっていう。ただ，そういうやっぱ感情を隠すためにまあ親父のせいにしたしね。家がバラバラになったのは親父のせいだって。そういうふうに恨みに変えてったですよ，恐れを。それ，欠点でしたよね，だから自分のやっぱ。
>
> (2011年5月28日Fさんインタビュートランスクリプトより)

　Fさんは「棚卸し」の際に自身の欠点や短所として，家族に対する「恨み」の感情とその背景にあった「恐れ」を挙げた。この当時，Fさんの家族はアルコール依存者であっただろう父親が起こす問題によってバラバラになろうとしていた。そのため，Fさんは父親に対して「恨み」をもっていたのだが，それは家族がバラバラになってしまうという「恐れ」をもったがゆえのものであった。そして，その当時のFさんは「恨み」と「恐れ」があったから生き延びたとも認識している。しかし，Fさんにとって他者に対する「恨み」や「恐れ」は自己中心的な考えの表れでもあった。つまり，父親がFさん自身と同じような問題をもっていたと考えられたのに，「恨み」や「恐れ」をもって父親を排除しようとしていたのである。それはFさんの「回復」を展開するうえで障壁にもなりうるものであった。

　また，「埋め合わせ」において，考慮しなければならないことがいくつかある。まず，「埋め合わせ」を行う人物にすぐには接触できない，またその人物がすでにいないという可能性である。「埋め合わせ」を行うべき人物を特定できたとしても，その人物との関係が相当に悪いものであれば，ただちに行うことはできない。また，その人物がすでに亡くなっている場合もありうる（以上，2011年5月のFさんへのインタビューより）。

　また，たとえ「恨み」や「恐れ」を抱いた相手であったとしても，「埋め合

わせ」を行うことが理不尽なものと捉えられる場合もある。Fさんの場合もそうだったが，「埋め合わせ」を行うべき相手から，こちらに落ち度はないのに，傷つけられる場合である。

> F：たしかに相手にそういうふうに相手が明らかに悪いことだとしても，恨みを抱えてるのは自分なんだよね。<u>でもその恨みをどうはらすんだっていったら，やり返すことではないし，その恨みを手放すために自分の側の，</u>まぁ恨んですいませんでしたって，相手に言いにいけるじゃないですか。
> (2011年7月9日Fさんインタビュートランスクリプトより)

　明らかに相手が悪かったとしても，自身が「恨み」や「恐れ」を抱いていた場合，それによってスリップに至ってしまう場合がある。Fさんも過去に在所した地方のダルクで，そのような状況に至った仲間を見た。それゆえに「恨み」や「恐れ」を手放すために，「埋め合わせ」を行った方が良いとされる。しかし，この点に関する難しさは想像できるだろう。たとえ，虐待を受けた相手でも，暴行や暴言などを浴びせられた相手でも，「恨み」などの欠点や短所につながっているのであれば，「埋め合わせ」を行うことが提案されるのである。

　また，明らかにこちらに落ち度があり，それに対する「埋め合わせ」を行うべきであろう人物であるとわかっているのに，「責任」を感じられないこともある。たとえば，下記のJさんの語りに表れている。

> J：(略)スタッフ研修に，4月くらいですかね，今年の。まあ，話す機会があったんで，埋め合わせってあるじゃないですか(略)社会的な，こう，責任というか，そういうものだったり，してはいけないことで，反省するっていうことは当然のことで，まあ，それはあるんですけど。あの，被害者ひとりひとりに対して，あの，謝っていこう，申し訳ない，なんとかっていう感情までに，至らない自分がいるんですけど，って。<u>あの，悪いことをしたっていう感覚は当然あるけど，その被害者の人たちひとりひとりに対して，俺はこう思ってますとか，こういう気持ちなんですっていうのは，これっぽっちもないってこう。</u>今でも，そうなんですよ。これっぽっ

ちもないっていう言い方はおかしいんですけど，わからないっていう。あ
るのかないのかもわからないし，正直あっても，なくてもどっちでもいい
やっていう。なんかそういう感覚がこう，あって。俺，これ，回復してる
んですかね，みたいな，こう。

（2013年10月10日Jさんインタビュートランスクリプトより）

　Jさんはダルク入所以前，いわゆる「オレオレ詐欺」グループの一員として
活動していた。その中で多くの人に対して詐欺行為を行っていた。詐欺行為に
よって金銭欲を満たし，そのお金をもって楽しみを求め，その一環に薬物使用
もあった。そのことを「棚卸し」で確認し，それゆえに詐欺行為の被害者に対
する「埋め合わせ」を行うべきであると理解している。しかし，Jさんは被害
者に対して，どのような感情を抱けば良いのかわからないと語る。自身が行っ
たことに反省がないわけではない。逆にどのように反省をすれば良いのか，ど
のように埋め合わせを行えば良いのかがわからない状況をもって自身の「回
復」に疑問をもっている。

［3］「棚卸し」や「埋め合わせ」による「回復」の展開における困難の回避

　第4節［1］で確認した通り，「棚卸し」や「埋め合わせ」は迷惑をかけた他
者に対する贖罪を通じて「過去」の再解釈を図り，ダルクメンバーの「回復」
に新たな展開や補強を与える可能性がある。他方で，第4節［2］で確認した
通り，「棚卸し」や「埋め合わせ」は「回復」の展開を阻害する可能性も確認
できた。その上で「棚卸し」や「埋め合わせ」によって「回復」の展開に向け
た困難をいかに回避しているのかを確認しよう。

　まず「棚卸し」や「埋め合わせ」を行ううえで「もう一人の人間」という聴
き手がいることについて確認したい。「もう一人の人間」の多くはスポンサー
が担うことになる。Jさんの場合，スタッフ研修を行った地方のダルクの施設
長がこの当時のスポンサーだった。そして，2015年夏頃からステップ4以降
を含む，ステップワークと呼ばれる実践に取り組んでいた。

　J：あとやっぱ，スポンサーの存在が（大事）。僕，前にステップワークをや
　　　り始めて，スポンサーシップ×××［聞き取り不能］のそういうスポンサ

ーシップっていうのは，毎週1回必ずその1週間の振り返りをしながら自分ができたことできなかったこととか。それをステップにあてはめて日常生活でそういった……たとえばステップ1とかでも，じゃあ無力でどうのこうのって言っても「じゃあ日常生活ってどうやって，どういうときにそれをあてはめるの」って疑問になるわけじゃないですか。それをスポンサーと一緒に「こういうときだよね」とか「2はこういうときだよね」って言うので

（2015年12月26日Jさんインタビュートランスクリプトより）

　ステップワークとはステップの内容が実際の生活にどのように活かすことができるのかをスポンサーとのやりとりの中で確認するものである。なお，このステップワークはダルクでよく用いられる『ステップワーキングガイド』[3]をもとにしたものではなく，マリファナ依存者のセルフヘルプ・グループである Marihuana Anonymous（MA）の12ステップを参考にしたものであり，自身の「生き方」の課題に対して向き合っていくための取り組みであった。いずれにせよ，Jさんはスポンサーとのやりとりを通じて「棚卸し」や「埋め合わせ」などを含むステップをこなしていこうとした。
　上記のように，スポンサーとのやりとりを通じて「棚卸し」や「埋め合わせ」に対する方向性や承認が得られるのである。たとえば，下記のFさんの語りがそれを表している。Fさんはこの当時にも「棚卸し」と「埋め合わせ」を実践し，それに対してスポンサーが承認している語りである。

　F：（略）（スポンサーが）「お前のやってきたことはもういい」ってね，「許されたんだから。その（「棚卸し」や「埋め合わせ」の内容が記述されている）ノートどっか捨てて来い」って言われて。

（2012年3月7日Fさんインタビュートランスクリプトより）

　このように「棚卸し」や「埋め合わせ」においてスポンサーという存在が重要になる。ミーティングをはじめとしたダルクでの日常生活を薬物依存からの「回復」を紡ぎ出す場とするならば（伊藤2009），スポンサーとの関係は薬物依存からの「回復」を集中的に編集する機会として捉えることができよう。第4

節［2］で確認したような問題に対しても，スポンサーから提案を受けることがある。たとえば，自身が起こした詐欺による被害者に対する感情のもち方について悩んでいたJさんは，当時のスポンサーから以下のような提案を受けていた。

> J：でも，＊さん（当時のJさんのスポンサー）は，まあ，そこ難しいところだけど，まあ，二度と繰り返さないこと，同じことを，繰り返さないこと，であったり，今のクリーンを，こう，続けていく，クスリをまた使，昔のそういう，当たり前に，こう，人を傷つけたりこう，犯罪をいとわなかった自分の，生き方を，今，変えていっている途中で，それを継続していくっていうことが，やっぱり，間接的な埋め合わせっていうものになるんじゃないかって言われて，一応それで今，納得しています。
>
> （2013年10月10日Jさんインタビュートランスクリプトより）

ここでJさんは当時のスポンサーから，被害者に対してただちに謝罪の感情を抱くのではなく，犯罪を起こさない生活，依存薬物を使わない生活を積み重ねるなかで，「埋め合わせ」に至る機会を待つように提案されている。そのこと自体が「間接的な埋め合わせ」にもつながることも提案されている。また，Fさんは母親に対して資金的な援助をすることも「間接的な埋め合わせ」につながると捉えている。

> F：（略）ただ，段階的にはまあ（ステップ）4・5はやってきましたよね。6・7もやって8・9もや，ただ全部じゃない。埋め合わせ。ねえ，おふくろに謝りに行ったけれども，やっぱりじゃあ埋め合わせってそれだけなのかっていえば，やっぱりじゃあダルクでここで給料もらって，おふくろに少しでもお金あげるとかっていうね，それもたぶん埋め合わせなんだなとは思うんですよね。直接ね，謝ることじゃなくて，それはだって実の親なわけで，育ててくれたわけだから。（略）だからそういう埋め合わせはずっと続くのかなと思うし。だから，1回やったからってステップは終わりじゃないし。だから毎日毎日たぶんやるものだと思うんですよね。
>
> （2011年5月28日Fさんインタビュートランスクリプトより）

ここで重要なのは「棚卸し」や「埋め合わせ」が一度で終わるものではないとFさんが捉えているところである。Fさんは母親に対して，直接謝罪をすることだけでは「埋め合わせ」は終わらないと考える。その上で，母親に対して資金的な援助をすることも「埋め合わせ」とし，継続的に行うと考えている。

そして，こちらに落ち度はないのに，傷つけられた相手に対して「埋め合わせ」を行う場合には以下のような提案を受け，納得していくことがある。

F：それは自分に対する掃除なのよ。相手に謝ってるんじゃないんですよ，実際。いってみれば。自分のこの恨みを取り除いてほしいから恨んだことを僕に対してごめんねでいいわけですよ。

（略）

F：そう。この恨みを手放したいんだったら，その自分が明らかに非がないとしても相手を恨んだわけだから。そのことだけを謝ればいい。

（2011年7月9日Fさんインタビュートランスクリプトより）

この場合，「埋め合わせ」のあり方を限定している点が重要である。相手から傷をつけられたことは事実であり，そのことを忘れることにはならない。しかし，その人物に対する「恨み」が自身の薬物依存に対する原因になっているのであれば，それをはらす必要があるとする。そのため，相手に謝るのではなく，「自分に対する掃除」として傷つけられた人物に対する「埋め合わせ」を行うのである。

5 ま と め

ここまでインタビューデータから「棚卸し」と「埋め合わせ」による「回復」への展開について確認してきた。第4節［1］では「棚卸し」と「埋め合わせ」によるダルクメンバーの「回復」への影響について検討された。それは迷惑をかけた他者に対する贖罪を通じて，薬物依存以前という「過去」と「現在」をつなぎ合わせることである。

第4節［2］では「棚卸し」と「埋め合わせ」によって，ダルクメンバーの「回復」の展開が困難になる可能性が示された。それは「『棚卸し』と『埋め合わせ』による具合の悪化」「自身の欠点や短所によって生き延びてきた」「『埋め合わせ』を行う人物へ接触不可能」「自分を傷つけた人物に『埋め合わせ』を行う必要」「『埋め合わせ』を行うべきであるが，『責任』を感じられない」などの理由からもたらされるものであった。

　第4節［3］では「棚卸し」と「埋め合わせ」による「回復」の展開の困難さがいかに回避されているのかを確認した。まずその回避の根底には，もちろんミーティングやダルクメンバーの存在も重要ではあるが，スポンサーと呼ばれる聴き手が重要視されていることがわかった。そのスポンサーとの間で「棚卸し」を調整・修正し，「埋め合わせ」につなげていることが示された。その上で「直接的な『埋め合わせ』だけでなく，間接的な『埋め合わせ』も認めること」「直接的な『埋め合わせ』であれ，間接的な『埋め合わせ』であれ，継続的に行うこと」「傷つけられた相手に対して『埋め合わせ』を行う場合は，自分の状態の安定を目的とすること」などをもって回避するようにしていた。

　第4節［1］で記述したように，「棚卸し」と「埋め合わせ」はダルクメンバーの「過去」と「現在」が接続される契機にもなりうる。しかし，第4節［2］の分析で示してきたように「棚卸し」と「埋め合わせ」によって，「回復」の展開が困難になる可能性があり，第4節［3］の分析で示してきたようにそれを回避することが必要とされている。そこで考察したいのは，「棚卸し」と「埋め合わせ」により「回復」を展開するのための条件である。その条件として考えられるのは，ダルクが緩やかでありかつ多様な「回復」を保障する場所であり続けることであろう（平井 2013a; 相良 2015a; 相良・伊藤 2016）。言い換えれば，ダルクが「回復」の規範化を避ける場所であり続けることであろう。

　緩やかでありかつ多様な「回復」の保障は，「回復」の規範化を結果的に回避することにもつながる。第5章の註（3）でも触れたように「回復」の規範化とは，特定の「回復」のあり方に集約しようとすることを指す[4]。第4節［2］で記述した「棚卸し」と「埋め合わせ」による「回復」の展開の困難さは，「棚卸し」と「埋め合わせ」を特定のあり方に集約しようとした結果生じたものとして考えることができる。言い換えれば，「棚卸し」と「埋め合わせ」は「回復」の規範化を，意図しなくとも，もたらしてしまう可能性があるといえ

第7章　「回復」における「棚卸し」と「埋め合わせ」　123

る。とくに虐待を受けた相手などに対する「埋め合わせ」の場面で表れること
であろう。しかし，第4節［3］で記述したようにダルクメンバー間によって，
「棚卸し」と「埋め合わせ」による「回復」の展開の困難さを回避するような
さまざまな提案がなされている。つまり，ダルクでは「棚卸し」と「埋め合わ
せ」による「回復」の展開を限定した形にさせないような働きかけが結果的に
なされている。また，それにより，「回復」の道を歩くダルクメンバーを限定
しないことにもつながるのである。「棚卸し」と「埋め合わせ」のように実践
すること自体が困難なものに対して，柔軟に対応できるような条件をダルクは
もっているといえる[5]。

　ただし，それでも「回復」を紡ぎ続けるうえでは避けられないコンフリクト
が存在する可能性がある。その点については，第9章で確認していく。

註

(1)　ダルクメンバーに対してステップの取り組み具合について質問したときに，ステップ
　　1から3に取り組んでいる最中であると語ることが多かった。

(2)　「神」や「ハイヤーパワー」などの特定の宗教を連想させるような言葉ではあるが，
　　NAにおいても「神」や「ハイヤーパワー」など文言の解釈はメンバーそれぞれに任され
　　ている。どのような存在でも良いが，とにかく自分を超えた存在を認識することについ
　　て求められているのである。

(3)　『ステップワーキングガイド』（Narcotics Anonymous 2012）とは12ステップを深く学
　　ぶためのワークブックである。2012年に日本語翻訳版が出版された。

(4)　「回復」の規範化の一例として考えられるのはマルーナ（Maruna 2001 = 2013）のい
　　う「真正さのテスト」であろう。犯罪や非行からの「立ち直り」が社会に承認されるた
　　めに刑事司法過程に「真正さのテスト」をする場を用意する必要があると提示する。こ
　　のようなマルーナの議論は薬物依存からの「回復」や「立ち直り」において重要な知見
　　であり，それらの問題に悩まされている人物を解放する力ももっている。他方で，「真正
　　さのテスト」をパスできなかった者への対応や，そもそもマルーナが述べるような特徴
　　以外の「回復」を認めないという機能ももち合わせている。「棚卸し」や「埋め合わせ」
　　も「真正さのテスト」の一種としても認識されかねない。とくに刑の一部執行猶予制度
　　の導入などにより，刑事司法制度下における薬物依存者に対する「回復」の規範化（義
　　務化）に関しては，考察の余地が多く残されている。薬物依存者が「回復」に向かう過
　　程においても，その当事者の同意は必要であると考えられ（丸山 2015: 115-179），またそ
　　のための「余裕」を残すような場（たとえば，ダルク）が必要とされている。

(5)　たとえば，第4節［2］で記述したように，「棚卸し」と「埋め合わせ」を行ううえで
　　葛藤下におかれたとしても，「『棚卸し』や『埋め合わせ』を行う責任を徐々に果たして

いく」「『棚卸し』や『埋め合わせ』を直接的だけでなく，間接的にも行う」「時に自分のためだけに『埋め合わせ』を行う」など多様な方法がとられ，状況に応じて巧みに葛藤を解消するような実践が試みられていた。この際に葛藤の解消に至るうえで，スポンサーをはじめとしたメンバーとの交流の中で実践のあり方が変化していくのである。

第8章

ダルクベテランスタッフの「回復」

これまでの章においてダルクメンバーにおける「回復」に関する多様な意味世界について論じてきた。ダルクにおける「回復」が「薬物依存を伴いながら生きるプロセス」を意味するのであれば、「回復」は個々の薬物依存者に応じて表れ、多様なものへと開かれていく（ダルク研究会編 2013; 南・中村・相良編 2018）。そこで本章においてはこれまでに言及されることが少なかったベテランスタッフ[1] の「回復」に焦点をおいたうえで、その意味世界について記述し、考察する。

これまで触れてきた通り、スタッフのほとんどが薬物依存当事者であり、もともとダルクを利用していた者である。スタッフはメンバーにとって、「回復」のロールモデルとして見られることが多い。また、とくに若手スタッフにとって、スタッフとしての活動が自身の「回復」につながると見なされている。たとえば、メンバーに対する支援に関わることは、誰かの役に立っているという感覚を覚え、自己肯定感が高まり、「回復」につながることが指摘されている（市川 2010; 南 2015）。

ダルクにおいてメンバーとスタッフが相互扶助関係の中で、互いの「回復」を支え合うことはダルクが従来からもつ特徴であり、それはおそらく今後も残り続けるものであろう。しかし、ダルクのベテランスタッフでもある市川岳仁はダルクにおいて「ある種の閉塞感」が漂っており、それがベテランスタッフの「回復」を揺るがす可能性があると指摘する（市川 2010）。この「閉塞感」については後述するが、そもそもメンバーの「回復」・若手スタッフの「回復」とベテランスタッフの「回復」ではその意味世界には異なる点があろう。ベテランスタッフとなれば、相対的に多様な生活経験を積み重ね、それをもとに「回復」を紡ぎ上げていると考えられる。

そこで、本章ではまずメンバーの「回復」観に関する研究について言及し、それをもとにベテランスタッフへのインタビューからその「回復」観について検討する（第2節、第4節）。そして、その「回復」観がベテランスタッフの「回復」にどのように影響しているのかについて検討していく（第5節）。

1 ダルクメンバーの「回復」観

平井・伊藤秀樹（2013）では，東京ダルク（2009）における質問紙調査の結果を計量分析によって再分析を行いメンバーがもつ「回復」観について検討を行った[2]。まず，メンバーがもつであろう「回復」観を4つに分別している。第1に「欲求消退」である。これは依存薬物に対する使用欲求をコントロールできる状態になることを「回復」と定める「回復」観である。われわれの多くが抱く薬物依存からの「回復」に対するイメージといえる。第2に「社会的自立」である。就労による経済的自立，ボランティアによる社会参加などによって生活再建を図り，環境面と経済面の安定を「回復」の基本とする「回復」観である。第3に「自己肯定」である。依存者である自己に対するネガティヴな意味づけを減らし，ポジティヴな意味づけを育てることで「回復」に至るとする「回復」観である。第4に「他者共生」である。これは孤独や孤立から解放され，他者を受容し，自身も他者によって受容されていると感じた状態で生活を送ることを「回復」とする「回復」観である。

分析の結果，以下の2点の興味深い指摘があった。第1に，ダルクへの関わりが長くなるほど，手放される「回復」観があるという指摘である。手放される「回復」観として挙げられていたのが「欲求消退」と「社会的自立」である。つまり，ビギナーメンバーにとって受け入れられていた「回復」観であるが，ベテランメンバーになるほど望ましい「回復」観としては棄却されていくという示唆でもある。ただし，「欲求消退」に関してはダルク入所後に比較的早い時期から手放していくのに対して，「社会的自立」に関しては比較的長期間メンバーの中に残り続けることも指摘されている。

第2に，ダルクへの関わりが長くなったとしても維持される「回復」観があるという指摘である。維持される「回復」観として挙げられていたのが「自己肯定」と「他者共生」である。これはビギナーメンバーにとっても受け入れられていた「回復」観ではあるが，ベテランメンバーになるほど確固たるものになるという示唆でもある。

また，「回復」観の"手放し"や"維持"がメンバーの属性，ダルク以前の経験，ダルクにおけるステータスに関わりなく，ダルクに入所・通所する時間の

長さに影響を受けているのではないか，という指摘も重要である。スタッフという立場になればダルクに関わる時間もおのずと増える。ただし，その中では，自身の「回復」を促進すると認識することに遭遇することもあれば，逆に「回復」を阻害するのではないかと思えるストレスフルな状況に陥ることもあろう[3]。ベテランスタッフであれば，よりそのような両義的な状況におかれながら，「回復」観も変化し，それゆえに自身の「回復」についても変化が生じると考えられる。

　上記の先行研究をもとに，スタッフの「回復」について論じるときに重要になる点は以下のようになる。第1に，スタッフはいかにして「欲求消退」や「社会的自立」といった「回復」観を手放しているのであろうか（もしくは手放してはいないのか），という点である。第2に，スタッフはいかにして「自己肯定」や「他者共生」といった「回復」観を維持しているのであろうか（もしくは維持していないのか），という点である。以上の2点に関して，あるベテランスタッフの「回復」に関するナラティヴをもとに考察し，ベテランスタッフの「回復」について考察する。

2　データについて

　本章では，他のベテランスタッフのインタビューも適宜参照しているが，Xダルクのcスタッフのインタビューデータをケースとして取り上げたい。その理由としては，①筆者が直接インタビューに関わった人物であること，②スタッフとして経験が15年以上ありベテランスタッフに位置づけられること，③就労自立，結婚，大学進学，社会福祉に関する専門資格をもつなどの多様な経験があり，「回復」についてさまざまな観点から検討できた人物であったこと，以上の3点が挙げられる。他のベテランスタッフはXダルクのaさんおよびbさん，Yダルクのdさんである[4]。cさんへのインタビューは2014年11月から2015年3月にかけて計4回行った。まずcさんのこれまでのライフストーリーインタビューを行い，「回復」に関して語っていただいた。また，半構造化面接法を用い，「なぜ薬物（などの依存物質）を止め続けられているのか」「『回復』のイメージ」「12ステップの理解」などについても尋ねている。なお，

cさんのライフストーリーについては補論の4でも記述している。

　cさんは，40代半ばの男性である。市販の風邪薬に依存したが，その影響によってダルクに約20年前に入所した。ダルクには1年ほど在所し，比較的順調に退所した。その後，ダルクと関わりながら就労自立を続けていたが，あるときに病気で長期入院することになった。退院後，生活を再建するうえでダルクスタッフとなった。ダルクスタッフとなった後も大学進学，福祉関係の資格取得など精力的に活動し，その経験を業務に活かしている。また，現在は結婚し，子どもがおり，cさんの父母と一緒に生活している。

3　データの検討

[1]　ギャンブルへの「欲求」への対処

　この項では「欲求消退」と「回復」について語ったと考えられる内容について取り上げたい。

　cさんはダルクに入所して，しばらくは依存薬物の使用を繰り返していた。しかし，ダルクに入所して約半年が経った頃からクリーンが始まり，それから現在までの約20年間依存薬物への欲求が収まっているという。しかし，下記の通り，あるときにギャンブルに対しての依存が始まる。スタッフになって10年ほど経過しており，ベテランともいえる状況だった。

　　c：うん。なんか，あのー，ギャンブルの問題っていうの，ちょっと多少あって。親父が，ギャンブル依存症っていうのもあって。その，僕も，要はそういうちょっと，（ギャンブルへの依存）のはあって。で，やめてたんですよね，きっぱり。だけど7年ぶりにちょっとやってみたら，したらその日に（当たりが）出て。そしたらもう，電気が走った感じだったんです。

　　　　　　　　　（2015年3月11日cさんインタビュートランスクリプトより）

　このとき，妻の通院に付き添い，受診時間にパチンコ屋で時間を潰そうとした。そのときが7年ぶりの入店だったという。cさんは，父親はギャンブル依存症であったとし，幼少の頃に父に付き添いパチンコ屋に出入りしていたと語

る。その影響か，cさんは自分もギャンブルに対して依存する可能性があると捉えていた。そのためできるだけパチンコ屋への出入りを避けていた。しかし，このときに「当たり」を引き，「電気が走った感じ」というほどの興奮を覚え，そこからパチンコ屋通いが始まった。

　ダルクの業務を終えてからすぐにパチンコ屋に出向く。休日も朝からパチンコ屋に出向く。その結果，貯金がしだいになくなっていた。cさん自身も危機感を覚え，ミーティングで自分の状況について話をしたという。業務としてミーティングの司会を行っていたが，そのことも気にしないで自身の状況を正直に話すこともあった。そのような状況が1カ月ほど続いたあるとき，インフルエンザに罹った。そのため自然とパチンコ屋に足を運ばなくなった。

　しかし，cさんのギャンブルへの依存はまた数年後に再発する。

c：（その機種には）ルーレットとかついてて，なんかジャックポットとかに
　　入ると，えーらい出てくんですよ，メダルがドバーンって。で，その日も，
　　もう俺いつも（当たりが）与えられるんですよね。その日も，もう500円
　　ぐらいで，そういうジャックポットに入ってドバーン出てきたの。
＃5：おぉ。
c：それでまたね，電気が走ったの（笑）。
　　　　　　　　　　　　　　　（2015年3月11日cさんインタビュートランスクリプトより）

　このときは，メンバーの運転免許証の更新に付き添い，その待ち時間を潰すためにゲームセンターに入った。メダルゲームをやっていたが，このときも「当たり」を引き，「電気が走った」。その後は前回と同様にほとんど毎日通うようになっていた。そのような生活が2〜3カ月続いていたが，前回と同様にミーティングで自身の状況を話し続けた。このときに止まったきっかけは覚えていないと語るが，2，3日ほどゲームセンターに行かない日が続き，その調子で止めることができたと語る。

　cさんのように依存対象であった物質や行為へのクリーンが続いても，それ以外の物質や行為に依存することで悩まされるダルク関係者は少なくない。それは「セカンドアディクション」と呼ばれる。他のベテランスタッフのインタビューからもそのことはうかがい知れる。そのような状況に対処するうえでc

さんはスタッフでいることは恵まれていると語る。

> c：ちょっとこう（「依存」によって起こる諸問題に）片足突っ込んで。いつも，ね，（そこから）抜け出すことができるというか。そうかなと，うん。だから，僕が，すごいだから，あのー。ダルクのスタッフであるっていうことは，非常に恵まれてるな，と思うし，うん。自分自身の現状，考えたら，思うし。

> （2015年3月11日cさんインタビュートランスクリプトより）

　いつ依存によって起こる諸問題に襲われるかわからないなかで，スタッフであることで，その問題に対処しやすい状況になるとcさんは語る。それはミーティングを始めとしたダルクのプログラムを実践しやすいという点がある。また，メンバーの姿を見て自身の生き方について省みる機会があり，それをもって自分の生き方の軌道修正を図ることができる点も挙げられよう[5]。このようにcさんはスタッフとしてダルクに関わることによって，ギャンブルに対する欲求を抑えようとしていた。つまり，ベテランスタッフとなったとしても欲求がいつ生じるかわからないと認識しているといえる。

[2] 「社会的自立」によって得た「回復」？

　この項では，cさんが「社会的自立」と「回復」について語ったと考えられる内容について取り上げたい。

　平井・伊藤（2013）によると「社会的自立」はダルク歴が長くなるほど手放される「回復」観であった。ただ，下記の語りように，cさんはダルクに関わり始めて初期の頃においてはダルクを退所して自立生活を送ることが「回復」にとって望ましい状態であると捉えていたともいえる。当時のダルクやNAにおいても，スタッフになるよりも，「社会復帰」を果たすことが「価値がある」とされていたとも語る。

> c：うん，スタッフなんて。で，そのときに一番価値があるのは，NA行っても，どこ行っても一番価値があるのは，社会復帰したやつなんですよ。
> ＃5：あー。

c：生活保護受けてても，生活保護切って。社会復帰して，昼間は働いて。自活してるやつ。それが一番価値があったんですよ，やっぱり。

(2015年2月4日cさんインタビュートランスクリプトより)

　cさんは仕事でお金を稼ぐということに関しては自身の「回復」にとって少なくない影響があったと語る。cさんはダルクに入所して3カ月後に近くの古紙会社でアルバイトを始めた。そこで稼いだお金をもって，沖縄で行われたNAのイベントに出かけた。その当時，cさんは20代中盤であったが，それまでに自分で働いたお金で何かをするという経験ははじめてであり，「回復」に向けた影響は大きかったと語る。

　現在，cさんはスタッフとして勤務することで生計を立ており，経済的自立を果たしている。また，スタッフ業に関しても順調である。その一方で，12ステップの取り組みやミーティングへの参加などは不十分であり，cさん自身の「回復」はあまり進んでいないと捉えている。

c：今だから，そう，仕事に関しては，今ダルク，スタッフとしてこうね，うん。まっ，依存症からの回復者としてはどうかな，っていうのはあるけど，そのね，12ステップの進み具合とか，うん。あの，あんまり，ミーティングは最近行ってないので，うん。あんまり自分が困ってないのか(笑)，よくわかんない。困ってないのか，他のことで忙しいのか，わかんないけど。ミーティングはもうほんとに，今年んなって1回ぐらいしか行ってないかな。

(2015年3月11日cさんインタビュートランスクリプトより)

　ここで指摘できるのは，cさんが就労による経済的自立やダルクスタッフの業務遂行だけでは自身の「回復」が進まないと捉えていることである。つまり，cさん自身の「回復」には「社会的自立」以外に12ステップの取り組みやNAへの参加を必要とされていることも垣間見える。

[3]　支援における「専門性」

　この項では，cさんが「自己肯定」と「回復」の関係について語った点につ

いて取り上げたい。

　前述のように，cさんはダルク退所後，就労自立していた。しかし，その後に体調を崩し，長期の入院を余儀なくされた。退院後，今後について悩んでいたときにとりあえずスタッフになることを選択した。cさんは最初からスタッフになるという願いをもっているわけではなかった。むしろ，「社会不適合者がやっぱりダルクのスタッフに戻ってきたんだ」と他者に認識されると考えていた。つまり，当時はスタッフ業に対してポジティヴな意味づけはあまりなかったともいえる。

　スタッフになった当初，cさんはスタッフという立場についてとりたてて深く考えていなかったと語る。業務自体も現在と比べてさほど多くなかった。メンバーと共に楽しむことを重点におき，メンバーの「遊び相手」になることを心がけ，メンバーに対する貢献を図ろうとした。だが，その暮らしを続けるなかでどこか物足りなさを覚えた。そのときに，雑誌の特集で大学の社会人入学の記事を見た。そこでcさんは大学の進学を考えた。

> c：なんか福祉系の勉強したら，やっぱり依存症業界のね，こういう仕事でもなんか役立つんじゃねぇか。っていうのもあったし，うん。それぐらい自分の中にもこうなんかね，パワーがあったんですよね。なんか違うことやりたい，っていうなんかこう。新しいことやりたい，っていう。
>
> 　　　　　　（2015年2月4日cさんインタビュートランスクリプトより）

　cさんが進学を希望したのは社会福祉系の学部をもつ大学であった。社会福祉を学ぶことを目指したのはダルクでの業務に何らかのプラスがあるのではないかという思いがあったからだ。その大学を受験し，見事に合格する。cさんは大学を4年で卒業し，その後1年間専門学校に通い，福祉系の資格を取得した。そこで培った知識と依存者であった自分の経験をもって，ダルクの業務に取り組んでいる。cさんは「ダルクの流儀」にプラスして「専門性」をもち込むことを考えている。

> c：（略）で，もちろんダルクとしての柱はね，やっぱそれは失いたくないんで。まっそういう中で，やっぱり，もうちょっと，こう，なんていうか

広がりっていうか，うん。この方法に固執するんじゃなく，ね，こうい
う，うーん，ね。ダルクの流儀みたいな固執するんじゃなくて，もうちょ
っといろんな，こと知らないと，あぁいうところでは対応できないな。逆
にそれがやっぱ専門性っていうかね。あの，ね，「僕も助けてもらいまし
た，だから僕の次の人を助けます」っていうだけじゃ専門性もなんもない
から。それがすごい大事なんだけどね。それが一番のダルクの価値なんだ
けど，ね。だけそれだけで，やっぱり，あの，世間はあんまり理解してく
れない。それだけで専門性とはいえないから。やっぱそこは，もうちょっ
とこういろいろ，うん。っていうふうには思いますよね。

（2015 年 3 月 11 日 c さんインタビュートランスクリプトより）

　「僕も助けてもらいました，だから僕の次の人を助けます」という理念はダ
ルクに重要なものである。その中でダルクにおける「回復」は紡がれている
といっても過言ではない。しかし，その上でスタッフだからこそできる支援
の「専門性」をもつ必要があると c さんは考えている。c さんの場合であれば，
自身がもつ資格と経験を活かした「専門性」をもって援助を展開することを
望んでいるともいえる。たとえば，就労継続支援 B 型事業所 (6) を開設するな
どして，メンバーに「働く場」を提供することなどを語っていた。その「専門
性」をもつための勉強やトレーニングを受けていきたいと c さんは考えている。
ダルクがもつ重要な理念を失わないようにしながらも，「専門性」をもとにし
た援助のあり方を模索している。それは c さんにとってスタッフとしてのアイ
デンティティの変化（「メンバーの遊び相手」から「専門性をもった支援者」へ）を
意味し，より自身に対するポジティヴな意味づけがなされたこともうかがい知
れる。

［4］　仲間以外の他者との交流
　最後に，c さんが「他者共生」と「回復」の関係について語った点について
取り上げたい。c さんにとっても仲間との関係性は自身の「回復」に影響があ
ることは前提にある。ただ，前述のように，c さんは大学に進学したが，その
中で自分の「回復」が新しい展開を迎えたと語る。とくに人間関係の変化がそ
れにあたる。大学入学までは基本的にダルク関係者が中心の人間関係であった

が，それ以外の人々の交流の中で人間関係が広がっていったと語る。

> c：（略）うん，24時間，まあ，仲間に囲まれて生活してるっていう。ね，ま
> っそれが仕事でもあったし，っていうのから，だんだん，ちょっとこう違
> う，うん，ね。社会人の人たちだったり，まあ現役の学生もいたけど。そ
> ういうこう，まぁ，一般の人たち，と，まぁだんだんつき合うようになっ
> てきて，うん。（略）だんだん，人間関係がこう広がっていったかな。
>
> （2015年2月4日cさんインタビュートランスクリプトより）

また，大学に通うなかで現在の妻と出会った。cさんの人間関係の広がりの
中でも大きな出来事であったといえよう。その後，2人の子どもも生まれた。
cさんにとって家族は命を投げ出してでも助けなくてはいけない存在でもある。
ギャンブルに対する依存についても家族の存在があったから止めることができ
たと考えている。そして，下記のように，いまの生活があるのは「家族」のお
かげであると考えている。

> c：（略）でもね，時々思うの。家族がいなかったら，嫁さんも子どもいなか
> ったら，俺結局やっぱそういう生き方（何かに過度に依存した生き方）なん
> のかな，っていうのは。なんのかなーって思うし，だからってそういう生
> き方したくないなっていう葛藤もあるし。どうなんだろうな，っていう。
> だからこそ，やっぱり，あのー，そういうものには感謝してますよね，い
> つも。うん。もういざとなったら，俺の命を，もう投げ出すしかないなっ
> ていうぐらい。もうそれぐらいの覚悟，この人たちいなかったら，たぶん
> 俺どうなってかわかんないなっていう。それでもやっぱりね，与えられた
> なって思うんですよ。
>
> （2015年3月11日cさんインタビュートランスクリプトより）

ここで重要なのは，家族がいなかったら，他の何かに過度に依存してしまう
生き方になってしまうと捉えていることであろう。家族とともに生きているか
らこそ，薬物に依存していた生活とは違う生活を送ることができていると考え
ている。ダルク関係者や大学などで出会った人物も重要な存在であるが，家族

と共に生きるなかでcさんの現在の「回復」があるともいえよう。

4 「スタッフとしての自己」の位置づけ／ダルク外の居場所

[1] 分析のまとめ

　分析の結果についてまとめると以下のようになろう。まず，cさんにとって「欲求消退」は手放された「回復」観ともいえる。cさんは依存薬物への欲求は抑えられていたが，ギャンブルへの欲求は抑えられない時期があった。つまり，いくら「回復」の道を歩んでいたとしても，どこかで欲求に襲われてしまう可能性が常にあることを意味する。それは，ベテランスタッフになったとしても同様であった。そのため，「欲求消退」は逆説的に「回復」観から手放されるともいえる。つまり，欲求とはつき合った状態で「回復」すると捉えているといえよう。

　次に，cさんにとって「社会的自立」も手放された「回復」観といえよう。cさんがダルクに関わって初期の頃では，就労が「回復」に影響をもたらしたといえる。しかし，現在スタッフとして勤務することによって経済的な自立と環境面での安定を達成しているのにもかかわらず，自身の「回復」については手ごたえがないとcさんは捉えている。それゆえに，徐々に手放されていく「回復」観であると指摘できる。

　また，cさんにとって「自己肯定」は維持された「回復」観といえる。cさんはもともとスタッフになることは目指しておらず，退院後の生活を成り立たせるためにスタッフとなった。そして，その当時はスタッフになることに対してあまりポジティヴな意味づけはなされていなかったともいえよう。スタッフになってからしばらくは「メンバーの遊び相手」として活動していた。その後は大学進学などの経験をもって「専門性」に基づいた支援を行う必要性を感じ，今後のスタッフのあり方，今後のダルクのあり方について模索していた。その一連の中で，スタッフとしての自己にポジティヴな意味づけがなされているともいえよう。

　最後に，cさんにとって「他者共生」も維持された「回復」観であるといえる。大学に進学したことによって人間関係が広がり，cさんは「回復」の新し

い局面を迎えたと捉えていた。そして，現在においてはとくに家族の存在がc
さんの「回復」に大きく関わっていた。もちろん，メンバーとの交流も「回
復」を維持するうえで重要であるが，ダルク以外での人間関係の広がりがcさ
んの「回復」に大きく関わっていると考えていることが重要であろう。

[2] 「スタッフとしての自己」の位置づけ／ダルク外の居場所

　結論に代えて，cさんの事例分析を踏まえて，ベテランスタッフの「回復」
を考察するときに重要になると考えられる点を2点挙げたい。まず，「スタッ
フとしての自己」を今後どのように位置づけていくのかという点である。この
点は「自己肯定」や「他者共生」という「回復」観のあり方にも関わってくる
だろう。cさんは今後のダルクの方向性として，助け合いの理念を大切にする
と同時に支援における専門性を担保することが必要になると語る。そのときに
スタッフはいかなる存在として位置づけられるのであろうか。

　それを考察する際に，市川（2010）が提唱する「当事者A／B」概念につい
て検討したい[7]。市川によれば，薬物依存経験者には2つの当事者の役割（当
事者A／B）があると捉えている。当事者Aは「薬物依存から回復しようとす
る人（現在薬物使用を止めようとしている人）」，当事者Bは「同じ薬物依存の当
事者ではあるがすでにある程度の回復経験があり，当事者Aをサポートしよ
うとする人」と定義する。

　なお，メンバーは当事者A，スタッフは当事者Bと固定的な役割を担うと
決めつけることはできない。cさんの場合であっても，ギャンブル依存に悩ま
されたときは当事者Aとして振る舞っていた様子がうかがえる。ただし，こ
の「当事者」の区別に従って考えると，スタッフは当事者Aよりも当事者B
の側面が強い存在だといえる。そして，ベテランスタッフはより当事者Bの
側面が強まっている存在であるといえる。

　このことは，スタッフが支援を行ううえで限界をもたらす要因にもなりうる
と市川は述べる。つまり，スタッフ自身の「回復」経験に基づくだけの援助で
は限界があるとする。まずベテランスタッフは「同じ薬物依存の経験があると
はいえ，実際には回復の経験とともにドラッグユーザーとしての当事者性か
ら遠ざかっていく」（市川 2010: 35）ことがある。このことはベテランスタッフ
の「回復」にとっては望ましいことではあるが，メンバーに対して自身の「回

復」経験に基づいた支援が通用しなくなる可能性があるという意味では不都合が生じる可能性がある。また、時代によって流行する薬物も異なってきており、依存薬物の差異も「回復」経験に基づいて支援を行ううえでハードルにもなりえる（南 2015）。そして、市川（2014）では薬物依存ではあるが、その背景に知的障害などの他の障害を抱えるメンバーに対する支援においても「回復」経験に基づいた支援では限界があると主張する。この「回復」経験に基づいた支援に限界が出てきたことが、市川が言う「閉塞感」につながっていると考えられる。

　そのため、薬物依存当事者たちでダルクを運営する点は大事だが、それに加えて「専門性」をもった援助者としてスタッフが存在することが必要になるのではないかと市川は述べる。その上で、「当事者B」とは別の「専門性」をもった支援者としてのアイデンティティの確保が必要だと述べられている。それはもちろん「専門家」として活躍するという自己本位な目的ではなく、あくまでダルクという組織を今後も維持するためと考える必要があろう。cさんの事例からも、ダルクはスタッフの「回復」にとっても重要な場であり、ダルクを維持することはスタッフの「回復」にも当然に関係すると考えられる。つまり、「専門性」に基づいた支援の導入は、ベテランスタッフにとって「他者共生」（ダルク関係者との共生）のための「自己肯定」（「専門性」をもった支援者になる）につながるといえるだろう。

　しかし、「専門性」の導入により、各ダルクの支援観の差異がより大きくなり、ダルクという存在自体をあやふやなものにする可能性がある。ダルクの支援方針は各施設によって少しずつ異なり、基本的な共通項はミーティングの存在だけともいえる。それはこれまでダルクを運営していくうえで多様な支援を、そして多様な「回復」をこれまでに保障してきたことに意義があった。「専門性」の導入は支援の多様性がより広がる可能性ももつ。しかし、逆にいえばダルク間での支援観の差異が大きくなり、ダルクという存在自体が揺らぐ可能性がある [8]。ダルク全体の支援に多様性があることは重要であるが、支援における共通項について考えることも重要になろう。

　スタッフは「回復」のロールモデルでもありながら、自身も「回復」を紡ぎ続ける存在でもある。「スタッフとしての自己」の位置づけを模索することが、スタッフとしての「回復」に密接に関わってくる。そして、スタッフとし

ての「回復」のあり方によって，今後のダルクのあり方が変化する可能性がある。また，ダルクのあり方が変化することによって，社会における薬物依存からの「回復」の捉え方が変化する可能性が生じるといっても過言ではない。それゆえにスタッフの「回復」のあり方に関しては，考察をすべき課題が多く残されている。

　また，ダルク外での居場所の存在もスタッフの「回復」を論じるうえで重要になろう。cさんの場合であれば，大学進学によって増えた人間関係や家族との間で居場所ができ，「回復」に新たな展開が生まれたとも考えられる。そのような居場所の中で，cさんは「父親」などをはじめとした新たな役割を得て，「回復」にも影響があったともいえる。この点は，スタッフではないベテランメンバーの「回復」についても同様に重要な論点になる。たとえば，そのメンバーがダルク退所後に居場所を得ることができるのか，そのような環境が整っているのかという点が社会的な課題になっているといえる。つまり，ダルク外の居場所の存在は「他者共生」（ダルク関係者だけでない他者を含む共生）の中での「自己肯定」（新たな役割／自己の承認など）につながるとも考えられる。

　上記のように「スタッフとしての自己」のあり方やダルク外での居場所に関して，より詳細に論じていく必要があるだろう。それにより，ベテランスタッフの「回復」のみならず，ベテランメンバーやダルク退所者の「回復」についての理解も深まると考えられる。また，ダルクにおける薬物依存からの「回復」の多様性について，さらに記述できることにもつながるだろう。

　さて，ここまでダルクメンバーおよびスタッフの「回復」について論じてきた。その「回復」を支えるうえでダルクという場の重要性も浮き彫りにしてきた。他方で，「回復」を紡いでいくうえでの困難の存在についても示唆できた。そこで次章では，ダルクにおける「回復」を巡るコンフリクトについて記述していく。

註

(1)　本章では，実年齢ではなく，スタッフ経験の長短によってベテランと若手の区別を行っている。とくにベテランスタッフになると，組織の運営・管理に関する仕事を担うことになっていく。そのような仕事を担っているスタッフはXダルクに3名，Yダルクに1名在籍しており，その4名とも10年以上のスタッフ経験がある。

(2)　メンバーに対しては［生活歴，ダルク利用に至るまでの問題の経過，プログラム参加

の実態，現在の状態］，スタッフに対しては［勤務の実態，経歴，資格，業務に対する意識］などを調査項目に挙げている。なお，平井・伊藤（2013）における分析においては，「あなたにとって，薬物依存からの回復とはどのようなものですか」という質問項目のうち「薬物への欲求がなくなった状態（欲求消退）」「経済的に自立できるようになった状態（社会的自立）」「ありのままの自分を受け入れられるようになった状態（自己肯定）」「仲間の中で生きていくことの大切さを理解できるようになった状態（他者共生）」を対象に分析を行っている。これらの質問項目は「とてもあてはまる」「まああてはまる」「あまりあてはまらない」「まったくあてはまらない」の4件法で尋ねられている。

(3)　東京ダルク（2009）によると，薬物依存当事者としてメンバーのケアに関わっていくことに対して，「自分の回復の役立つ」（81%），「経験が役立つ」（86.9%）と多くのスタッフが自身の業務に関して肯定的に捉えていた。これらの点に関しては，市川（2010）や南（2015）でも確認できる。しかし，「自らの薬物再使用の危険性が高まる」（50.5%），「ストレスから身体的，精神的失調を来したことがある」（60.7%）と回答したスタッフも少なからずいる。「全国のダルクの平均像としては，1名の常勤職員を中心としてボランティア職員数名によって，5から10名の通所，入所，その他の啓発，事務，地域連携などの活動を行っている」（東京ダルク 2009: 23）と評されているようにスタッフの業務は多様であり，その量も少ないとはいえない。スタッフは日々のプログラムの運営，施設運営のための事務，ダルクの啓発活動，メンバー・その家族・相談者に対するケースワークなどの業務を日々行っている。しかし，ダルクの収入は多くなく，スタッフの給料も多くない。これらの状況を踏まえると，スタッフはみずからの業務が自身の「回復」につながるとポジティヴな面があると捉えながらも，その業務を遂行することで多くのストレスを受けるというネガティヴな面もあることがわかる。

(4)　なお，若手スタッフとして，Xダルクの3名の非常勤スタッフ，Yダルクの2名のボランティアスタッフが在籍している。

(5)　たとえば，南（2015）ではスタッフの業務を通じての「回復」が描き出されている。その1つとして挙げられるのが「昔の自分のフィードバック」であった。日々の業務の中で多くのメンバーと触れ合うことになる。その中で「昔の自分」について振り返る機会を得る。そのことによって，薬物依存に苦しんでいた「昔の自分」を思い返し，安定している「今の自分」がいることやそれを支えてくれる周囲に対して「感謝」をすることによって自身の「回復」を維持している様子が描き出されている。

(6)　障害者総合支援法に基づく就労継続支援のための施設である。障害などにより，企業と雇用契約を結ぶことが困難な者に雇用契約を結ぶことなく，就労の場を提供する。利用者は作業分の工賃だけ受け取るため，施設の中である程度自由に振る舞うことができる。

(7)　社会学における「当事者」に関する研究は中西正司・上野千鶴子（2003）を皮切りに積み重ねられてきた。薬物依存者の「回復」についても「当事者」研究から示唆を受ける点がある。上野（2011: 65-84）では，簡単には解消することができない「問題」を抱えながら生き続ける人々（「第一次ニーズの帰属主体」）を「当事者」と定義する。薬

物依存当事者の場合，依存薬物への欲求がその「問題」にあたるといえる。しかし，それでは依存薬物への欲求に対応することが「回復」の十分条件になってしまうことになる。一方，関水徹平（2011）は，「当事者」概念の認識利得を「問題」を引き受けていく主観的契機に求め，上野の定義はかえって「当事者」概念の適応範囲を狭くさせると指摘する。それを薬物依存当事者にあてはめて考えると，依存薬物への欲求への対応は「回復」の必要条件ではあるが，十分条件とはいえないという指摘になり，それは妥当であろう。「問題」は欲求だけではない。そして，関水は人々がある「問題」経験を自分自身のものとして受け止め，何らかの定義を試みていくさまそれ自体を当事者になるプロセスと主張する。薬物依存の場合，依存薬物への欲求に対応しながら，生きるうえでのさまざまな困難に向かい，人間的な成長を図ることを「回復」と位置づけ，多様な「回復」経験を積み上げることが薬物依存の「当事者」になるプロセスともいえる。

(8) その契機の1つとして考えられるのが，これまでの章でも触れてきた薬物事犯者に対する刑の一部の執行猶予制度の対応である。この制度はダルクが執行猶予期間の受け皿となることを想定しており，実際にそのことを承認し，対象者を受け入れ始めたダルクもある。しかし，法律上では違法薬物の再使用の通報義務を要請しており，ダルク関係者からはダルクの支援実践の基盤を崩すことになるのではないかと危惧する声も挙がっている。刑の一部執行猶予制度に対するダルクの向き合い方については平井（2017）を参照。

第9章

「回復」を巡るコンフリクト

1 「回復」における困難とは？

　アルベルト・メルッチによれば，現代の専門医療などの技術は「解決主義的アプローチ」に立脚して発展しているとされる（Melucci 1996 = 2008: 126）。「解決主義的アプローチ」とは特定の病因などを把握し，それについて有効な「解決」を図るものである。そのような状況の中で，その問題の当事者の声を「聴く」ことが見逃されていることについて警鐘を鳴らしている。それは薬物依存においても同様のことが指摘できる。薬物依存の病因などへの言及は以前からあったとしても，薬物依存当事者の声を聴くことについては見逃されてきたといえよう。たとえ薬物依存の病因が判明したとしても，薬物依存は人々に動揺を与え，生きていくことに対するさまざまな不安につながる経験となる。それに対して，これまでの章においてダルクは薬物依存になることによって生じる「不安を声にするための時間と空間」（Melucci 1996 = 2008: 126）をダルクメンバーに提供し，そのような声を聴く場所として存在することを記述してきた。

　まず，第4章では依存薬物の再使用を指すスリップを契機にして，薬物依存者がダルクにメンバーシップを得ていく過程を記述した。第5章ではダルクメンバーが「仲間」とともに「回復」を紡ぎ合う条件を描いてきた。第6章では，「今日一日」という「時間の感覚」をもとにダルクメンバーが「回復」を物語る様子を記述した。第7章では「棚卸し」と「埋め合わせ」を通して，薬物依存と認める以前の「過去」とそれ以後の比較的落ち着いている「現在」を接続して，「回復」を物語ることを記述した。第8章ではベテランスタッフの「回復」について論じた。これらの知見から，ミーティングをはじめとするダルクでの生活を通じて，薬物依存者であるダルクメンバーに「不安を声にするための時間と空間」が提供されていることがいえる。つまり，ダルクは薬物依存という「問題」の対処だけでなく，自身のこれからの生き方に伴う不安や希望をメンバーがともに聴く／語る場であることを確認した。

　このようにダルクはメンバーがもつ薬物依存を巡るさまざまな思いに対して「臨んで聴く」（Melucci 1996 = 2008: 130）場所として，薬物依存による「痛みとともにあるひとのかたわらにあることの力」（Melucci 1996 = 2008: 130）を備える場所として存在しているといえる。しかし，もちろんというべきか，ダルク

メンバーが「回復」を巡ってさまざまな困難に巻き込まれる様子も垣間見えた。たとえば，第5章では「仲間」に対して「回復」において好意的な意味づけを行ううえでさまざまな揺れ動きがあることが確認できた。それは仲間との関係性次第では「回復」にはつながらない，もしくは「回復」を阻害する可能性が生じるともいえよう。また，第6章ではdさんのように「今日一日」に沿った「回復」を物語ることが，メンバーにとっては困難かもしれないことが考察された。「今日一日」は薬物依存者に対して忍耐を要請する側面もあり，それに耐えられない場合も想定できる。そして，第7章では「棚卸し」や「埋め合わせ」自体を行うことが難しいこと，それらを行うことによりストレスが生じ，生きづらさを覚える可能性があることを確認した。ここで生じる生きづらさとしては，「棚卸し」や「埋め合わせ」を行うことができないことで，自身の「回復」に疑問が生じることが例として挙げられよう。最後に第8章では，セカンドアディクションとして薬物以外のものに依存した様子を記述した。ダルクでは薬物には依存していないが，ギャンブルなどの行為やその他の物質に依存することは「回復」に対して良い影響を与えるものではないと認識されている。上記のように，ダルクにおいて「回復」を巡ってさまざまな困難が生じる背景も垣間見える。

　第4章から第8章にかけて，ダルクの実践がメンバーの「回復」にいかに寄与しているのかについて確認してきた。他方で，第4章から第8章を記述するなかで，ダルクの実践がメンバーの「回復」を巡って困難を起こす可能性があることも示唆されたともいえよう。そのため，本章ではダルクの実践を巡って起こる困難を焦点にして，論述していく。具体的にいえば，第1に，ダルクメンバーは「回復」を巡ってどのような困難に遭遇し，それをどのようなものと認識しているのか。第2に，ダルクメンバーはその困難をどのように乗り越えようとするのか。第3に，その困難と「回復」はいかなる関係にあるのか，以上の3点を念頭におき分析する。その上で，社会において「不安を声にするための時間と空間」とそのような声を「臨んで聴く場」を維持するための条件について考察し，終章につなげていく。

2 データについて

本章で分析対象とするのはGさんである。Gさんは第5章および第6章で
も中心に扱った人物であり，ダルクにおける「回復」について考察するうえ
で示唆が多い語りをする方である。しかし，Gさんはあるときに困難に遭遇し，
心身に不調が生じてしまった。その困難状況について継続的なインタビュー調
査をすることができたため，本章での分析対象となるデータとする。以下では，
データ解釈を手助けするために，相良（2013b）および補論の内容を簡略化した
形で，Gさんのダルクに至った経緯とダルクでの生活状況について記述する。

　Gさんはある家庭の次男として，関東地方にある都市に生まれた。小学校1
年生のとき両親が離婚し，父と兄と3人で暮らすことになる。離婚の原因は定
かではないが，父の飲酒問題が原因ではないかとGさんは語った。新聞配達
員をしていた父の都合上，Gさんは関東地方の都市を転々としながら生活して
いた。

　中学校に進学したGさんは不良集団と交流をもつようになり，喫煙や飲酒
も始める。また，友人からの誘いで，シンナーの吸引も経験する。なお，高校
2年生のときにシンナー吸引時に体調を崩したために，それ以降吸引をやめた。
Gさんは勉強嫌いであり，中学校での成績は芳しくなかった。そのために志望
高校に合格できず，定時制高校に入学した。

　定時制高校に入学後は真面目に学校に通い，友人と楽しく生活を過ごしてい
た。高校3年生のときにはそのときの交際相手と同棲を始める。また，Gさん
はその交際相手が勤務していた水商売の店で勤め始める。だが，しだいに高校
に通わなくなり，結局退学する。友人から退学することを止められたが，それ
を聞き入れなかった。

　退学後，Gさんは同棲していた交際相手と別れた。その女性は店も辞めたが，
Gさんはその店で勤め続けた。その後，あとからその店に勤め始めたフィリピ
ン人の女性と交際し，20歳のときに結婚に至り，2人の子どもが生まれた。な
お，Gさんはその女性の勧めでセックスドラッグとして覚せい剤を使用するよ
うになった。Gさんの妻は妊娠を機に覚せい剤の使用の離脱を試みたが，G さ
んは使用を続けた。そのためにGさんはしだいに生活に支障をきたすように

なり，家庭生活も破綻した。それでも覚せい剤の使用を止められないGさんは，転売目的の窃盗や「当たり屋」（故意に交通事故などを起こし，損害賠償を得ようとする行為）などの犯罪行為を繰り返すようになり，その後10年間で5回服役した。なお，一度目の服役（Gさんが20代後半の頃）の際に離婚をした。結婚生活は7年間であったが，最初の1年間を別にして，計6年間は覚せい剤に溺れた。その期間は短気な性格などがもとで家族を傷つけ，かなりの迷惑をかけたとGさんは語った。なお離婚後，妻と息子には一切会ってない。

　5回目の服役後，担当弁護士のおかげで仮釈放の身元引受人を兄に頼むことができた。それまで兄とは連絡をとっておらず10数年ぶりの再会になった。他方，父親とは連絡がとれない状況になっていた。兄は結婚をしており，家庭があったため，Gさんはそこでは生活できなかった。そのため，GさんはXダルクに入所することになった。

　Xダルクに入所後も右肩上がりのような「回復」を経験したわけではなく，スリップを何度か経験してきた。他方で，Gさんは仲間との関係によって「回復」がもたらされたと捉えており，また「今日一日」を積み重ねることで「回復」を紡いできた。GさんはXダルクで2年過ごし，その後Yダルクに転所することになった。GさんはYダルクでも順調に過ごし，専門学校の食堂でのバイトをするまでに至った。そのバイトに関しては数カ月ほどで退職することになったが，その後ハローワークの紹介でヘルパーを養成する専門学校に通い，資格を得た。そして，介護職を目指し，高齢者関係の施設でボランティアをしていた。しかし，その施設では就労に至らなかった。そのような最中，Gさんはおもに精神面での不調を訴えるようになった。それが2013年8月頃である。分析ではそれ以降のデータをもとに論じていく。

3 データの検討

[1]　Gさんが遭遇した困難

　Gさんが精神面での不調を訴えるようになって以降，Gさんに対して9回のインタビューを行ってきた（2013年11月，2014年2月，2014年6月，2014年8月，2014年11月，2015年5月，2015年12月，2016年5月，2016年10月）。

まず 2013 年 11 月のインタビュー時に G さんは精神面での不調を訴えていた。それは昔から続く短気な性格などの自身の欠点，そのことを正直に仲間に話さないことなどに起因するものであったと G さんは捉えていた。G さんは「もうまいっちゃったんですよね，自分のやっていることを」と語るほどであった。そのような状況を今まで経験してきたプログラムやスタッフと仲間からの助言をもとに乗り越えようとしていた。しかし，状況は改善されず，2014 年 2 月のインタビュー時点で主治医からうつ病と診断された。

　G さんはうつ病と診断されてから処方薬を服薬するようになるものの，やはり心身の調子が変動しやすく，安定はしなかった。その変動は各回のインタビューでも確認できた。G さんは 2014 年 2 月のインタビューにおいて，以下のように語る。

> G：自分がみんなと一緒に生きていくのがこう傷ついちゃって，どうやって生きたらいいのかっていうか，止まっちゃったみたいな感じ。
>
> （略）
>
> G：生きるのが，なんっていうんだろうな。なんて表現したらいいんだろうな。生きるのが嫌になった。自覚はしてないんだけど，生きるのが嫌になったって表現に似ているかな。
>
> （2014 年 2 月 19 日 G さんインタビュートランスクリプトより）

　ここで重要なのは G さんが「みんなと一緒に生きていくのがこう傷ついちゃって」，また「生きるのが嫌になった」と発言している点である。うつ病の症状からこのような発言に至ったとも考えられるが，これまでの章で記述してきた内容のように，G さんは「回復」における仲間の重要性や生きることへの希望を語り続けてきた。その点から考えると，大きな展開であると考えられる。そのため，うつ病の症状だからと安易に片づけずに，上記のような語りが展開された背景について慎重に検討する必要があろう。そこで，次に G さんがうつ病に至った要因をどのように捉えているかについて検討していきたい。

[2]　G さんが考える困難の要因

　G さんによって語られたうつ病になった要因はおもに 2 つある。1 つはダル

クの仲間との関係性，とくに仲間との距離感の問題がある。たとえば，下記の
語りがその例である。

> G：（略）（仲間に対して）配慮したり，最善，まあ愛情とか善意とか良心で最
> 善を尽くしても，こうやって相手にとったら傷つけることになってしまう
> んだってなっちゃって。そしたら，じゃあどうやったらいいのでしょうか
> みたいになっちゃったんですね。そしたら，仲間との会話とかスタッフの
> 分かち合いとかでも，行動ができなくなったんです。あれ今までこうプロ
> グラムやってきて，もういっぱいっていうか，いろんな何だろう，こう生
> き方，教えてもらったり，こう分かち合ったりしてこう，言い方おかしい
> かもしれないけど，使ってきたんだけど，それでもこう結果はこういう結
> 果になることもあるんだってなっちゃったら，こうパニックみたいになっ
> ちゃって。こうやって会話することも，こうできなくなっちゃって。行動
> することもできなくなっちゃって。（略）

（2014 年 2 月 19 日 G さんインタビュートランスクリプトより）

　このとき G さんはあるドラマを視聴したことをきっかけにして，上記のよ
うな思いに駆られたという。自分が善意をもって他者に対して尽くすことが，
必ずしも相手にとって良いことにつながるわけではなく，逆に傷つけてしまう
可能性があると感じたと語る。また，善意をもって相手に尽くすこと自体が，
相手の意志に沿ったものではなく，G さんが自己中心的に行ったことなのでは
ないかと疑いをもってしまったとも語る。そして，そのような行動をダルクの
中でも行っていたと思い当たる節があるとも語っていた。
　G さんは，第 5 章で記述したように仲間との関係性の中で「回復」が生じる
と考えている。それゆえに仲間の「回復」に対して貢献することを目指してい
る。しかし，その貢献が，逆に仲間を傷つけることに，またその貢献を行うこ
と自体が自己中心的な行為ではないかと感じ，身動きがとれなくなったと語る。
G さんにとって仲間を傷つけることや自己中心的な行動は，薬物依存と認める
以前の「過去」の自分が行ってきたこと（たとえば，家族を傷つけてきたこと）で
あり，混乱を生んでしまったとも考えられる。いわば，第 3 節［1］で触れる
ような自分の欠点を露呈し続けている状態ともいえよう。また下記のように G

さんはこのような状況を「囚われ」（特定の存在や関係性に過度に囚われているような状態を意味するダルクのジャーゴン）と表現し，薬物依存の症状の一種として考えている。

> G：それでまたこう，<u>囚われっていうんですか，この病気の症状なんですけど</u>，もう自分でもびっくりするくらいこう，するんですよね。最近わかってきたんですけど，自分で囚われると考えたり，思ったりしてるんですよね。でさっき話してくれたようなことがあると，なんだろうな，ちょっと具体的じゃないかもしれないけど，いいのかしらとか，後で何か言われたりするのかしらとか，そういうふうに思ってるのかしらとか，<u>良くないこと思う，考えるんです。それがグルグルグルグルまたこう出てくる，出てくる</u>っていうか考えちゃうんですね。思うんですね。
>
> （2014 年 2 月 19 日 G さんインタビュートランスクリプトより）

　結論を先取りするが，G さんが上記のように語る「囚われ」は，仲間やスタッフとのやりとりの中で解決の方向が見出されていく。しかし，ダルクにおいて「回復」に向けて仲間との関係性を重視するうえでは，逆に G さんが言うような「囚われ」が起きてしまう可能性が示唆される。つまり，仲間との関係性によって「回復」していくこともあるが，仲間との関係性によって「囚われ」という困難状況に陥ってしまうことも考えられるのである。
　そして，もう 1 つの要因として考えられるのは「頑張りすぎた」ことである。とくに下記の語りのように，G さんは就労や退寮を目指すうえで「自分の気持ち，こう後まわし」にしたことがうつ病につながった要因と捉えている。

> ＃5：あー。あの，そもそも，原因とかわかるわけじゃないと思うんですけど，うつになったのって，なんでか，なんでだと思います？
> G：もしかしたら，<u>頑張りすぎたのかもしれないです。</u>
> ＃5：たとえばどんなことですか。
> G：そんときは，まぁ。プログラムもしてたし，NA も通ってたし，遠いところとかも。あとは，ボランティアをしてて，介護の。その介護の練習とか勉強したりとか。うーん，あとは，こう自分のこともしたりとか，自分

のケアもしたりとか。うーん。あとなんだろ，こう，アディクションの，こうなんていうんでしょうね，リハビリするために，いろいろ書いたり読んだり，とかしてて。寝る時間も，こう削ってまでやってたりとか。自分の，なんだろなー。自分の気持ちも，こう後まわしにしてやったりとか。うーん。

(2014年8月1日Gさんインタビュートランスクリプトより)

　第2節で記述してきた通り，Gさんは長年ダルクの寮で生活しており，2013年頃から退寮を目指すようになっていた。就労によって完全に生計を立てていくことを目指していたわけではないが，一人暮らしをするなかで自分なりのペースで就労し，ダルクやNAにも定期的に通うことができることを目指していた。つまり，Gさんは下記のような「普通」の生活を，退寮した後でも実践することを望んでいた。それは，薬物依存と認める以前の過去においてはできなかった，将来への希望を物語ることができたことも意味するであろう。

　G：普通にすることですかね。朝決まった時間に起きて，朝食をとってとか。デイケアに通ってとか。バイトするならバイトしてみたいな。昼は決まった時間に昼食をとったり。後は仕事とか終わったらNAに行って，帰ってお風呂入って寝るみたいな規則正しい生活っていうんですかね。普通の。みながやってるような生活をすることが楽しみですね。これといって，たとえば旅行が楽しみだとか，自分の趣味を没頭するのとかそういうのが楽しみじゃないんですよね。

(2015年12月26日Gさんインタビュートランスクリプトより)

　ダルクはあくまで「回復」に向けたリハビリテーションを行う施設である。それゆえにYダルクでもGさんに対しても退寮後も「普通」の生活を送ることができるようなさまざまな働きかけをしている。その一環として，もちろんGさん自身が希望したことであるが，食堂でのアルバイト経験や介護施設でのボランティア経験を積むように促した。下記のようにGさんとしてはダルクを退寮し，介護施設でパートをしながら，ダルクやNAに通うという「普通」の生活を送ろうとしていた。しかし，それは叶わなかった。

G：そうですね，なんかやっぱり向こうの，責任者の人も，なんか眠そうだ
ったり，うーん。ちょっと注意力がなくなったりしてる，っていうことは
言われましたね。はじめからフルタイムは難しかったのかしら，なんて言
われて。自分ではまったくわかんないんですけど，まっ，とにかく。えー
と，ボランティア3カ月やらしてもらって。で，それで就職さしてもらっ
て。で，それでこう退寮できる，みたいな。図がね，こう，もってたから。
うん。自分のこう，なんでしょうか体調だとか，自分の感情とか，大切に
大事にしないんで，突っ走ってたんで。

　　　　　　　　　　　　　（2014年11月25日Gさんインタビュートランスクリプトより）

　Gさんはボランティアを3カ月行い，職場に慣れたところで就職し，ダルク
からも退寮をするという図を描いていた。しかし，ボランティア先の施設から，
Gさんに対してさまざまな指摘が入った。その指摘を理解し，修正できれば良
かったが，Gさんにとっては難しいものであった。それゆえに就職は難しいと
施設側から判断された。また，Gさんはボランティアと並行して，ダルクのプ
ログラムや日常の家事などを同時に行っていた。その日々の中で，自身の体調
や感情を大切にしない状況が続き，心身が不調になってしまったGさんは認
識している。

[3]　Gさんが行った困難の解消実践

　Gさんが抱えてきた困難の要因をまとめると以下のようになろう。第1に仲
間との距離の問題である。ダルクにおける「回復」に向けた支援の上では仲間
の存在は重要なものであるが，仲間との関わり方によっては困難が起きること
が示唆されるものである。第2に「普通」の生活を送るという希望を叶える過
程での無理である。ダルクは「回復」に向けたリハビリテーションを行う施設
であり，メンバーがダルク外でも「回復」できるようにさまざまな働きかけを
行う場所でもある。Gさんの事例は，その働きかけによって，困難を抱えてし
まった事例として見ることができるだろう。そして，この項ではGさんが行
ってきた困難の解消法について記述する。

　まず挙げられるのが，「自分に正直になる」もしくは「自分のことを大切す

る」ことである。たとえば，下記のように，仲間に対してどのように接すれば
よいのかわからなくなった状態，また「普通」の生活を送ることを目指して無
理している状態を「自分に対して正直ではない」状態と認識し，それから脱す
るように「自分のことを大切」にするように試みる。また，そのような実践を
仲間から提案されていることも特徴であろう。仲間との距離に困ったことを，
仲間に打ち明けることによって，「具合の悪さ」という困難を解消しようとし
ている。なお，それはたとえ仲間に対する悪い感情であっても正直に打ち明け
ることが目指されている。

G：(略) 仲間が教えてくれたっていうか，聞いたらそんなことしなくてもい
　　いんだって。うん。具合悪いんだから休んでればいいんだ。うん。自分は
　　仲間のことを大切にしてくれるけど，自分のことを大切にしてればいいん
　　だって言ってくれたことがあったから。

（2014年2月19日Gさんインタビュートランスクリプトより）

　Gさんは「自分のことを大切」に扱い，実際に休むことを選択したが，状況
は徐々にしか快方に向かわなかった。休むことについて語られた2014年2月
のインタビューから，2016年10月のインタビューまでの期間においても，心
身の状態は波を打つように変化している様子がうかがえた。しかし，その中に
おいてもGさんはスリップに至ることはなかった。実際にはとくにアルコー
ルに対する欲求が高まることはあったが，これまでの章で描いてきたようにダ
ルクのプログラム，「今日一日」を意識した生活などの経験により，薬物に依
存することよりも仲間と一緒に生活することの楽しさを知ったからとGさん
は語る。仲間への「囚われ」などによって楽しくないときもあるが，薬物に依
存しているときよりも良い生活になると語る。

G：ミーティングやってるときとかね，仲間のバースデイ（依存薬物を止めた
　　日を意味するダルクのジャーゴン）のときとか。うーん，あと。最近はお風
　　呂とかも楽しい。普通にね，寝てるときとかも楽しいし。あと楽しくない
　　ときとかあるじゃないですか，仲間に囚われたり，自分，んー，自分はこ
　　れでいいのかなーなんて。楽しく，そのときは楽しくないんですけど，で

も，覚せい剤真っ只中で使ってたときより，アルコールと，よりはもうこっちの方が（略）もう，良い。うん。です。

（2014 年 11 月 25 日 G さんインタビュートランスクリプトより）

　G さんはこの困難によって「普通の人間みたいなってきて」良かったと語る（2014 年 11 月インタビュー）。そして，ダルクの中で「普通の人間」として仲間と生活を送ることは，アルコールや覚せい剤を使用し続けていた生活よりも「良い」ことであると G さんは認識している。そのため，時には仲間に「囚われる」こともあるけれども，長期的な観点で見たときに薬物の使用に至らない方が幸福でいられることを語っている。自身の生い立ちから考えても，誰かと一緒に生きることによる楽しみをダルクではじめて味わうことができたため，ダルクでの仲間に対する「囚われ」という困難を一時的なものであるとして捉えていることを推測できる。

　最終的に G さんはダルクを退寮し，2016 年 9 月から一人暮らしを始めた。その前後の時期より，心身の状態は良くなったと語っている。現在 G さんは，朝は自宅で過ごし，ダルクに通い，夜は NA に出向き，家に戻って余暇を過ごすという「普通」の生活を過ごしている。また，その中で時折寂しさを覚えることはあるが，物理的にも距離が離れたため，仲間に対して過剰に気を使うことがなくなったとも語る。もちろん仲間との関係性が完全に途切れたわけではなく，上記のようにダルクや NA に通所することによって，必ず仲間に会えるという点で安心を覚えている。

　G さんは 2013 年 8 月頃より，退寮して一人暮らしをすることを求めていたが，それがやっと叶ったといえる。さまざまな状況が重なり，一人暮らしに至るまでかなりの紆余曲折があったと考えられる。そのことに対して，G さんは早くダルクを退寮したいと思っていた時期もあったが，下記のように，それをハイヤーパワーの計画の一部として認識している。

　G：ま，さっき話した「（仲間と）関わってみようかなー」に，からきてるんだと思うんです。知りたくなったというか，仲間のことを知りたくなった。その人のことを知りたくなった，みたいな。ま，関係性を作りたい。なんでそうなったのかは，わからないんだけど，たぶんハイヤーパワーたちが

第9章 「回復」を巡るコンフリクト　155

用意してくれた，計画的な一部だと思うんですけど。(略)

(2014年8月1日Gさんインタビュートランスクリプトより)

　一人暮らしをしたいという自分の希望が叶わない状況にいることでストレスが溜まっていたとはいえるであろう。しかし，ハイヤーパワーという概念を通じて，ダルクにとどまることを仲間に対する「囚われ」についてじっくり考える契機として捉え直したともいえる。そのことによって，結果的にGさんにとって仲間との関係性について考えることにつながった。Gさんがもつ「回復」のイメージは時によって異なっているが，2014年8月のインタビューでは「回復」は人間関係のあり方の変化という語りがあり，そこから考えると，困難が「回復」をより強固なものにするというイメージをもつことにつながったともいえよう。

　ただし，上記のような状況に至るうえで諦めの気持ちがその要因にあったことも指摘できる。Gさんは他の仲間やスタッフからもダルクという場所に居すぎたのではないかと言われることがあった。Gさんとしてもタイミングが合えば退寮したいと思っていた。しかし，担当の生活保護のケースワーカーにより「ゆっくりすること」を提案されたという。そのケースワーカーからはダルクに居続ける期間は提案されていないが，Gさん自身は2年居なくてはいけないと感じていた。つまり，ダルクでの生活をしばらく続けざるをえないという諦めでもある。しかし，いつかは退寮するということを見据えながら，ダルクで生活していた。

G：2年とは言われてないですけど，「ゆっくりしてってください」ってことは自分で判断して後2年は居なきゃいけないのかなって。でも，居続けなきゃいけないってのは思ってないですね。いつかは退寮…

#4：できるだろう…

G：そうですね。していくんだなっていうのは。

(2015年12月26日Gさんインタビュートランスクリプトより)

4 薬物依存からの「回復」を巡るコンフリクト

[1] ダルクにおける「回復」を巡るコンフリクト

　第3節においてGさんがダルクの生活においていかなる困難を抱え，その要因をどのように捉え，どのように解消しようと試みたのかについて記述してきた。Gさんが直面した困難はいわばダルクにおいて「回復」を紡ぐうえで直面してしまうコンフリクトとも言い換えることができる。それではGさんは「回復」を巡り，どのようなコンフリクトに直面してきたと考えられるだろうか [1]。

　まず仲間に関する態度，信念や行動におけるコンフリクトについて指摘できるだろう。Gさんのライフストーリーから鑑みるに，薬物への依存が進むごとに家族や友人などの周囲の人々から孤独になった様子がわかる。そして，Gさんはダルクでの生活を通じて，はじめて他者（ダルクの仲間）と生きていく喜びを知ったと語った。しかしながら，仲間との関係性が深まっていくと今度はその距離感が問題になり，困難状況に陥った。つまり，一方では仲間とともにいる，近づいていくという「回復」に向けた実践を促し，他方では仲間との距離感を考える，少し遠ざけていくという「回復」に向けた実践を促していた。そのためYダルクは仲間に対する態度，信念や行動について矛盾することをGさんに求めたことがあったともいえる。

　また，将来に向けた希望に関する態度，信念や行動におけるコンフリクトについても指摘できる。GさんはYダルクを退寮し，一人暮らしをしながら「普通」の生活を送ることを望んでいた。その目標の上でYダルクは就労先を探すなどの働きかけをGさんに対して行い，「頑張る」ことを促していたといえる。他方で，就労移行がスムーズにいかず，Gさんが困難状況に陥ったときにYダルクはGさんに対して「頑張らない」ことを促し，Yダルクでの入寮継続に至ったともいえる。つまり，一方では将来の希望に向けて「頑張る」ことを促し，他方では「将来の希望」に向けて焦らずに「頑張らない」ことを促していた。そのためYダルクは将来に向けた希望に関する態度，信念や行動についても矛盾することをGさんに求めたことがあったともいえる。

　これらのコンフリクトはYダルクでの生活を通じて生じたものといえるが，

他方でYダルクでの生活を通じて解消されてきた。Gさんが語っていたように仲間に教えを乞うこと，ダルクのプログラムを実践し続けること，ハイヤーパワーなどのダルクで流通している概念を駆使して「回復」を継続しようとすること，などを通じて困難状況を乗り越えようとしていた。

[2] 「回復」を巡るコンフリクトを抱えられる社会とは

　ここで考えたいのは，ダルクという場所があったからこそ，薬物依存者が「回復」を巡るコンフリクトに直面したという点である。そもそもダルクは，社会の中でその存在を排除されてしまう状況下において，薬物依存者が生きる場所を求めたことから創設された。近藤（2009）によると，ダルクの設立背景には薬物依存者を「落伍者」や「逸脱者」と見なす世間からの厳しいまなざしの他に同じ依存症者であったアルコール依存者からも薬物依存者は「回復」しないというまなざしがあったとする。薬物依存者であった近藤は世間からは「逸脱者」とカテゴライズされ，また同じ「依存」という問題を抱える人々からも見捨てられたという感覚を覚え，そこで自身が生きやすい場所を作るという目的のもとダルクを作り上げた。ダルク設立以前においては，薬物依存者の「回復」におけるコンフリクトさえも起きなかったともいえよう。

　そして，ダルクにおける薬物依存からの「回復」を巡るコンフリクトは，ダルクの実践において重要なものとなる。Gさんは自身が経験したコンフリクトを自身の「回復」の過程として捉えているといえる。またダルクも，「回復」はメンバーの数だけ存在すると捉えているように，働きかけによってはメンバーがコンフリクトに陥り，それが「回復」につながっていくことも想定していると考えられる。つまり，薬物依存者の「回復」を巡るさまざまなコンフリクトを抱え込むことができる場所としてもダルクは存在するのである。ダルクに入所しても，まっすぐに「回復」に至ることはなく，入所期間を最初から決めることはできない。

　他方で，薬物依存者の「回復」を巡るさまざまなコンフリクトがダルクメンバーに困難を生んでしまう可能性についてはさらに考察が必要になろう。困難状況が「回復」の資源になることはこれまでも確認できたことではあるが，やはり困難状況が「回復」の道から逸らしてしまう可能性があることも否定はできない。結果論ではあるが，Gさんはダルクを退所して，一人暮らしになった

ことにより困難状況から脱したともいえ，ダルクに入所し続けることでコンフ
リクトが解消されなかった可能性がある。

　ある意味でダルクには奇妙な構造があるといえる。それは，ダルクは薬物依
存者の「回復」を巡るコンフリクトを生み出し，そのコンフリクトを抱え込み，
そのコンフリクトを解消するという構造である。これはダルクが薬物依存から
の「回復」を巡るコンフリクトを抱え込むことにより，「回復」に向けた支援
が可能になっている可能性があるといえる。つまり，ダルクメンバーが自身の
「回復」を考えているからこそ，ダルクから容易に抜け出せなくなるような構
造にもなっているのではないだろうか。

　もちろん，それはダルクが意図して行ったわけではない。むしろ，ダルクメ
ンバーにとって薬物依存からの「回復」を巡るコンフリクトを抱えても生活で
きるような場が社会にはあまりないという状況下が問題なのではないだろうか。
つまり，ダルクメンバーにとって，自身の「回復」を紡いでいく場としてダル
ク外の社会に対して不安を抱いている状況ともいえよう。より具体的にいえば，
ダルクを退所してからの生活を支える制度的な仕組みが整えられていない，う
まく活用できていないことも問題となろう。この点に関しては福祉に関する制
度を十分にカバーしたうえで慎重に論じる必要がある。

　また，薬物依存者をはじめとする，「回復」という概念に一抹の希望を抱く
人々が安心・安全に生きていくためには，その人々の「回復」を巡るコンフリ
クトを抱える／解消するという条件を達成することが必要になろう。つまり，
社会においてさまざまな「不安を声にするための時間と空間」とそのような不
安を「臨んで聴く場」を出現させる条件としては生きていく過程において生じ
たコンフリクトを抱える／解消することを挙げられる。それについては終章に
おいて，これまでの調査結果を踏まえたうえで，社会内において薬物依存から
の「回復」を支える条件について考察する。

註

(1)　このようなコンフリクトを考察するうえで，社会学的アンビバランスという概念を参
　　照した。マートンによれば，社会学的アンビバランスとは広い意味で「社会における地
　　位ないし地位群に伴う態度，信念および行動の相矛盾する規範的役割」（Merton & Barber
　　1963 ＝ 1969: 376）である。つまり，このアンビバランスはある種の生きづらさを生んで
　　しまうものでもある。たとえば，佐藤恵（2013: 130-132）では犯罪被害者が被害経験か

らの「回復」過程において抱えてしまうアンビバランスについて描き出している。それは被害経験を乗り越えるための「克服」と逆に被害経験のことを忘れずにしばらくはとどまっているべきではないかという「悲嘆」を同時に要請されることを指す。その中で犯罪被害者は窮屈な思いをしながら生きていくことを強いられる可能性があるといえる。ダルクの文脈に添って考えると，ダルクにおける「回復」に向けた実践がメンバーに対してアンビバランスを与えてしまうことが想定できる。

終章

「回復」を支える社会のあり方

1 「回復」を巡るコンフリクトへの対応

　本書では薬物依存からの「回復」とはいかなるものかという問いを設定し，〈止める－プロセス〉の視点に基づき，XおよびYダルクにおけるフィールドワークを通じて，その問いについて考察してきた。その中でダルクは薬物依存によって生じる不安を語る／聴く場であることをデータに即して示してきた（第4章，第5章）。そして，ダルクメンバーの「回復」について，ナラティヴを焦点にして描いてきた（第6章，第7章，第8章）。そのような「回復」は薬物依存がまったくなくなってしまうような回復（resitution）ではなく，ダルクメンバーのそれぞれが新たな生き方を展開するための探求の過程ともいえる（Frank 1995 = 2002: 163-190）。より詳細に述べるならば，ダルクにおける薬物依存からの「回復」とは何かによって生かされているという感覚の中で，薬物依存によって生じる不安を解消しつつ，自身を落ち着かせながら今後の生き方を模索していくプロセスであったと結論づけることができる。その「何か」とは時に仲間，時にハイヤーパワーなどを通じて現れる「自分より偉大な力」を指す。言い換えるのであれば，「何か」には目に見える仲間のような語りの聴き手や目には見えないハイヤーパワーなどによって見出される物語資源の2つの層があり，それらに身をゆだねることができるなかでダルクメンバーの「回復」が紡がれていると考えられる。

　このように薬物依存者として自身をカテゴライズする前は生活のあらゆる側面を主体的にコントロールしながら生きてきたのに対し，「回復」は「何か」に身をゆだねることをもって薬物依存者にとって生きていくことを楽にする概念であるともいえよう。しかし，とくに第9章で示したようにダルクでの生活においても，「回復」は右肩上がりに展開するものではなく，むしろコンフリクトを伴いながら紡がれていくことも明らかになった。そのことは「回復」を紡ぐうえで，ダルクと語り手であるダルクメンバーの間にも緊張が生じる可能性があることを示唆している。第9章でGさんが経験したコンフリクトはダルクからの退所を検討する段階で起きたものである。

　これまでの章でも触れてきた通り，ダルクにおける「回復」に向けたプログラムは，自分は何かによって生かされているという感覚の中で「回復」を紡ぎ

出すことを促しているといえる。しかし，ダルクを退所して生活していくうえ
では，自分でどうにかして生きていくことを強く求められる場面もある。いわ
ゆる自立生活を送るときに，自分でさまざまなことをコントロールしながら生
きていかなくてはならないことが多い。睡眠時間，食事，仕事，人間関係など
配慮しなくてはいけないことは多くなっていく。つまり極端にいえば，ダルク
の中で仲間やハイヤーパワーなどの「何か」に身をゆだねて生活しているが，
ダルク外ではみずからが主体的に生活をすることが求められ，その中で「回
復」を巡るコンフリクトが生じるとも考えられるのだ。

　このように，ダルクにおいて「回復」を紡ぎつつも，どこかで暗礁に乗り上
げてしまうしてしまう可能性があるともいえる。たとえば，第6章のdさんや
第8章のcさんのようにダルクのプログラムを活かし，ダルク外での生活にお
いても薬物依存に伴う不安に対処しながら生活することも可能であろう。他方
でGさんのようにコンフリクトが生じる場合もある。それではダルクで生じ
た「回復」を巡るコンフリクトに対してどのように向き合っていけばよいので
あろうか。そこで本章では本書のまとめとして，薬物依存からの「回復」を巡
るコンフリクトへの対応について社会学の立場から考察し，「回復」を支える
ための社会のあり方について論じる。

2　「回復」を物語るための「接ぎ木」

　ダルクで起きた「回復」を巡るコンフリクトは，ダルクの共同体の物語とダ
ルクメンバーの個人の物語との間で起きたせめぎ合いの中で生じたものとして
捉えることができる。そのようなせめぎ合いへの向き合い方の1つとして考え
られるのは「回復」を語るうえでの「接ぎ木」の存在である。櫻井龍彦は，あ
る環境のもとでその成員の多くによって繰り返し語られるという共同体の物語
（community narrative）とその成員が個別にそして独特に語るという個人の物語
（personal narrative）という概念（Rappaport 1993）を焦点においた森田療法に関す
る一連の研究の中からこの概念を見出している（櫻井 2014, 2015, 2016, 2017）。こ
こでいう「接ぎ木」とはさまざまな医療や支援などを受ける経験やさまざまな
人との出会いによる経験から抽出される物語資源を指す。

森田療法とは神経症を対象とする精神療法の一種である。ここでいわれる神経症とは，社交不安障害といった病気カテゴリも含んでいるが，「程度の差はあれ誰もが抱えているような（あるいは抱える可能性があると思えるような）不安や葛藤が先鋭化したものにほかならない」（櫻井 2014: 32）としてより包括的なものとして捉えている。その上で，森田療法では不安や葛藤を解消するのではなく，あるがままに受容し，それらを抱えながらでもすべきことをこなせるようになることを目指される。森田療法ではそのような状態を「あるがまま」や「目的本位」と称し，その中で不安や葛藤には囚われないようになることを回復と定義している。その点ではダルクにおける「回復」とも類似している（依存薬物に対する欲求を認めながらも，それを使わない生活を目指すこと）。

　「あるがまま」や「目的本位」を目指すということが，森田療法における共同体の物語である（櫻井 2015）。そのような共同体の物語が集中的に語られる場として存在するのが，森田療法における全国組織である「生活の発見会」が組織を束ねている「集談会」である。集談会では全国各地に存在し，発見会のメンバーは最寄りの地域の集談会に参加し，お互いの症状や悩みなどについて語り合い，また森田療法の理論について学び合うなどの活動を行っている。集談会はセルフヘルプ・グループとも言い表すこともできるが，「言いっぱなし，聞きっぱなし」の雰囲気とは異なり，そこはダルクとは異なる性質である。

　櫻井は集談会でのフィールドワークを通じて，森田療法の共同体の物語がもたらす意図せざる結果について以下のように言及する。それは共同体の物語を絶対視することによって，不安や葛藤との折り合いがつけにくくなってしまい，集談会参加者の回復をかえって阻害する可能性である（櫻井 2015）。回復がなかなか展開しないことの要因を，森田療法に対する理解不足とすることもできる。しかし，理解が十分であったとしても，回復を紡ぐことができないというケースもおおいにありうる。そのようなケースに対して，共同体の物語を紡ぐような要請を強く行ってしまうことによって，その共同体と参加者との間に緊張関係をもたらす可能性もあろう（櫻井 2016）。また，森田療法を基盤としながらも他の物語資源をもって回復を紡いでいる人々が集談会に参加したとしても，自分の回復の核心については沈黙せざるをえなくなり，その参加者が孤独な状況に至ってしまうこともある（櫻井 2017）。

　その上で，櫻井は森田療法だけでは回復に至らなかったという趣旨の個人の

物語を語る人々に焦点を当てている。櫻井は森田療法における回復は単にその共同体の物語への素朴な同化を意味するのではなく，時には複数の他の物語資源を活用することで起きうるとも主張する。そして，森田療法に触れることによって得られた気づきや安定を基盤としながらも，内観療法や認知行動療法などの治療法，宗教からの学び，自然農法への取り組みなどによる他の社会的媒介によって個人の物語として回復を紡いでいる参加者の様子が櫻井の一連の研究で描かれている（櫻井 2015, 2016, 2017）。つまり，森田療法を前提としながらも他の物語資源を「接ぎ木」することによって，回復を紡ぐ様子が記述されている。

　そして，櫻井はその「接ぎ木」によって回復が紡がれる様子を記述することによる臨床的な意義について以下のように述べている（櫻井 2014）。まず，社会にある回復観を揺さぶることである。社会にある回復観の多くは不安や葛藤がまったくなくなるという原状回復的な意味が込められるものである（Frank 1995 = 2002: 111-138）。しかし，森田療法における回復はそうではなく，不安や葛藤を抱えながらも新たな生き方を探るものでもある（Frank 1995 = 2002: 163-190）。そのため，慎重に検討する必要があろうが，参加者の回復をつぶさに記述することにより社会にある回復観に影響をもたらし，参加者の多様な回復をより保障できるようになる可能性もあろう。また，森田療法における回復観にも影響をもたらし，そのことによって参加者が回復を紡ぐうえでのヒントにつながりうるということも社会学による臨床への貢献の1つとしている。つまり，参加者が自身の回復を紡ぐうえで暗礁に乗り上げたときに，次の展開のための選択肢を提供するということである[1]。

　このような櫻井による指摘は，ダルクにおける「回復」を巡るコンフリクトについて考察するうえで重要なものになる。まず，ダルクにある物語資源だけでは「回復」を紡げなくなってしまうメンバーが存在する可能性である。Gさんのようにダルクにある物語資源をもとに自身の「回復」を紡ぎ続けようとしながらも，それが難しくなってしまうメンバーはいないとはいえないだろう。また，第2章で記述してきたように重複障害や重複依存を抱えるメンバーにとってはダルクにある物語資源だけでは「回復」を紡げないことは想像可能であろう[2]。

　ただし，ダルクはあくまでリハビリテーション施設であり，終の棲家ではな

いとされる。それゆえに，ダルクの物語資源だけでは「回復」を紡げないのは何もおかしいことではない。また，重複障害や重複依存を抱えるメンバーに対してだけではないが，認知行動療法をもとにしたプログラム[3]やエンカウンターグループ[4]などの心理療法，就労継続支援B型事業所として就労プログラムの提供などを行うダルク[5]が近年増えつつある。つまり，事務手続きなどの業務が増えるという点は否めないが，ダルクにおいてもダルクメンバーの「回復」のための「接ぎ木」が用意されつつある。つまり，ダルクの中で自分は何かによって生かされているという感覚の中で生きつつ，自分でどうにかして生きていくための方法を試すことができる環境が整えられつつあるともいえる。第8章でも言及したように，実際にダルクにおいても専門的支援の必要性も問われているが，そのような支援を受ける経験を通じて「接ぎ木」が得られるような試みがなされつつあるともいえる。

　しかし，問題となるのはダルクで紡いできた「回復」を「接ぎ木」できるような物語資源がダルク外にはあまり存在しないという点である。これは第2章で記述してきた退所後の問題にとくに関わってくる。Gさんの「回復」を巡るコンフリクトが生じたのは，退所の直前，つまりダルク外における生き方に直面したときである。自分でどうにかして生きていくことが強く求められる，つまり自分が主体的に生きていくことを求められるなかで，これまでに自身が紡いできた「回復」との接続がなかなかうまくできなかったとも指摘できる。ダルク外において自身の「回復」をメンテナンスする場所としてNAなどのセルフヘルプ・グループなどは存在するが，自身の「回復」に新たな展開をスムーズにもたらすための「接ぎ木」となるような物語資源を用意できる環境はやはり多いとはいえない。つまり，自分は何かによって生かされているという感覚の中で紡がれた「回復」から自分でどうにかして生きていくという感覚の中で紡がれる「回復」との間を架橋するような「接ぎ木」が必要になるともいえる。たとえば，第8章で描いたcさんの「回復」においては，大学進学や家族の形成などの経験を通じて「接ぎ木」を得たともいえよう。ダルク外でも「回復」を紡ぎ出すうえでの「接ぎ木」を見つけつつ，NAなどで自身がこれまで紡ぎ出してきた「回復」を見直すことが社会において「回復」を巡るコンフリクトに対応するうえで重要にもなろう。

終章 「回復」を支える社会のあり方 167

3 何かによって生かされ続けられるような社会のあり方

　第2節で記述した内容は「回復」を巡るコンフリクトへの対応としてはある意味現実的なものといえよう。また，「回復」の意味内容についての（再）検討を促し，そしてダルクメンバーに対しても「回復」を展開するうえでの選択肢を提供できるような臨床社会学的な知見につながっていくこともあろう。しかし，それだけが「回復」を巡るコンフリクトへの対応策ではない。むしろ，「回復」を紡ぐための「接ぎ木」を常に見つけ出すことを求められてしまい，自分でどうにかして生きていくことによる重圧によってかえって生きづらさが生じてしまう可能性がある。

　その点を考察するうえで，石川良子による「ひきこもり」についての論述が参考になる（石川 2007: 218-247）。石川はアンソニー・ギデンズが論じた実存的問題（Giddens 1991 = 2005: 38-75）を参照し，〈実存的疑問〉と〈実存的問題〉を区別したうえで，「ひきこもり」の〈社会復帰〉について論じている。なお，〈実存的疑問〉とは実存的問い自体を指し，〈実存的問題〉とはそれを喚起する問題や現象を指す。その上で，石川は「ひきこもり」は〈実存的疑問〉について対峙し，存在論的不安な状況に陥っていることが〈社会参加〉などを難しくさせているとする。ギデンズは「存在論的に安心であるということは，すべての人間生活がなんらかのかたちで対処している根本的な実存的問題に，無意識や実践的意識のレベルで『答え』をもっている」（Giddens 1991 = 2005: 51）と述べるが，その前提に立つならば，「ひきこもり」はその「答え」をもたないまま〈実存的疑問〉に対面している状況となる。言い換えるならば，「"いかに生きるべきか？" "何のために働くのか？" "自分の存在に価値はあるのか？"といった〈実存的疑問〉への直接的な対峙」をしながらも「答え」を出せないまま，「社会生活を営むことを難しくさせる」ともいえる（石川 2007: 222）。そのような状況に至らないため，すなわち存在論的に安心するうえで重要なのは就学や就労などによって形成される日々のルーティンであるともされる。そのような日々のルーティンに没入するなかで〈実存的疑問〉に対して「無意識や実践的意識」での「答え」を手にするのだが，「ひきこもり」の場合はそのようなルーティンが破綻しており，常に剥き身のまま〈実存的疑問〉に直面して

しまい生きづらさを抱え込むともいえる。それゆえに就労支援などを通じて，生活リズムの安定を目指させる支援が「ひきこもり」からの回復において重視されていることも指摘されている。

〈実存的疑問〉への直面という観点から，Gさんにおける「回復」を巡るコンフリクトを説明することができる。Gさんもダルクでの生活の中でルーティンを手にし，安定していた。しかし，退所を目指すようになり，そのルーティンが崩され，〈実存的疑問〉に直面せざるをえなくなった。それゆえに自身の「回復」を紡ぐうえでコンフリクトが生じてしまったともいえるかもしれない。そのようなコンフリクトに対して，他の物語資源による「接ぎ木」によって，新たなルーティンを構築し，〈実存的疑問〉に対して「無意識や実践的意識」での「答え」を手に入れるという支援方法もあろう。

しかし，石川はそのようなルーティンを構築する「第一歩がどうしようもないほどに重く，どうやっても踏み出せない」（石川 2007: 225）ことがあると指摘する。「第一歩」を歩むプロセスは多様であり，当然踏み出せない場合も存在する。だからといって，その当事者が何も試みていないわけではなく，むしろ〈実存的疑問〉に対面するというつらい作業を行っているのである。それもみずからが望んでというわけではなく，臨まざるをえない状況の中でである。「ひきこもり」の当事者のすべてがそのような状況に陥っているわけではないかもしれないが，そのような「当事者の根底的な困難への想像力の欠如」がある社会が問題ではないのかと石川は主張する（石川 2007: 226）。また，その「第一歩」のあり方を就労・就学などに限定してしまうような社会のあり方も疑問視している。

それは当然Gさんの場合でも同じことがいえる。もちろん，薬物依存からの「回復」においてそれを紡ぐうえでの「接ぎ木」を提供する環境を整えることの必要性は近年ようやく主張されたものである。そもそも，薬物依存者については今でも「逸脱者」として人々から見なされる可能性も大きい。それゆえにいわゆる介護や介助に対する社会の認識とは異なり，薬物依存者への支援は不要なのではないかという論調も当然強い。それゆえに，薬物依存からの「回復」を紡ぐうえでの「接ぎ木」を提供する環境を整備する試み自体は大変重要である。ただし，いかなる「接ぎ木」にも適応できない，「第一歩」が踏み出せないダルクメンバーは当然存在するだろう。そのような存在をどのように支

終章 「回復」を支える社会のあり方　169

えていくのかという疑問についても考察する必要があろう。また，そのような支援環境を用意していくうえででダルクスタッフの負担や苦労の多さも明らかである。

　では，どのように上記の疑問について考えればよいのであろうか。それはダルクにある物語資源だけで「回復」を紡ぎ続けられるような，言い換えれば自分は何かによって生かされているという感覚でも生きられるような社会を目指す必要があるのではないかという視点である。

　そもそも，ダルクメンバーは好んで薬物依存になったわけではない。ダルク関係者によって書かれた書籍やダルクメンバーのライフストーリー集において，薬物を使用した理由については仲間の誘いや好奇心からと記述されていることが多いが，薬物使用を継続することになった理由については少し様子が異なる（上岡・大嶋 2010; 上岡・ダルク女性ハウス 2012; ダルク研究会編 2014; 南・中村・相良編 2018）。その理由として多く挙げられていたのは，生きていくうえでの苦痛から逃れるためということであった。たとえば，上岡陽江・ダルク女性ハウス（2012）では，女性メンバーの過去について記述されているが，子ども時代に他者からの暴力，ネグレクト，性的虐待，恋人からの DV，自己破壊行動などの経験してきた生きづらさについて触れられている[6]。

　上記のように，これまでの人生においてさまざまな生きづらさを抱えながら生きてきたダルクメンバーの数は少なくない。そのような被害を受けたうえでは，つらいほどの痛みを伴いながら生き続けることになってしまう。そのような痛みから逃れるように，つまり自分で自分を治療するかのように薬物使用を行い，それを継続することで薬物依存に至ってしまうとも考えられるのだ[7]。

　上記を踏まえると，薬物使用はけっして現実からの逃避ではなく，自身を痛みから守るための主体的な行為であるともいえる。薬物依存からの「回復」に向けた介入において，〈自分は何かによって生かされているという感覚の中で紡がれる「回復」〉から〈自分でどうにかして生きていくという感覚の中で紡がれる「回復」〉への変化を求められることがある。しかし，前段落で記述した内容を慎重に踏まえればわかるように，心身が傷つかないように薬物を使用したという意味では薬物依存者がすでに自分でどうにかして生きていくことを実践していたともいえるのだ。すでに主体的に生きてきて，その結果薬物依存に至り，心身が傷ついた状態にある人に再び自分でどうにかして生きていくこ

とを促すうえでは慎重な配慮が必要になることは想像がつくだろう。

　極端な話ではあるが，薬物使用を継続するという行為は，その当事者にとっては痛みを和らげるための行為ともいえるのである。たしかに薬物依存による心身の負担はあるだろうが，生きていくうえでの痛みを和らげる行為を無配慮に矯正するような介入はしてはならない。本章の冒頭において，ダルクにおける薬物依存からの「回復」について1つの答えを出したが，その前提においてすでに主体的に自身が抱えていた痛みに向き合ってきたということを忘れてはならない。すでに自分でどうにかして生きていくことを実践してきた人々に対して，自分は何かによって生かされているという感覚の中で生きていることによって癒される必要はあるのだ。

　また，そのように考えるのであれば，自分は何かによって生かされているという感覚の中で紡がれた「回復」だけでも社会において承認されることが必要になるのではないだろうか。たしかに自分でどうにかして生きていくことを通じて，人々は楽しみを覚え，創造的な人生を歩むこともできる。しかし，何かによって生かされているという感覚の中で生きていたとしても人々は十分に創造的な人生を歩むことができよう。それは本書のこれまでの章および補論でも描いてきた。それに必ずしも創造的な人生を歩むことはなくても良い。ここで重要なのは何かによって生かされているということに対して，それを未熟な状態としてしまう社会のあり方自体が問題になるのではないかという点である。これについては再帰的近代化論に代表される現代社会学においての課題でもあり，本書では十分に検討することはできない。しかし，少なくとも薬物依存者個人が「回復」するだけでなく，それを支えるはずの社会の変化も当然必要になるということは指摘できよう。より具体的にいうのであれば，ダルクメンバーがダルクの中だけでなく，社会においても安心して「普通」に生きていけるような社会になることが必要になろう(8)。つまり，自分でどうにかして生きていくことだけが存在論的な安心を得られる唯一の方法ではなく，何かによって生かされていることも方法としてある社会への変化が求められるとも言い換えることができる。ダルクにおける薬物依存からの「回復」について考察してきたことによって，存在論的な安心を得るための方法を狭めようとする現代社会の働きがいまだに確認できたことが本書における社会学的意義の1つとなろう。

終章 「回復」を支える社会のあり方　171

4　本書のまとめ

　本書は薬物依存からの「回復」について，ダルクのフィールドワークを通じて，その内実を詳細に考察してきた。薬物依存からの「回復」は薬物依存が消失することではなく，薬物依存を伴いながらも新たな人生を再構成していくことを指すものであった。ダルクメンバーは自身が安心して生活していける環境の中で，「回復」を徐々に紡げるようになる様子が明らかになった。そして，その過程自体が創造的なものだった。しかし，いざダルクを退所する段階において，つまりダルク外の生活環境に直面したときに自分が紡いできた「回復」が破綻してしまうおそれがあることもわかった。その上で「回復」を紡ぎ続けるための「接ぎ木」の拡充も必要になろうが，それだけでなくその土台である社会自体の見直しが必要であることも示唆できた。

　その上であらためて，本書の結論を述べると以下の通りになる。

1. ダルクにおける薬物依存からの「回復」とは何かによって生かされているという感覚の中での自己を（再）構成するプロセスである。
2. そのプロセスの内容とは薬物依存によって生じる不安を解消しつつ，今後の生き方を模索するものである。
3. そのプロセスを支えるうえでは，ダルクメンバーが安心して「不安を声にするための時間と空間」が必要である。
4. それらの前提としてダルクメンバーがすでに自分でどうにかして生きていく実践を行い，その実践がゆえに薬物依存になってしまったという認識が必要である。
5. 自分でどうにかして生きていくことだけが存在論的な安心を得られる唯一の方法ではなく，何かによって生かされていることも方法としてある社会構想が「回復」を支えるうえで重要である。

　その上で，本書の限界がいくつか存在する。第 1 に，ダルクという生活空間により着目した分析が必要であったということである。NA などのミーティングとは異なり，ダルクはそのメンバーにとって 24 時間 365 日の生活を送る空

間となる。そのために，ダルクメンバーは自身の状態について他の仲間に晒しながら生活することになる。そのことによる重圧についてもそうだが，そのような状況における物語行為の特徴について触れるべきでもあった。とくに既存のセルフヘルプ・グループに関する研究との対比の中でそれを浮き彫りにすることもできたのではないだろうか。つまり，ダルクが入所施設であるという特徴についてもっと触れるべきであっただろう。

　それに加えて，第2に，ダルクに存在する生活上のコードへの着目である。ダルクの生活は基本的に三度のミーティングに出席することをもとにしている。しかし，ダルクにおける生活の秩序を成立するうえではほかにもさまざまなコード（社会的・宗教的・経済的）が埋め込まれていることが想像できる（中村 2016）。そして，一見多様なものとして描かれる「回復」も，ダルクに張り巡らされたコードによってある程度限定されている可能性もある。また，そのようなコードによって描かれる「回復」の背後にある「大きな物語」の存在を想定しつつ，より慎重に論じる必要があったともいえるだろう。たとえば，第8章で言及した「社会的自立」が「大きな物語」としてダルクメンバーの「回復」にとっても有意義なものであるとして捉えられている可能性などについて考察を深める必要があった。

　それに順じて，第3に，ダルクと社会との関係について焦点をあてた記述をする必要性があった。具体的にいえば，退所者やダルクへの入退所を繰り返すメンバーへの調査から得られたデータをもとにダルクで生活してきた人々が社会において自分でどうにかして生きていく実践をいかに行っているのかという観点をもとに記述する必要があった。その上で，ダルクを取り巻く社会との関係を描くこともできたであろう。

　また，第4に「回復」を検討するうえでの視座について，より慎重に論じる必要があった。本書はダルクのジャーゴンに基づいて展開したが，「回復」の概念史の記述や他のセルフヘルプ・グループに関する先行研究との比較などを通じたうえで「回復」を社会学的に検討するための視座を構成する作業が必要であった。なお，そのような視座はダルクにおけるコードを見定めていくうえでも重要なものになるだろう。

　最後に，調査者と当事者との関係性に関する考察がより必要であった。ダルクでの調査を始めた頃において，調査者たちは「異質な他者」であったことは

終章 「回復」を支える社会のあり方　173

間違いない。しかし，調査を進めていくにつれて，その関係性は変化していった。そのような変化が本書における知見にいかなる影響をもたらしたのか（もたらさなかったのか）など，この調査におけるリフレクションについて検討する必要があった（Melucci 2000 = 2014）。いわずもがな，調査チーム内の相互影響についても触れる必要もあったであろう。

　これらの限界や課題については，今後さらに研究を進めていきたい。

　現代社会は，個人化やリスク社会化という概念が登場するくらいに，人々が生きていく過程においてさまざまな不安が生じやすい社会ともいえる。そのような不安を抱え続けることによってさまざまな生きづらさが生じてしまい，その表れの1つとして薬物依存を挙げることができる。しかし，そのような不安を語ることやそれに耳を傾ける場所や時間はこの社会においてあまり存在しない。そのような状況において貴重な場としてダルクが存在するともいえる。ダルクの存在を薬物依存者個人に対して強制的に「回復」させるものとして捉えるのではなく，社会にある生きていくうえでの不安を掬い取る存在として捉え，そのような不安をいかにして社会的に対処していくのかについて考察し続けることが必要になるだろう[9]。それはなにも薬物依存に限った話ではなく，われわれが真の意味で安心・安全に生きていくうえでは考え続けていかなくてはならない問いなのである。

註

(1)　伊藤は，セルフヘルプ・グループの参加者の個別具体的な物語の展開過程について，ナラティヴ・アプローチの観点から検討したうえで（そのグループにおいて許容されている物語はいかなるものか，参加者はどのような物語を好む傾向にあるのか，新規の参加者はどのような物語展開を望んでいるのか等），グループやその参加者にとって助言できる構えをとることが重要であると主張している（伊藤 2009: 218-219）。

(2)　福重清（2013）において，複数のセルフヘルプ・グループを渡り歩いている人について検討されている。複数のセルフヘルプ・グループを渡り歩くからといって，グループから落ちこぼれた存在と見なすのではなく，ナラティヴの展開のために模索しているというように捉えることもできる。重複障害や重複依存を抱えるダルクメンバーも薬物依存に関するセルフヘルプ・グループだけではなく，その他のセルフヘルプ・グループに参加して，「回復」を紡ぎ上げる試みをすることは想定できるだろう。

(3)　その例として挙げられるのは，序章の註（8）において記述した SMARPP プログラムである。SMARPP は一部のダルクにおいて取り入れられており，現に Y ダルクでもプロ

グラムとして導入されている。

(4) エンカウンターグループとは，小グループによるカウンセリング法の1つであり，心理学者であるカール・ロジャースが開発したとされる。そこではある参加者が抱えている悩みや課題をトピックとして取り上げて，そのことについて他の参加者が意見を言い合う（その課題に関する共感や改善のための提案）。そのやりとりの中で，課題と提供した参加者には新たな気づきを，他の参加者には話題提供者を支えようとする気持ちの共有による安心感をもたらすことを目的とするものである。以上について，伊藤（2018: 123）を参照して記述。

(5) たとえば，三重ダルクでは就労継続支援B型事業所として弁当屋を運営し，ダルクメンバーの就労の場を創り出すなどの実践が行われている（『毎日新聞』2017年8月3日地方版「彩人旬人　市川岳仁さん／三重」https://mainichi.jp/articles/20170813/ddl/k24/070/122000c 最終アクセス 2019年6月18日）。

(6) 東京ダルク（2009）および東京ダルク（2016）のアンケート調査などにおいても，多くのダルクメンバーがダルクに至るまでに生活上の困難を経験している様子がわかる。児童虐待，性的虐待，暴力被害などの経験者も多く存在している。

(7) このことは「自己治療仮説」と表される（Khantzian & Albanese 2008 = 2013）。自己治療仮説において強調されているのは「心理的な痛みこそが依存症や嗜癖行動の中心的問題であること，そして，脆弱性を抱えた人は，その物質や行動がつかのまの，他では得られない安らぎをもたらすことを発見してしまったがゆえに，依存性物質や嗜癖行動に頼らざるをえなくなっている」（Khantzian & Albanese 2008 = 2013: 3-4）という点である。つまり，抱えてしまった困難や苦痛をどうにか和らげようとするがゆえに依存に至ってしまったと捉える視点ともいえる。

(8) この点については犯罪・非行からの「立ち直り」について批判的に考察した平井（2014）を参照している。平井はセレクティブ・サンクションなどを念頭におきながら「社会が特定の社会的弱者を恣意的に選抜し，犯罪者に仕立てる動機や過程に関わっているのであれば，彼らの『立ち直り』に際して，社会の側も経済構造や司法構造，差別や偏見などを是正する補償責任を要請されるのではないだろうか」（平井 2014: 270）とし，犯罪者個人の変化だけではなく，社会自体の変化も考慮に入れた社会学による「立ち直り」研究があるべきではないかと主張している。この点については，薬物依存からの「回復」においても同じことがいえるだろう。

(9) この点に関しては，第1章や第7章の註（4）でも触れてきたように，一部執行猶予制度や自立準備ホームなどの司法の新たな動きとダルクとの関係を通じても考えていけるだろう。ダルクが「司法制度の下請け」（丸山編 2015）としてメンバーを変化させる存在になるのではなく，より社会的な問題として薬物依存について考察する必要があろう。他方で，第1章の注（10）で記述したように，平井（2017）では，刑の一部執行猶予制度導入に伴ってダルクが本当に「司法制度の下請け」になるのかについて，社会学的な観点から疑問が提示されている。つまり，ダルクは「下請け」になるのではなく，その制度をダルクの運営に適応できような形にする工夫をしている可能性があるのだ。

補論

ダルクメンバーのライフストーリー

1. 「今日一日」を積み重ねて（Gさん／男性／40代前半／覚せい剤，アルコール）
2. 誰も支援してくれなかったじゃないか（Hさん／男性／20代前半／覚せい剤，アルコール）
3. なんとなくダルクにたどり着いて（Vさん／男性／40代前半／覚せい剤）
4. 「回復」はつまらない（cさん／男性／40代前半／風邪薬）
　　　　　※（協力者名／性別／調査開始時の年齢／おもな依存対象）

　補論として，ダルクメンバーのライフストーリーを記述する。本書において，ダルクメンバーの「回復」は実に多様であることを描いてきた。依存薬物への遭遇の仕方，依存による影響，周辺人物との関係，ダルクへのつながり方，ダルクでの生活など，その経験は個々人によって当然異なる。ここでは筆者が中心にインタビューに関わってきたGさん，Hさん，Vさん，cさんのライフストーリーを記述する。論文化することによって漏れ落ちてしまう「回復」の多様性やそのリアリティについて，提示することが補論の狙いである。この4名の語りも特定の筋に沿ったストーリーに回収されないこと，「回復」を語るうえで薬物関連問題ばかりにフォーカスされないこと，「回復」における「揺らぎ」に意味を与えていく過程がわかるなどの特徴をもち，分析部分における解釈を助けるものとなるだろう（平井 2013b）。

　なお，Gさんに関しては2011年5月から2013年4月までの14回，Hさんに関しては2011年8月から2013年2月までの10回，cさんに関しては，2014年11月から2015年3月までの4回のインタビューデータを中心にして記述した相良（2013b, 2013c, 2018）をベースにしたものである。Gさんは本書第6章および第9章，Hさんは第4章，cさんは第8章で中心的に取り上げている。Vさんに関しては2013年6月から2016年10月までの8回のインタビューデータを中心にして書き下ろした。いずれのライフストーリーに関しても，事前にチェックを受けている。

　なお，個人情報保護の観点から，一部のデータについては，内容が大きく変わらない程度に加工を加えている。

1 「今日一日」を積み重ねて

G さん／男性／40 代前半／覚せい剤，アルコール

▶小学校時代

　G さんはある家庭の 2 人兄弟の次男として関東地方の都市に生まれた。小学校 1 年生の頃，両親が不仲になってしまい，G さんは父と兄との 3 人で暮らすことになった。両親が不仲になった原因は父の飲酒だったのではないかと G さんは語る。3 人暮らしとなった G さんは父の仕事（新聞配達員）の都合により，関東地方の都市を転々としながら生活していた。小学校時代は転校が多かった。

　父は自身の仕事の合間をぬって，料理，お風呂，洗濯などの家事はやってくれた。また学校に必要なものは買いそろえてくれた。仕事と家事の両立はおそらく大変なことであったろうと G さんは言う。ただ，会話らしい会話は思い出せないとも語る。

　　会話なんかねーよな。俺から言う会話，「ああ，学校のプリントもらってきたよ」とかさ。「今度なんか学校でこういうのあるよ」とかさ。うーん。まぁ小さい頃から変わって，あんま変わってなかったな。（父が）「あれやったのか」って（言ったりするくらいで）。ちょっと思い出せねえな。うーん，どんな会話してたかな。

　　　　　　　　　　（2011 年 8 月 3 日 G さんインタビュートランスクリプトより）

　一方で父は飲酒するときに暴れたりはしないが，G さんに対して威圧的に接した。たとえば，G さんの父は優秀だった兄と G さんを比較し，G さんをバカにすることがあった。G さんにとって父は怖い存在であった。また，父が家庭環境を悪くしたと G さんは考えていた。

　　そうなの。うん。でね，あの顔が，まぁ当たり前かもしんないけどさ，

「どうしてそういう顔して言うの」とかさ。「どうしてそういう言い方するの」って思ってたんだけど。あの顔（父の顔）が嫌だったね，ねぇ。なんかね，ほんと俺がよ，まぁ妄想なのか，俺の感じ方は「ほんとにGはね，お前はなんにもできねぇなぁ，ほんとにバカだな」っていうような顔して（父が）言うのさ。「お前そんなのもできないのか」ってさ，こんな言い方。「お前そんなこともわかんねぇのか，ダメだな」とかさ。

（2011年8月3日Gさんインタビュートランスクリプトより）

▶ 中学校時代

中学校は荒れた学校に入学することになった。不良漫画で有名だった『ビー・バップ・ハイスクール』みたいな環境だった。そのエピソードの1つとして，「廊下に血が垂れていて，その近くに竹刀を持った先輩がいた」ということを語っていた。父親に対する強い不満もあってか，Gさんはその中で不良集団と交流をもつ。その中で，先輩に強く勧められて喫煙や飲酒も始めた。そして，Gさんは中学校ではお調子者として振る舞い，パシリとして学校生活を送った。またサッカー部でも活動した。

Gさんがはじめてシンナーを吸ったのはこの頃である。その当時のGさんの親友に教えられた。その親友に自転車修理を一緒にやろうと誘われて，その際にパンクのりの匂いを嗅ぐことを勧められた。パンクのりにはトルエンというシンナーの原料の1つが入っており，それを吸い込んだのである。煙草や飲酒を始めた理由もそうだったが，Gさんは父親への不満や，お調子者やパシリという自分への不満などさまざまな不快な思いの解消を目的に，シンナーを使うようになった。それを教えてくれた親友だけではなく，交流があった不良集団もシンナーを使用していたことから使用機会も増えた。そして，サッカー部での引退試合において自分のミスで敗退したことを契機に，下記のようにシンナーを常用するようになった。

　で，もののみごとに負けちゃったでしょ。みんなでこう着替えるんだけど，もういたたまれなくてさ。もう1人で，自転車で，うん，あっもう，1人で，自転車で帰ったと思う。みんなで帰らなきゃいけない。（それでも）1人で，自転車で帰ってさ。「いいや，もうシンナー吸おう」ってさ。そこから

もうシンナー吸ったときもあったね。「もういいや」。今まではちょびちょび，これはいけないものだとかさ，ばかになっちゃうから気をつけようとか思って吸ってたけど，「いや，いいや。もう俺シンナー吸おう」って。って，はまったね。

(2011 年 8 月 3 日 G さんインタビュートランスクリプトより)

▶高校時代

G さんは勉強が嫌いであり，学業成績はあまり芳しくなかった。定期試験のときにはカンニングをしていた。また，受験間近には家族と揉めて家出したこともあった。そして，志望高校の受験日にその学校でプロレスをして遊んでいた。その結果なのか，志望校に入学できなかった。不合格にめったにならない高校（偏差値が 27 から 30 と G さんは言う）だったので，中学校の先生もビックリしたらしい。『ビー・バップ・ハイスクール』のような高校生活にあこがれていた G さんにとっても悲しい出来事であった。結局 G さんは，定時制高校に入学することになった。

入学後，学校には真面目に通い，そこで仲の良い友達もできた。ちなみに高校 2 年くらいまではシンナーを吸っていたのだが，友達の忠告や（シンナーの吸い過ぎが原因かさだかではないが）片耳が聞こえなくなる体験をしてシンナーはやめた。

＃4：まだシンナーとか吸ってたんですか，その頃。

G：吸って，あーいいねーそういうの（質問）。そう，吸ってたの。で，1 人友達がね，高校 1 年の途中まで吸ってたの。で，なんかね，こう年下の，あっ高 2 か。高 2 まで吸ってたな。（略）そうしてね，俺のこう，親友はね，「お前だけだよって，シンナー吸ってんの」って。俺らあと友達 6 人ぐらいいるけど，「吸ってねーだろ。やめろよ」って言われて。でね，こう＊＊っていうスーパーがあるんだけどその中でまた 1 人で吸ってたんだけど，耳がね，片方聞こえなくなっちゃったの。こえーなーと思って。まぁ友達に言われたことと，その耳が片方聞こえなくなっちゃった。「やっべー」と思ってやめた。

(2011 年 8 月 3 日 G さんインタビュートランスクリプトより)

高校3年のとき，その当時につき合っていた彼女と同棲を始めた。そして，彼女が働いていたスナックのボーイとして勤務した。当時で日給1万円であり，魅力のある仕事だったという。また店ではチップが多くもらえるからという理由で，お客からもらったお酒を飲み続けていた。はじめは学校に通いながら勤務していたが，しだいに通わなくなり，結局退学する。友達は学校をやめないように説得してくれたが，Gさんは聞き入れなかった。

　　いや，その（友達との）つながりはこうまぁ途切れるようになっちゃったんだけど。はじめ定時制行きながらもこうなに，キンキラキンの服着てこう定時制の授業受けてたもん。で，3時限目とかで抜け出して，こう行ってたんだけど。もうそれからは，もうはじめからこう店行くようになって。スナックね。日本人の女の子5，6人いるところさ。マスターと店長とチーフがいてね，マネージャーがいて。で，友達もね，こう駆けつけてくれたんだよね。学校終わってから。「お前ね，あと1年じゃん。俺たちと一緒に頑張ろうよ」って。「帰ってこいよ，待ってるから」って言ったんだけど，俺それまではね，「ああ，こいつらはね，一生の友達だ」って大切だって大事だって（思ったけれど），なんかねやっぱお金，お金の方とったんだよね。お前らといるとね，お金ねえじゃんって，うん。俺1日1万円もらえるんだぜって。うん。ほんとは一緒にいたいんだけど，お金をとったの，俺，そのとき。うん。だから「俺，帰んねえよ」って。「学校も卒業しねえから」って。お前ら「帰れよ。帰れ，帰れ」みたいなことを言ったかもしんない。

（2011年8月3日Gさんインタビュートランスクリプトより）

▶ 結婚，覚せい剤，破綻

　結局同棲していた彼女とは別れて，その女性は店もやめた。その後，Gさんの妻となるフィリピン人女性が入店する。店内恋愛は禁止されていたが，Gさんはその女性と恋愛関係になる。その女性はマリファナを吸っており，Gさんも試してみたそうだがマッチしなかった。Gさんはその横でシンナーを吸っていた。

　フィリピン人女性は週に2，3日しか勤務しなかった。それでよく生活でき

るなと，不思議に思った G さんがその訳を聞くと，彼女がある会社の社長の愛人になっていたことがわかった。その女性は祖国にいる家族への仕送りのために愛人をしていたようだが，G さんにはそれが我慢できなかった。最終的にその女性は愛人をやめた。そして，G さんとその女性は 18 か 19 歳頃から同棲し，20 歳頃に正式に籍を入れた。

　G さんとその女性は働く場所を転々としながら，最終的にフィリピンパブにたどり着く。G さんはそこで覚せい剤をはじめて経験する。時系列はさだかでないが，覚せい剤を勧めてきた人物は 2 人いたと G さんは語る。1 人は妻であった。妻は G さんとの性生活に満足せず，セックスドラッグとして覚せい剤を使うことを G さんに提案する。覚せい剤を使用してのセックスは「気がふれる」ほどの快楽であったらしい。そして，もう 1 人はフィリピンパブの店長だった。店長は，自分たち自身が覚せい剤を使っていることが G さんの口からもれるのを避けるために，覚せい剤の使用を G さんにも強要したのだ。

　　奥さんの人は，奥さんだった人は，こう僕はもう早漏だし，自分だけ，僕が満足してね，そんなの私が，あの分かち合えない，だからセックスをエンジョイするために，あなたと私も，だからエスをしよう，スピードがあるって。そのころ覚せい剤っていう言葉は聞いてないから，わかんないのさ。で，使うようになって。で，今度はフィリピンパブの店長が「お前もやれ」と。いやー，こっちはこうやってやってたけど，やっぱ本当はやりたくないのさ，法律違反だしさ。で，こう覚せい剤って言葉を店長からはじめて聞いたの。覚せい剤だったのか，って思って。「お前，やらないとクビにするよ」って。「カミさんも子どももいるんだから，クビにね，そうしたら大変だろ」って言うから。「そうです，じゃあクスリやります」って，クスリをやるように。

　　　　　　　　（2011 年 7 月 9 日 G さんインタビュートランスクリプトより）

　G さんの妻は妊娠を機に覚せい剤使用からの離脱を試みる。一方，G さんはどんどん深みにはまっていった。G さんの場合，覚せい剤を使用後に街を徘徊する癖が出てきた。また時に妻に覚せい剤の使用を強要することもあった。子どもは 2 人できたのだが，その頃には G さんはまともに働ける状況ではなかった。また子どもに対しても十分に愛情を示せなかった。しだいに家庭生活は

破綻し，妻も経済的に困窮した。その当時，Gさんたちは G さんの実父宅の近くに住んでおり，妻は G さんの父に経済的援助を受けていたという。

> そう，（子どもが）2 人いて。それもね，この 2 人できたとき，また，あの実の父親と一緒にね，家を借りてもらって，アパート借りってもらって，生活するんだけど。うん，そうだね，（覚せい剤を）使わせる，たときもあるんだね，俺 1 人で。奥さんにね，強要してさ，「使えよ」って。まあ，彼女も受け入れて，うん，どういう気持ちで受け入れてやったか，わかんないけど，やってたときもあったけど，俺みたいに頻繁にこう欲しがってやるようなことはしてなかったな。そうなるとね，こう自己中なのかもしれないけど，そのとき思っていたことはさ，ああ，俺 1 人だけ使ってね，るなと。で，だんなさんなのにね，父親なのにね，子どもたちもまだ小さいのに。家に，いたたまれなくなるのさ，自分がいちゃいけないんじゃないかって。家はこうセックスを強要したりさ，おかしなことをしたりさ，ね。酒を飲みだしたりとかさ。子どもたちを，と一緒にいないでさ，自分の好き勝手なことをやったり。おかしなことをするの，ドアをスコープでのぞいてたり，ずっとのぞいてたり。壁，ずーっと（耳をやる手振り）。あと，こんなになんかびくびくしたりとかさ。あと幻覚とか，妄想とか見ちゃったり。申し訳ないというか，この子たちはクスリを使わないで生活している人たちでしょ？　僕は一緒にいるけど使っているでしょ？　そうするとおかしなことばかりしちゃうっていうかさ，してたんだよね。暴力したり，暴言吐いたりさ。家の中，全部壊したりとか。うん，だからいないようになっちゃったね。向こうは大変だよね，いなくなったら，生活ね。生活費とか，2 人の子ども，奥さん 1 人で見てる。だからね，歩いて 10 分くらいの父親の家に生活費借りに行っててね，奥さん。

（2011 年 7 月 9 日 G さんインタビュートランスクリプトより）

▶ 刑務所とアルコール，覚せい剤の乱用

G さんは 20 歳のときに結婚したが，それから 1 年後に上記のような状態に陥り，それが 6 年間続いた。アルコールと覚せい剤に溺れた G さんは，その購入代金を手に入れるために，日雇い労働だけでなく転売目的の窃盗や「当た

り屋」（通行中の車にわざとぶつかり，慰謝料を請求する）などの犯罪行為を繰り返す。そして，27 歳のときにはじめて刑務所に入所する。その後，窃盗や覚せい剤取締法違反などで約 10 年間で 5 回服役する。逮捕される場所はほとんど同じ場所であった。

［1 回目］

　それはお寺に入ったんですよ。僕は 20 代のときクスリを使うとずーっと歩くんです，徘徊をするようになっちゃって。そうしたらね，こうずーっとね，川を上っていたか下っていったかすると，もう＊＊（地名）っていうところにたどり着いて，そうしたらもう酒が飲みたくなっちゃったんですよ。歩き疲れて，「ビール飲みてぇな」って。いや，その前に「クスリないかな」って思ってね。そうしたらお寺が見えてね，「そうだ，お寺にお金があるんじゃないか」って。で，今度そのお寺で「すいません，誰かいますか」って大きい声で何回も言って，返事しないから，まず冷蔵庫に行ってビールを飲んで，ビールを飲みながら，今度住職さんの部屋に入って，こう物色して，2000 円ぐらいのお金をとって。そうしたら，向こうから呼んでくるんですよね，「返せー」って。うん，なんかお金になりそうな，こう，物と 2000 円ぐらい返せって言うんだけど，もうわざと，こう恐いフリしてね，「ふざけんな」って，「返さないぞ，来たら殺すぞ」とかなんて。で，また徘徊したんですけど，捕まっちゃったの。

（2011 年 7 月 9 日 G さんインタビュートランスクリプトより）

［2 回目］

　そう。でも，俺はそのときにね，ああ，なんだろ，仮釈放を務めなくて，＊＊でこうクスリを使ってたんですよ。僕は，こう 1 年 10 カ月，1 回目の刑務所で 1 年 10 カ月（刑期を）もらったんだけど，6 カ月の仮釈放をもらったんだけど，その 6 カ月，あの保護会（更生保護施設）に入寮さしてもらったんだけど，僕は出ちゃったんですよね。うん。全部お金を，2 万円くらい，2 日目で下ろして。で，飛び出して＊＊（地名）に行って。で，＊＊でそうやって（車に）当たってて，そういうことになって。「お前，これはね，あの，シロだけど（「当たり屋」に関しては問わないけど），お前仮釈放逃げ出しているじ

ゃないか」と。「務めてこい」ってなって，また2回目の＊＊刑務所に行くことになって。

（2011年7月9日Gさんインタビュートランスクリプトより）

[3回目]

　またお酒を，もう1000円未満の，300いくらかだったかのお酒を盗って，こう，（ディスカウントストアを）出たんだよね。うん。そうしたらこう捕まえられそうになったから，店の目の間に置いてね，「そこに置いたんだからいいだろ！」って逃げようとしたんだけど，もうよれちゃってるから（体がふらふらな状態），もうクスリを使い終わった後は，もう疲れちゃっているから，お酒でなんとかしようって思って飲むからね，ガソリンみたいに。エネルギー出そうと思うんだけど，まだ飲んでもないしさ，逃げれないんだよね。だから捕まって，3回目，＊＊刑務所に行ったの。それは10カ月ぐらいかな。1年か10カ月くらい。

（2011年7月9日Gさんインタビュートランスクリプトより）

[4回目]

　4回目のはね，4回目はそれで（新聞）販売員（3回目の刑務所を出所する際に仮釈放の受け入れ先が新聞販売店になっていたという）をまたやって，でも飛び出しちゃうでしょ？　で，また居続けるのさ，そこの＊＊に。でも，＊＊で当たり屋ばっかりやると，足つくから。たとえば，＊＊（地名）の方にいってCDやったり（盗んで転売する）とかさ，あと当たり屋やったり，やっぱり当たり屋なんだよね。うん。それでまた戻ってきて，お金が2万，3万になると＊＊（地名）でこうやってて（覚せい剤を購入する）。またね，こう窃盗だと思うね，4回（目の刑務所入所の理由）。

（2011年7月9日Gさんインタビュートランスクリプトより）

[5回目]

　5回目はね，＊＊（地名）のところで騒ぎ，騒いでた。夕方，夏だった，それも。なんか急にね，あの「おまえはこの地獄に行け」とか，「お前はあの地獄に行け」とか。うん，たぶん，独りぼっちにいて，ずっとクスリ使っ

て，こう話す人もいないんだよ。話す人はサウナの受付とかさ，コンビニの店員ぐらい？　ビデオボックスのさ，人とかさ，それぐらい。「あっ，いくらになります」とか，「あっ，何にします」とか，会話なんかそれぐらいなの。寂しかったんじゃない，悲しかったじゃないの。おかしくなっちゃったんだね。テンパるってわかる？

（略）

　あのね，おかしくなっちゃう，気がふれちゃうっていう意味。こう，うん，うちらはテンパるって言うんだけど。おかしくなっちゃって，もう＊＊（地名）のところでも騒いでたさ，大きな声で。今までそういうことはなかったんだよね。うん，20歳から始めて，37ぐらいまでの間に。そしたら，誰かが通報したんだって。でも，俺はコンビニでさ，盗んだ，当たり屋やった金で，こうビールと焼酎を持っててさ，500 ml。2つ持ってて。警察来たんだよね。「おまえなに騒いでんだ」って言われたから，「酒飲んでるんだよ」って。やべぇー，またここに持ってると，クスリと。また，ボールペン。あぁって。「おかしいな」って言われて。「もう騒ぐのやめろ」って言われて。「わかったよ。やめる，やめる。じゃあな」って逃げようとしたんだよね，平気なふりして。私は覚せい剤持ってませんよ，みたいな。でも，逃がしてくれないんだよ。何人もきて，取り押さえられて。そしたら，僕は植え込みのところに投げたんだよね。そしたら，「おまえ，今なんか投げただろ」って言われて。そしたら，「おまえこれは覚せい剤じゃないか，乗れ，乗れ」とか言われて。ああ，もうこれは刑務所行くなって思ってほら，「ここにあるお酒飲ませてくれよ」，「なにをそんなこと言ってるんだ，飲ませられないわよ」とか言って。で，＊＊警察に捕まって。

（2011年7月9日Gさんインタビュートランスクリプトより）

　Gさんは一度目の服役時に離婚した。それがきっかけで，一度目の刑務所出所後にはお酒にもいっそう依存するようになる。Gさんは20歳から覚せい剤，27歳からはアルコールへの依存問題を抱えるようになる。覚せい剤を使用し，過剰飲酒を続け，そしてお金がなくなれば犯罪に走る。そのような悪循環に陥っていた。アルコールに関しては一度に2ℓの焼酎を4本くらい飲むほどになっていたという。

そう。（結婚生活は）7年くらいでさ，一緒にいてね。それからなの，1回目の刑務所行って，で帰ってきてね。で，（奥さんと子どもを）こう捜すんだよ。どこに行っちゃったかわかんないから，奥さんと子どもたちも。捜して，電話したら，いてね。そしたらもう，もうね，そのときの言い方は覚えてないけど，「ふりまわさないでくれ」って（奥さんが言うの）。「もう，巻き込まないでくれ」ってことなのさ。だって，3人もさ，子どもたちは学校に行って，奥さんは家事と仕事を両立させて，でこう，休憩したりさ，こう家族サービスしたりしているのに，こっちはクスリばっかり使ってるから，もういつもやつあたりするし。で，こうおかしな行動してるしさ，家の中は騒がしいしさ。1人は寝てないから，ガチャガチャガチャガチャやってるわけさ。だから，それにこうお金の問題でしょ。クスリ代をよこせとか。で，子どもたちにこう，なんだろ，父親らしいことしないからね。だって，抱っことかさ，した記憶があんまりない。お風呂入れてあげた記憶も1回，2回ぐらい。7年のうちに，外に一緒に遊びに行ったのはディズニーランド1回と，あと，7年の間に10回もないと思う。あとは，クスリを使ってるから，もう自分1人で，こう行動したいから。家に帰ってこないから。うん。で今度は帰ってきたら，帰ってきたでさ，家の中が暗いでしょ？　こう自分は罪悪感にさいなまれてるから。またクスリ使ってね。いい父親になれないって。近寄らせないし，近寄ってこないから。もうめちゃくちゃなのね。もうそういう薬物依存症者が家族に1人いると。

（2011年5月28日Gさんインタビュートランスクリプトより）

刑務所の中では同じ部屋にいた受刑者同士で「もうクスリはやめよう」と話し合っていたようだが，上記のように出所しては覚せい剤を使用し，お酒を飲み続けることを繰り返す。しかし，5回目の刑務所のときにターニングポイント（「回復」に向けたきっかけを示すダルクのジャーゴン）が訪れたという。

そう。出たときのね，なんか，あのね，（刑務所の）中いたときはね，あっ5回目のときにターニングポイントが僕はあったんですよね。底をついた。（略）なんていうの，自分の人生をね，振り返ってみちゃったんだよね。ク

スリを使っている人生を。クスリ使ってね，いっぱいね，壊して，こうなく
してきたなって。投げ捨ててきちゃったなって，家族のことにしても，洋服
だとか，家にしてもさ，手元になんにもないんだから，昔の物が。それにこ
う，あと，今まではね，こう，まあ僕，もう優しくって，とても優しくて，
優しすぎるっていうのもあるんだけど，こうみんなのことを傷つけたことが
もう，本当に申し訳ないって懺悔をしていたんだけどね。そのときは，自分
がかわいそうだなってことしか思わなかった。なんでかって言うと，なんで
だろう？　まあ，独りぼっちだって思ってたからかもしれないけど，みんな
を傷つけて申し訳ない，懺悔をするのは当たり前かもしれないけど，「あれ
俺，自分のことを考えたときってあったかな」って思って。自分と向き合っ
たんだよね。自分と向き合ったの。うわー，いつもね，へぇー，クスリを使
いたい。クスリを使いたいから，お酒を飲んで，気を大きくして，クスリを
使いに行って，ええ，お金を盗んで，家族からお金を盗んで。盗めないとき
は犯罪をして，犯罪をして，クスリを買う。クスリを買って，やることと言
ったらね，オナニーばっかりしている。で，それクスリも，お酒も，お金も
なくなったら，＊＊公園でいつもベンチで1人で，天気が良い日でも，雨の
日でも，行くところがないから，1人でベンチで座ってね。寂しい，悲しい，
それの繰り返しだった。そしたら，自分がかわいそうだなと思って，自分が。
で，大泣きして，幸せになりたい，もう不幸に生きたくない，自分に不幸に
生きたくない，自分に幸せに生きたいって，そこから，こうスタートしたん
だよね。うん。

(2011年7月9日Gさんインタビュートランスクリプトより)

　5回目の刑務所にいた頃，担当の弁護士のおかげで仮釈放の身元引受人を兄
に頼むことができた。実家を出てから一切連絡をとっておらず，15年ぶりの
再会となった。父は行方不明となっており，連絡がとれない状況であった。兄
からはすでに絶縁状態になっていると聞かされた。兄は会社を経営しており，
Gさんを自宅に引き受けることができなかった。そのため兄が情報を収集した
うえで，GさんをXダルクに入所させた。

▶Ⅹ ダルクに入所してから ── 「仲間」「今日一日」を通しての回復

　Gさんは X ダルクに入所してからも右肩上がりで状態が良くなったわけではない。覚せい剤に関しては五度目の服役後は手を出していないが，お酒に関してはダルク入寮中にも何度かスリップ（依存薬物の再使用を示すダルクのジャーゴン）した。その原因の 1 つとして仲間との関係があったと語る。その内容を細かくは覚えていないが，仲間からの何気ない一言や振る舞いで傷ついたことが原因であったようだ。一度は仲間と一緒に飲酒してスリップしたことがあった，だいたいは 1 人でスリップしていた。自分の意見や思いなどを他者に伝えられず，それゆえに孤独に苛まれ，1 人でスリップしていた。

　あのね，はじめは，こう，はじめね，こう，みんなでね，こう，ビールね，500（ml）を 1 本買って，4 人でこう，お正月だからめでたいからね。で，飲んだんだけど。あとのことはね，仲間がね，どうしてこういうこと私に言うのかな，私にとってはつらい，傷つく，へこむような，落ち込むようなことね。でもね，今思い出すと，普通のことなの。悪意なんかないしさ，みんな全員でね，言ってることなのさ。もうその内容は忘れちゃったけどね。あとどうしてこういうこと私にするのかなってさ。私はそういうことね，したことないでしょうって。僕はそういうことしないのにね。なんであの仲間はそういうことするのかなって，っていうことでね，飲んでた。近くのコンビニで買って，ちょっと離れたコンビニで買って，公園で飲んだり，神社で飲んでたりした。

（略）

　そう，昔からも。使ってるときもお酒で，仕事行かなくなっちゃうときも 1 人。それでね，共通点があるんだよ，そこに。1 人。だってみんなと行くとさ，ばれちゃうじゃん。だいたい仲のいい仲間と一緒にいて，「なんでそんなこと言うの？　なんでそんなことやるのかな？」ってなるから。あとそいつらと一緒に飲んじゃうとさ，言わなきゃいけないじゃん。「お前のなんでこうやっておかしいよって言ってごらん」って言ってもよ，「お前らだよ，原因は！」だなんて言えないじゃん（仲間に直接 G さん自身が感じているフラストレーションを伝えられずに，かえってストレスがたまっている状況をさす）。だから，1 人でね，行くんだと思う。うん。

（略）

そうだね，そのときはね。あのね，そうなのね。あのね，なんだろ？　どうなのかね？　みなさんもこう，なんか言われたり，こうなに？　なんかこれおかしいなとかさ，なんか心が痛いなとかさ，なんかちょっと傷ついたなと，こう聞いたりさ，言ったりするかもしんないけど。こう僕の場合はね，言えないのね。伝えられないの。あと，それはどうしてかっていうと，うん，いい人で思われていたい，いい顔していたい，嫌われたくない，小学校の誰かみたいにいじめられて，仲間外れにされたくない，っていうのがいつも上位だったね，それが。

（2011 年 5 月 28 日 G さんインタビュートランスクリプトより）

いまでも覚せい剤や飲酒の欲求に襲われることがある。しかし，覚せい剤と飲酒をやめている生活を続けている。その要因の 1 つとして挙げられているのがダルクの仲間である。不思議なもので，スリップの原因だった仲間が，ダルクのプログラムをこなすうちに仲間が「回復」のために重要な存在になったと G さんは言う。もしスリップしたらそれは仲間のことを考えず，自分のことしか考えていない状況だからだろうと G さんは語る。

今はね。もう今すぐ思ったのは仲間だね，仲間。独りぼっちで生きてきたから，私。ずーっと。はじめはこう，お父さんとお母さんとお兄ちゃんといても，ね？　親父はお酒とギャンブルで忙しいでしょ？　で，今度お母さんも夜仕事してたから忙しいでしょ？　かまってもらえない。お兄ちゃんも勉強ばっかりして。話した記憶があんまりない。17 歳まで一緒に住んでたけど。で，もう小さい頃からね，寂しいな，悲しいな，独りぼっちだなとは思ってた。ずーっと。で，今度小中高っていっぱい友達いるんだけど，あの，いい人でいたい，こう，私で友達を作るから，ほんとの自分じゃないのさ。寂しいな，悲しいなって，独りぼっちだなって思ってた。で，今度社会に行っても，今度，あいつは仕事できて褒められてんのに，俺は仕事できないで褒められないって。俺はね，みんなみたいにできない，ダメなやつだな。寂しいな，悲しいな，独りぼっちだなって思ってた。みんなはできるから。私はそう思ってたからね，その当時。みんなはできる。僕 1 人はできない。だから，

独りぼっちで，寂しいな，悲しいなって。でもこの施設に来て，そう自助グループにつながったら，もう今日から，もう，ここにいるGの仲間だよって言って，こう，どっちが先に手を差し伸べたかはわかんないけど，仲間の一員になって。で，はじめの6カ月くらいはね，やっぱりね，今の若い子たちみたいにね，こう，うざい，だりぃ，めんどくせーと思ってたけど，あっ楽しいなと思うようになってたの。この人たちとね，仲間と一緒にいようって決めた。生きていこうって。信じたんだね。

（2011年5月28日Gさんインタビュートランスクリプトより）

また，ダルクのスローガンとなっている「今日一日」（1日だけ依存薬物を使用しないで生きることを繰り返すことを示すダルクのジャーゴン）という考え方もGさんの「回復」の基礎になっていると語る。「今日一日」を意識して生活することがGさんを楽にさせた。

　あと，今日，ここのプログラムの「今日一日」ね，今日だけ，今日だけ飲まなければいい，今日だけ飲まないようにしよう，今日だけ使わないようにしよう，今日だけ，こう愛し合って暮らそうとか。今日だけ手助けし合って，今日だけでいいんだから。そう，明日なんか考えなくていいんだもん。明日は明日って。とにかく今日，今日できない人は今，って。それがね，楽。楽だよ，だって今までさ，こう，落ち着けられ，なんかこう学校の先生がドラマか漫画かわかんないけど，幸せに暮らしたかったら，1年後の自分，10年後の自分，30年後の自分，そうやって計画性もって，老後のことを思って貯蓄するとか，ノートに書くとか，未来ノート書くとか，そうやってやんなさいよって。それが幸せになる条件だみたいに。そしたらね，もう，やっぱりこう真面目だから，それを取り入れて，生活してたの。社会で。やっぱりそうするとね，そうだ老後まで生きなきゃいけないんだから，どこでお金を抜こうかなとか，どこで仕事サボろうかなとか。なんだろうね，昔からそういう，障害なのか病気なのかさ，依存症の症状なのかわかんないけど，そういうところがあった。

（2011年5月28日Gさんインタビュートランスクリプトより）

またダルクで生活しているうちに，Gさんはセクシュアルマイノリティーであることに気づいた。それはNA（Narcotics Anonymous：薬物依存者のセルフヘルプ・グループの1つ）に来ていた人たちとの関わりからわかったことでもあった。その気づきも，そしてグループで告白できたことも，Gさんの「回復」にとってプラスに作用したと語る。

G：そういうセクシュアルマイノリティーってグループに行ったらさ，もう立派なね，過去の話をしたわけさ。ほらこう，男性，まあ男性が好きだって話をしたわけさ。そしたら，もうそういう性行為をしなくてもね，立派なセクシュアルマイノリティーだって言われた。あの，基準がわからないんだけど。そう，なんかそう言ってたよ，仲間たちは。

#5：それはいつぐらいの体験なんですか？

G：それはねー，言われたのはね，1カ月前くらいかな。

#5：けっこう最近なんですね。

G：そう，前から誘われてたのね。誘われたって言うか，

#5：勧められたんですか？

G：そう，来てみなーって。うん。

#5：誰に？　それは？

G：その仲間にね。セクシュアルマイノリティーの仲間たちにさ。

#5：それは，NAに来てた人たちなんですか？

G：そうそう，NAに来てた。はじめは，ほらね，うん。でもね，機会があったら，チャンスは絶対来ると思ってたから。あのなんかね，自分のことがわかってくると，人に言われてね，ああしろ，こうしろって言われるのが嫌になるの。それがもしかしたら，依存症者かもしれないんだけど，私の性格だと思う。なんかこう，人から言われてさ，来いよとか，行ってみろよってのはさ，嫌なのね。自分がこう行きたいって，そういう，なった，なるときが絶対来ると思ってたから，もうそういう人間だと思ってるから，性格だから。だから，行けた。

（2011年5月28日Gさんインタビュートランスクリプトより）

▶ Yダルクへの転入

Gさんは入寮期限である2年間をXダルクで生活していた。しかし，その期限が来ても退寮できるめどが立たなかった。そのタイミングで新規にYダルクが設立されることになり，施設長になるスタッフdさんにYダルクに転寮しないかと言われた。Gさんは1日考えて，その次の日にdさんに転寮する意思を伝えた。結果的に，GさんはYダルクに転寮したことを良かったという。Yダルクに転寮することによって，「回復」がより強固なものなったと感じているというのだ。

　　で，今ここの施設長の仲間が「新しいYダルクってできるんだけど，移るか？」ってこう言われたときに，「1日待ってください」って，「考えます」って，こう言ったのね。伝えて，で，今度部屋帰って，こう自分に聞いたの。「どうする？」って，「僕どうする？」って。「Yダルクに移る？」って聞いたときにもう「移る」って（自分自身が言った）。「どうして？」って今度聞いたときに，「僕がXダルクにいて回復するよりも，Yダルクに行ったらもっと回復できるから」って，こう言ったから，もうそれが自分自身の正直な気持ちさ。で，次の日そうやって伝えて。で，ここに来て，よかったね。Xダルクにいたときよりも，今はクリーン（依存薬物を使用しない期間を示すダルクのジャーゴン）でもいれてるし，回復もできてる。あと，仲間との関係が，Xダルクにいたときよりも，なんだろ，楽に，こう密になってる。近づきすぎず，離れすぎず，こう，バランスよく，こうなんだろ，手助けし合いたい，協力し合って，今日だけ生活し合いたい。クリーンでいるためになんかできることはないか，お互いがとかなってる。……Yダルク，ここ来てね，良かった。クリーンでいられてるのは，今ね，こう仲間にも，こう仲間にも話したんだけど，自分自身がもう今日だけでいいから，みんなと一緒に謙虚に素直にいれることをやってるから，またこうクリーンに，こうなってる。うん，そう，こうなんていうんだろうね，こうやわらかいフニャフニャしたさ，こうスポンジみたいなクリーンだったのが，Xダルクにいたとき。今こうグラスみたいに固くなってきてる，クリーンが。

（2011年5月28日Gさんインタビュートランスクリプトより）

Yダルクに転寮してから何カ月か経ったあとにGさんは寮長に指名された。しかし，Gさんは本当はやりたくなかったという。寮長になることは何かしらの責任を負うことになるが，Gさんはそれが嫌だった。寮長になると他の入寮者に対して，生活上の注意をしなくてはならなくなる。それが重荷と思っていた。

だが，自分の成長につながるためのハイヤーパワー（自分自身を超えた自分よりも偉大だと認められる「力」を指す12ステップ・プログラムのジャーゴン）の思し召しだと理解し，寮長になることを引き受けた。

G：あのね，dが，いつか忘れちゃったんだけど，Gは8月1日からね，ここの寮長やってくれって言われたんだけど，もうわかりましたって僕は受け入れて，認めて返事をしたんですけど。これがスピリチュアルな話だと思うんですけど，自分はやりたくないんですよ。

♯5：えっ？

G：だって責任だの，たとえばよ，それが妄想なのかわかんないけど，責任とかさ，あぁめんどくさそうだな。疲れそうだな，うーん。自分のことだけやりてぇよ，楽だもんとかさ，思ってる。それがほんとの自分だと思うんだけど，でもそういうふうに，「はい，ありがとうございます。やらしてください」って言ってるのは，ハイヤーパワーだと思ってるんだよ。神様のとか。俺がそんなほら，ほんとはやりたくないんだもんだって。やりたくないんだけど，「やります」なのさ。

（2011年8月3日Gさんインタビュートランスクリプトより）

Gさんは，ダルクでの入寮生活をポジティブに捉えている一方，ダルクからの退所も楽しみにしていた。その意味でYダルク転寮後の生活は，ダルク退所に向けた活動期間だといえた。Gさんは，ダルクとはあくまでも社会に向けた中間施設であると捉えており，だからこそダルクから出て社会復帰したいと語る。仕事については「やりたくはない」と言いながらも，Gさんは社会復帰のために仕事探しを始めた。

その後，Gさんは実際に学校の食堂で勤務することなる。Gさんにとって食堂での勤務は，久しぶりに社会で働くという実感を与え，満足感を与えるもの

であった。人間関係も良好であり，自身の経歴を少しは明かせる職場であった。しかし，その仕事は 2012 年 8 月に辞めた。久しぶりの通勤でストレスなどあったのだろうか，退職後の 1 カ月間は「夏休み」として，のんびりと過ごしていた。その後，スタッフに促され，また自身も焦りを覚え，再び就職活動に取り組んだ。少し期間は空いたものの，ハローワークでの紹介を受け，2012 年 11 月から介護職につくための学校に通い始める。それはなかなか常勤職が見つからない状況への対策でもあったが，何より自分の就きたい介護職には資格が必要だと考えたからこその行動だった。また，Y ダルクのスタッフには介護職関係の資格をもち，勤務経験もある人がいて，そのスタッフを頼りにすることができたという点も，G さんにとって大きかった。

　通いはじめたスクールには，まったく同じとはいわないが，G さんと似たような境遇の人も多く，その人たちと親しくなった。また学校に通うこと自体が 20 年以上ぶりのことであり，新鮮であった。G さんは，2013 年 2 月にはその学校の課程を終え，ヘルパー 2 級資格を取得した。またいざというときに備えて，精神障害者手帳の申請もしている。そして 2013 年 5 月から，まずはボランティアスタッフとしてデイケア施設で週 2 回のペースで働き始めている。また，Y ダルクの寮から出て，Y ダルクのメンバー 3 人とアパートで共同生活をしていくことにもなった。

　G さんは，自身が言う「社会復帰」に近づきつつある状況にあった。G さんにとっての「社会復帰」とは①ダルクを退所し NA に通い続けながら覚せい剤・アルコールを止め続ける，②生活保護の力を借りながらでも，仕事をして，一人暮らしをする，この 2 点を達成することである。その日に至るまで G さんは 1 日ずつ「回復」につながるための実践を積み重ねていた。

　だが，その後 G さんは，第 9 章で記述した通り，頑張りながらも心身の状態が不安定になってしまった。2018 年 4 月 10 日のインタビューでは，G さんは生活に落ち着きを取り戻し，アルバイトをしながら一人暮らしを始めて，Y ダルクにも欠かさず通っていたことを確認できた。しかし，その後，紆余曲折あり，現在は Y ダルクとは別のダルクで生活している。

2 誰も支援してくれなかったじゃないか

H さん／男性／20代前半／覚せい剤，アルコール

▶児童養護施設，ホスト，少年院

東日本大震災があった後，テレビをはじめとするメディアが義援金を募るような報道で溢れていた。ある日 H さんは 1 人で覚せい剤を使用し，朝まで酒を飲んで自宅に帰宅したとき，テレビをつけるとそのような報道が流れてきた。それを見ながら，H さんは「自分は施設で生まれ育ってきたのに，そんな自分には誰も支援してくれなかったじゃないか」と悔しい思いに駆られ，再び酒を飲んだ。それでも気は紛れず，頼りにしていた弁護士に電話を入れた。その人は H さんの状況（飲酒，覚せい剤の使用が止まらないこと）を知っている人であった。その人に X ダルクに連絡をとるように促された。

> 1 人で飲みに行ってて，それで朝帰ってきて。で，テレビつけたときに地震のちょうどそれがやってて，そのときこう，みーんな，こう義援金とか集めてるじゃないですか。で，自分の場合，こう子どもの頃から施設で，こう育っててきて，誰もそういう人たち義援金とかしないじゃないですか。「何で表に出るときだけ，自分の名前が出るときだけそうやってみんな出てくるんだろう」と思って，それが悔しくてたまんなくて，またお酒飲んで，そしてもうなんかダメだって思って，弁護士に電話したんです。
>
> （2011 年 8 月 3 日 H さんインタビュートランスクリプトより）

ダルク研究会のメンバーが H さんとはじめて会ったのが，ちょうど上記のタイミングであり，H さんがはじめて X ダルクを訪問したときだった。H さんはホストのような少し派手目な服装と少しとれかかったメイクをしていた。その後 X ダルクには数日しか通所しなかったが，数カ月後再び X ダルクに連絡をとり，今度は Y ダルクに入所となった。

Hさんは九州地方のある都市に生まれた。生まれてからすぐに乳児院に預けられた。両親は何回か面会に訪れていたが，Hさんの記憶に両親の顔はない。その後，2歳頃に児童養護施設に入所した。そこから中学校を卒業するまで児童養護施設で生活した。

そこでの生活の記憶のほとんどは悪いものであった。3歳頃から当時入所していた高校生からの嫌がらせを受けた。筋トレの強要や意味もない暴力などを，幼いときから受け続けた。やり方も巧妙であり，消灯時間の21時を過ぎ，職員の見まわりが終わった頃に嫌がらせが始まった。

Hさんが小学3年生になる頃，その高校生たちが退学などして施設から退所した。そのため嫌がらせがなくなり，どうにか平穏に生活できるようになった。この頃から楽しい思い出もあった。高校生たちがいなくなったこともあるが，施設職員の家に遊びに行ったりすることができた。また夏休みのときは，Hさんが両親と会えないという事情もあり，職員とキャンプなどに出かけるなどした。

Hさんが飲酒しはじめたのが小学校5年生である。その頃はチューハイを好んで飲んでいた。その後，バンドのボーカルをやっていたとき，声をハスキーにするためにビールを飲むようになり，その味が好きになった。そして，Hさんはおもにアルコールに依存する。

H：最初自分がビール飲むようになったのは，最初大っ嫌いだったんですよ，なんか，味が。でも，その，自分バンドやってたんで。声が。自分高かったんですよ。今以上に。それで声を低くして，ハスキーにするために，飲み始めて。ここらへん（のど仏らへん）にちょうどつめらせて，パパパッてする（うがいみたいにする）とハスキーになるんですよね。声がガラガラっていうか。

#5：あー，酒やけってやつか。

H：そうです。思いっきりガーッてすると。それで，飲み始めたら，どんどん好きになっちゃって。それでビールを，いろんな種類を集めて，それで，こう味を覚えて。（ビールの銘柄を）見ないでこう，当てる，当てたりとか。それでもう，ビール好きになっちゃったんですよ。

（2011年9月13日Hさんインタビュートランスクリプトより）

中学校に入学してからHさんは荒れ始め，施設の園長にも反発した。職員はそんなHさんを監視したり，怒鳴りつけるようになるが，Hさんは「自分が虐待を受けているときは何も言わなかったのに」と，よりいっそう職員に対して反抗する。一方で在所していた子どもとの仲間意識は強かった。1歳下の女の子とその施設を仕切るようになっていた。

あるとき，その女の子と一緒に施設の子どもたちを集団で夜遊びに連れ出した。もちろん，そのことは施設側にばれて，Hさんと女の子は離された。その女の子は児童相談所に預けられて，その後児童自立支援施設に送られた。そのことに対して，Hさんは当然のように怒り，いっそう荒れた。暴走族を結成し，またヤクザとの関わりをもつようにもなった。また恐喝などの犯罪行為も繰り返した。

（その女の子が）児童相談所に預けられてたらしいんですよ。そのときに，自分（施設に）帰ってきて。で，その子がこう，ものすごく怒鳴ってたりしてたんですよ。「真面目にするから」とか，「ちゃんとするから」って。たぶんそれは本心だと思う。それをその，「大人たちはなぜ聞かない」って思って。「自分たちがこう，大人がこう，勝手にここに預けて，なぜ大人たちが勝手にまた違うところにやるのか」って，「子どもの声を聞かない，なぜ聞かないのかな」って。で，それでまた狂っちゃって。またそれから，また異常に暴れだして。で，もう，それから自分は暴走族，自分でつくって，ヤクザと知り合って，自分で，自分の足で，あの，事務所に出入りしたんですよ。「すいませんー」って言って，「相談があるんですけどー」って。自分1人で行って。

（2011年9月13日Hさんインタビュートランスクリプトより）

事務所に1人で乗り込むという大胆な行動をしたHさんはヤクザに気に入られた。暴走族は10名ほどであり，あまり大きな組織ではなかった。その後，違う暴走族に所属するなどしたが17歳の頃に離脱する。暴走族に所属することが恥ずかしいと思ったからである。また中学校を卒業した頃に半年ほどヤクザに加入していた。

暴走族を離脱してからは友人の家を泊まり歩くなどしていたが，一時期路上
生活も送った。その頃，最初に関わりをもったヤクザに声をかけられ，そのヤ
クザの家で「部屋住み」（掃除や洗濯などの家事をする代わりに居候をすること）を
した。またそのヤクザに勧められ，ホストとして働いた。Hさんはお酒を飲む
ことが好きなので，ホストを選んだという。ホストクラブではなかなかの成績
を挙げ，売上のトップ5にも入っていた。

その間にHさんは何回も補導された。あるときにHさんは保護観察処分と
なり，ある更生保護施設に入所することになった。しかし，その更生保護施設
でシンナーを吸引し，暴れてしまった。そのため，保護観察は打ち切られ，審
判の結果，少年院に送致された。

▶上京，覚せい剤，ダルク

Hさんは少年院に1年2カ月ほど入っていた。Hさんにとって少年院での生
活は犯罪や非行のやり方を紹介し合うなどの「悪い出会いの場」であった。そ
の一方で退院後の生活の先行きが見えないため，退院することへの不安もあっ
た。また，仮退院のための受入先もなかなか決まらなかった。唯一受け入れを
してもらったのが首都圏にある更生保護施設であった。その施設ではじめて覚
せい剤を使用することになる。Hさんは中学校3年生の頃からシンナーを使う
ようになっていたのだが，その施設の在所者が覚せい剤を使用しており，そこ
でHさんも覚せい剤を使うようになる。

＃5：（少年院に入所していたのでシンナーを吸うことを）やめなきゃいけなかっ
　　た。そのあと出た後シンナーやろうと思った？
H：やろうと思って，まあ，みんなこう，シャブしてたんで，その中こう，
　　自分も行って，「自分，シンナーがしたいんですけど」って。でも，みん
　　な，ダメだよっていうんですよ。「シンナーはダメだよ」って。「自分，で
　　もシンナーの方がいいです」って，そういう話の中で，「じゃあお前ちょ
　　っと一発入れてみろよ，こっちが良くなるぞ」って言われて，はじめて首
　　に（覚せい剤を）打たれたんです。
＃5：首？
H：はい。自分はじめてが首なんです。

＃5：はあ。すげえとこ打たれたね。めっちゃくちゃ（覚せい剤が体に）回っ
　　たんじゃないの？
H：なんか，つったような感じだったんです，はじめて打ったときは。自分，
　　ちょこっとしか入れてもらわなかったんで。きたっていうよりも，こう，
　　あ，つったーみたいな。ここらへんが，なんか，むずむずする。で，その
　　あとに，こうじゃあちょっと，多くして，入れてみようかって，まあ自分
　　でしてみろって言われて。こう，こうまあ，（みんなが）いる中でこうして。
　　そのときにはじめて自分で入れて。スカッとして。それからもうずっと覚
　　せい剤ハマりっぱなしです。
　　　　　　　　　　　　　　（2011 年 9 月 13 日 H さんインタビュートランスクリプトより）

　その更生保護施設には何度か警察が入り，覚せい剤の使用などで逮捕される
人もいたが，H さんはうまく逃れながら生活していた。しかし，荷物の管理
のことで職員とトラブルを起こし，H さんは傷害罪で訴えられ，罰金刑となる。
そのためアルバイトしていた和菓子屋もクビになってしまう。
　その後，H さんは都内で一人暮らしを始めた。生活保護をもらいながらも，
内緒でいろいろなアルバイトを行い，最終的には再びホストをしていた。ホス
トの経験はあったのだが，仕事のときはかなり緊張していたという。そのため
覚せい剤やアルコールを使用してから仕事をしていた。

H：もう夜の仕事行くときは必ず使っていかないと，しゃべれないんで。
＃4：なんかしゃべるために使ってたって感じ？　まあもちろん，
H：それもあります。
＃4：気持ちいい，気持ちいいっていうのはあるんだろうけど，しゃべるた
　　めにも必要だったってこと。しゃべらないときはやっぱりあの，あの仕事
　　はきつい。
H：きついっすね。自分，たぶんできないです。それかお酒ひっかけていく
　　かですね。
＃5：ってことはけっこうシラフではできない。ある意味。
H：シラフではあんまりしゃべれないので。
　　　　　　　　　　　　　　（2011 年 8 月 3 日 H さんインタビュートランスクリプトより）

H さんが住んでいた家の近くに，更生保護施設で知り合った先輩が住み始めていた。H さんが覚せい剤の快感を教えられたのも，まさにその人だった。その先輩は引っ越してくる前から H さんの家に通っていたが，いつのまにか近くに住むようになった。はじめのうちはその先輩から覚せい剤を譲ってもらっていたが，その後 H さんはみずから購入するようになる。

H さんは覚せい剤を使用し始めて 1 年半ほどで X ダルクにつながった。そのためまだ覚せい剤の気持ちよさを味わい尽くせていないという。しかし，その先輩がおかしな行動をとるようになり，自分はこうはなりたくないと思うようになる。そして，冒頭の場面につながるのだが，社会に対する恨みだけでなく，人を恨んで生きるのが嫌になったことも弁護士に電話をした理由になった。その先輩との出会いがある意味でダルクにつながったきっかけの 1 つとなった。

　（先輩が）ずっと立ってゲームしたりとか，変なことを言い出したり。もう電車の中で 1 人でしゃべったりとか。うん，一緒にいて恥ずかしくなっちゃうんですよ，こっちが。ああ，俺も使ってたらこうなるのかなと思って。自分一応注意するんですよ，「何してるんですか」とか。「何が？」とか気づいてないんですよ，本人は。だから嫌だなと思って。で，まあ自分が電話したときも，まあ自分（覚せい剤）打ってお酒飲んでたんで，まあ自分のこう，まあテレビでこう地震のやつがやってたんで，まあそれもあってまあ電話したっていうのがあるんですけど。まあ自分もこう（人を）恨む人生がこう嫌だったというか。人をこう恨んで生きるのが嫌だったっていうのもあったんですよ。だからこそもう電話して。ああ，電話する前には弁護士に電話して，泣きながら自分電話してたんですよ。それでこう，つながったんですよ。ある意味先輩にはありがたいというか，教えてもらえたから。よかったですよね。

（2011 年 10 月 25 日 H さんインタビュートランスクリプトより）

▶ **Y ダルクに入所**
入所して間もない頃，覚せい剤・アルコールへの欲求がかなり残っていた。

また，ダルクという場所で生活すること自体に緊張していた。しかししだいに慣れ，ミーティングでも発言するようになる。最初のうちは発言をパスするなどしていたが，徐々に正直に自分のことが言えるようになってきた。また他の仲間の話を聴くことによって自分と他の仲間が「同じなんだ」と認識した。

> Ｈ：最初ミーティングで自分あんまり話せなかったんですけど，最近，その話すことでけっこう楽になる部分はあるなと思って。
> ＃４：なんか使いたくなるって話すこともある？
> Ｈ：うん。
> ＃５：あっ，そうなんだ，へー。しゃべりだしたのは最近？
> Ｈ：最初の方，向こう（Ｘダルク）の方ではもうパス，ミーティングではパスしてたんですけど，こっち（Ｙダルク）に来てから，最初の方短かったんですけど，あとそれから自分のことはあまり言わないようにしてたんですけど，ここに来てからもう，自然と言えるようになってきて。
> ＃４：なんかその，自然に言えるようになった感じって，何が，何が違ったとかきっかけとかってあった？
> Ｈ：自分にとっては仲間，えーその仲間たちが普通に自分の恥ずかしさとかすべてこう見出して，こうしゃべってることとか見てるとやっぱり，みんな同じなんだとそういう気持ちになるんです。
> （2011 年 8 月 3 日Ｈさんインタビュートランスクリプトより）

しかし，ダルクでの生活がずっと落ち着いていたわけではない。仲間のじゃれ合いを見て，自分が受けた虐待を思い返したり，また嫌いな仲間ができたりした。あるときその仲間がスリップ（依存薬物の再使用を示すダルクのジャーゴン）し，Ｈさんはとても心配した。しかし，スリップした後も，その仲間から覚せい剤を使うための本格的な話をされ，また購入先をしつこく聞かれた。それゆえに心配したことが徒労に終わったと感じ，その人のことを嫌いになった。

ただ，Ｈさん自身も覚せい剤への欲求は残っていて，嫌いな仲間を避ける一方で自分もいつ使ってもおかしくない状況であると認識していた。スリップを回避するために，スリップからほど遠いと考えられる仲間や，Ｙダルクの施設長であるｄさんのそばにいたりした。

H：なかなか，もうスリップした人がいれば，「そこに俺がいれば絶対に使ってたよなあ」とか思って。「行きたいなあ」って，思う自分もいるんですよ。そこの。「いいなあ，使えて」って思う自分もいるし。

#5：ちょっと逆に言えば，使わないようにしたいっていう自分もいるってこと？

H：そうです。

#5：かなり葛藤があるんだね。

H：葛藤なんです。いつでもこう行けるんだけど，今はそれを我慢してるみたいな。

#5：へえ。そのなんか，自分で，どんなふうな心持ちで我慢してるのか，とか，たとえば具体的な行動とか，習慣でもいいんだけど，そういうことってやっぱ，やってることはあるの？

H：もう，自分の場合は，使いたいなあとか，近寄りたいなあ，使っている人の場に，それは思うけれども，その人に近づかないことですね。自分自身が。で，もう，その人がいれば，使ってる人がいれば，こう絶対，その人が，やっぱ言いにくい人とかいるじゃないですか。この人がいれば，そういう話を，話題をしないっていう，そういう人のところに行ったりとか。たとえばFさんの前ではやっぱそういう話とかしないじゃないですか。dさんとかそういう。だからそういう場に行ったり。

#5：なるほど，なるほど。やっぱ，その人たちのそばにいると安心するの？

H：安心。

（2011年9月13日Hさんインタビュートランスクリプトより）

　それでもHさんは覚せい剤を使いたいという欲求に従って動くことがあった。たとえば，外出したついでに更生保護施設で知り合った先輩の家を訪ねることもあった。そのときは先輩が留守だったため，覚せい剤の使用には至らなかった。

　また，仲間とは仲良くなり信用しはじめていたが，Yダルクを自分の居場所としては認識していなかった。たとえば，自分がスリップしたときに再び受け

入れてもらえるのだろうかという不安をもっていた。

　信用はしてるんですけど，ミーティング，自分の中でこうハイヤーパワー（自分自身を超えた自分よりも偉大だと認められる「力」を指す 12 ステップ・プログラムのジャーゴン）っていうか，信じれるものがこうミーティングなんですよね，自分。でも，こうまあ自分の中で，こう信用はしてるんですけど自分が，こうもしもクスリ使って出て行ったら，みんなは，こう自分の思ってることなんですけど，あいつ，その戻りにくいというか。みんなからこう思われてるだろうなって，勘ぐって，自分がこう変なふうな考えを取り入れてしまいそうで。「あいつ来た，（クスリを）使ったのに（NA〔Naroctics Anonymous：薬物依存者のセルフヘルプ・グループの 1 つ〕に）来たのかよ」とか。そういう思われるのが嫌なので。たぶん戻ってこないだろうなっていう。

（2011 年 10 月 25 日 H さんインタビュートランスクリプトより）

　それとは逆の行動ともいえるが，上記に挙げた嫌いな仲間を追い出そうと動いたこともあった。その仲間に売人の番号を教えたのであった。その仲間は売人とコンタクトをとって，スリップしてしまった。このことについてはスタッフからきつく注意されている。それはその仲間を死なせてしまうような行為であり，H さん自身にも大きなダメージを与えてしまうからだ。

　（売人の番号をしつこく聞かれたことをスタッフに）言ってなかったんです。ずーっと黙ってて。だからそれも話して，自分がほんとに＊＊さん（Y ダルクにいた仲間の 1 人）のことが嫌いだったってことも話したんですよ。「それはしちゃいけないよ」って（スタッフに）言われて。「どんなに嫌いな人でも売人の番号とか教えないでくれ」って言われて。もしも教えてまたクスリして，死んじゃったら，死んだり刑務所行ったら俺がもっと苦しい思いしてしまうじゃないですか。「だから今回はほんとそういうことにならずにほんとよかったよ」って言われて。ああ「自分を守るためにも，人をこう死なせないためにも，そういうことはほんとしないでくれ」っていうか，「大事なことだよ」って言われて。

（2011 年 10 月 25 日 H さんインタビュートランスクリプトより）

Hさんはシラフとスリップの境界をふらふらとしながらも，ダルクで生活を続けた。スリップできない理由としてはクリーン（依存薬物を使用しない期間を示すダルクのジャーゴン）の継続を挙げていた。また売人の番号を保持していたこともスリップしないで生活できていた理由でもあった。その連絡先を捨てることによってかえって欲求が強いときに衝動的に薬を使いに行ってしまう可能性もあり，それならば「いつでも使いにいける」という「お守り」としてしばらくはもっていた方が良いとスタッフからも言われていた。

　H：今スリップしないのもクリーンがあるからっていうのも一理あるんですよ。クリーンを崩したくないというのか。もう3カ月も経ったから，それをもう続けていきたいというのがあるんですよ。
　#5：ああ，なるほどね。じゃあ，なんていうんだろうな，止められる。クリーンが長くなれば，どっちが先かわかんないけれども。けっこういい感じではありますね。
　H：ただ，ここをもしも出て行ったら，仕事とかで円，円満で出て行ったら，また使うだろうなと。まだ売人の番号持ってるんで。
　#2：あの，どうして捨てないんですか？
　H：やっぱこういつか，こうまた使いたくなるかなと思ったんです。使いたくなったときにこう売人の番号がなかったら嫌だなっていう気持ちが残っているんですよ。まだ使いたいんですよね，たぶん。
　#2：これdさん知ってます？
　H：はい。たぶん来てからすぐ言いましたね。ここ来てすぐ行ってdさんに言ったら，それは捨てなくていいって言われたんです。
　#2：どうして？
　H：捨てたら，「欲求が強いときにもう衝動的にこう探しにいくだろう」って，持ってたら「まだある」っていう「売人の番号があるから大丈夫」って，「そういう気持ちになれるでしょう」って言われて。「持ってなかったら衝動的に即行探しに行っちゃうから。病気の人はそうだから，それは捨てない方がいい」と言われて。
（2011年10月25日Hさんインタビュートランスクリプトより）

▶**スリップ**

　そのような状況でも，Yダルクならば「回復」できる，とHさんは思っていた。一緒にいて安心できる仲間がいるからだとHさんは述べていた。しかし，スリップを経験する。それは同じくYダルクに入寮している仲間（Jさん）との交流の中で起きた。JさんはHさんと年齢が近く，行動をともにすることが多かった。その中で，Jさんが処方されていた睡眠薬でスリップしてしまう。その様子をHさんは見ていたのだが，スタッフには報告しなかった。そして，Jさんがスリップする様子が楽しそうだからと，あるときHさんも一緒に睡眠薬でスリップをする。そして2人でどんちゃん騒ぎを起こす。

　（Jが飲んでいた薬は睡眠薬かという問いに対して）そうです，多めに飲んでる。それで，それ見てて，最終的に自分もこう，もう飲んじゃおうみたいな。楽しそうだったんで。飲んじゃって。

　　　　　　　　　　　　　　　　（略）

　自分の場合は1年前ぐらいに眠剤（睡眠薬）飲んでたんですけど，それはほとんど寝るための薬で。自分はそれですぐ寝てたんです。だから気持ちよくなることとかもわかん，味わったことないんで。1回ぐらい味わいたいと思ってこないだ飲んだら，もうテンション上がっちゃって。お酒買いに行っちゃって。お酒も飲んで。ここでどんちゃん騒ぎしてたんですけど。

　　　　　　　　　（2011年12月13日Hさんインタビュートランスクリプトより）

　そして，後日スタッフにはそのことが判明し，HさんとJさんは指導を受ける。Hさんはスタッフには正直にスリップしたことは伝えた。しかし，開き直った態度をとり，その後のNAでは飲酒をすると言って会場から飛び出した。そのときは，依存薬物を使い続け，アルコールを飲み続けるつもりでいた。そして，Yダルク自体からも飛び出そうとしていた。

　NA会場から飛び出したHさんは公衆電話から更生保護施設の先輩に連絡をとったのだが，電話に出なかった。それで再びYダルクに戻るというのもかっこ悪いと考え，Yダルクの近くのコンビニで缶ビール2本を購入する。しかし，1本しか飲めなかった。結局どのメンバーよりも早くYダルクに戻ってきた。それからしばらく考え，やはり過去の生活に戻りたくないとして，これま

でと変わらず Y ダルクで生活させてもらえるように d さんに頼んだ。

H：1 人で帰ってきました。みんなより早く。

#5：みんなより早く帰ってきたんだ。

#4：そのあとは，もうなんだろ，また，先輩の家に電話かけたりとかは。

H：は，その日は，次火曜日だったんで。火曜日は絶対 21 時以降出るんです，電話。だからしようと思ってて。で，1 日ここにまぁ，いようと思ったんですけど。まぁ帰ってきた日の夜にこう考え方が変わったっていうか，もう 1 回頑張ろうかなっていう気になってお願いしたんですよね，d さんに。

#5：へー。なんで変わったの？

H：その。まぁ先輩ん家に行って，また元の世界というか，ホストの世界に戻るのはいいけど，まぁ後先また見えてないというか，戻ってくるだろうなと思って，ダルク。それなら後悔するよりも，ここで，お願いするというか甘えさせてもらった方がいいのかなと思って。

（2011 年 12 月 13 日 H さんインタビュートランスクリプトより）

▶ **愛され欲求**

　スリップした後，H さんは先輩の連絡先をみずから捨てた。逃げ道をなくして不退転の立場をとろうとしたのである。またスリップしたことによって，かえって楽になったという。いつまでもクリーンで居続けようと意地を張っていた力みが消え，逆に依存薬物，アルコールをやめられない自分を助けてほしいとミーティングなどでも訴えるようになったのである。

　その，スリップしたおかげで，まぁ自分がうん，なんか全部こう取り下げられたというか，今まではこう，けっこうほとんどみんな自分の後に入ってきてるし。クリーンは長い人たちはいるけど，まぁ自分の方がこうしっかりしてるだろうというか，頭の回転も速いし。もうしっかりしたオーラを出してたというか。クリーンがなくなったことによって，やっぱあいつだめだったんだとか。それ思われるの，最初苦しかったからここ逃げようと思ったんですけど，もうそれを全部話そうと思って。で，自分はしっかりしたくないし，人に甘えたいっていうのも伝えて。

（2011 年 12 月 13 日 H さんインタビュートランスクリプトより）

しかし，それゆえに他の人に甘えたい気持ちが強くなり，H さんは他者との距離感を新たな問題として捉えている。スリップ以前の H さんならば，愛されたいという欲求（「愛され欲求」）を周囲に提示して，嫌われはしないだろうか，と悩むことがあった。しかし，スリップ後は，もっと自分のことを見てほしいという「愛され欲求」を相手にもっと示したいという気持ちが問題になっていた。「愛され欲求」の間でのバランスを保つことが新たに課題になっていた。

　　いい具合に保ててたい，っていうか。嫌われたくないなあ，っていうのも，いい具合にもっていたいし，今のこの「愛され欲求」も，もうちょっと抑えたいっていうか。だから，この 2 つをちょうどいい線にこう，ピーってひきたいなって思って。そしたらうまい具合にいくかな，と。

（2012 年 1 月 31 日 H さんインタビュートランスクリプトより）

ちなみに J さんとはスリップ後に一度本音で正直に話し合うことがあり，それ以来本格的に仲良くなっていった。

　　その眠剤やめてから J さんが，そのどんどんこう普通に回復したいっていうか。こう，良い方向に進んでたから，自分もそれ見て，ああと思ってて。で，1 回 J さんの方から自分の方にこう何でも話すようになったんですよね。それで，その中に，こうぽろっと J さんが「俺のこと嫌いだっただろう」みたいなことを言ってきて。で，それでもう自分も全部暴露して。「もう（J さんが）眠剤切るまではずっと大嫌いだった」っていうことも話して。もうだからもう本音を全部話すようになってから，すごい仲良くなったっていうか。

（2012 年 5 月 5 日 H さんインタビュートランスクリプトより）

しかし，後でくわしく述べるが，H さんと J さんは喧嘩を起こす。喧嘩をするほど仲が良いというが，H さんと J さんとの距離感は近すぎるとスタッフから言われていた。それゆえに J さんと違う NA に通うことや他のダルクに転寮

することを提案されている。

　ただその，近寄りすぎてスタッフから言われるんですけど，その近寄りすぎの意味がわかんないんですよね。俺たちの中では。何がどう近いのか，やっぱり一緒に暮らしてるなかで年が近いし，話もかみ合うし。そしたらやっぱり一緒にいた方がやっぱり面白いところに自分もいたいから。そうなって。だからその近寄りすぎの，あれ度合いがわかんないんですよね。っていうか今は。

（2012 年 5 月 5 日 H さんインタビュートランスクリプトより）

▶J さんと NA を立ち上げる

　その後，H さんはダルクの生活，精神面の安定のために適切な薬を処方されたことなどを通してしばらく「普通」の生活を送った。下記の語りのように，H さんにとって少々刺激は足りないが，安心した時間になった。

H：たぶん，今が普通なんすよ。

＃5：慣れない？　今この感覚に？

H：慣れない？　はい。なんか足りないというか，今までどんな施設に居ても，＊＊（在所していた更生保護施設の名前）でも，やっぱりシャブ使ってる人が周りにバーっていたり，喧嘩する人がいたりとか。本当平凡な，普通の環境というのがはじめてっていうか。

＃5：あれ，一人部屋ってはじめて？　もしかして，今まで生きてたなかで。

H：一人暮らししてたとき（がある）。

＃4：ああ，そうそう，一人暮らししてたね。でも，一人暮らししてたとしても刺激はもっと，たっぷり？

H：お酒あったし，シャブもあったし，人呼べたし。でも，ここではホント1人っていうか，何も使わずに1人っていうのがはじめてですね。小学生ぶりくらいですかね。何も使わずに1人でいるっていうのは。

（2012 年 3 月 7 日 H さんインタビュートランスクリプトより）

　その中でd さんの勧めもあり，J さんと新規の NA を立ち上げることになっ

た。Hさんはダルクを信頼していたが，基本的にミーティングが苦手であった。しかし，自分たちで立ち上げることによって，愛着が湧き，ミーティングへの向き合い方が変わるのではないかとdさんが思ってのことであった。ただ，Jさんは積極的であったが，Hさんはどちらかというと消極的であった。

H：で，行きたくないミーティング場もあるし，だからそれに合わせて自分 たちで作ればいいじゃないかって。
＃5：なるほどね。自分で作って居場所を，って感じ？
H：そうそう。自分たちでこう，そうしたらなんか，やっぱミーティングに 対しても愛着が湧くし，伝統っていうのあるじゃないですか？　それも自 分たちで理解していくじゃないかって。
＃1：ああ，勉強してね。
H：勉強というか，自分でセク（セクレタリー：NA ミーティングを開催するうえ での幹事のような役割にあたる）をすることによってこう，周りを見渡して， こういうときどうすればいいんだっていうことで伝統みたりとか。それで， そういう趣旨もあって，たぶんdさんもそういうふうに声を掛けてきた んだと思います。
＃1：ああ，なるほど。「やってみないか？」って。
H：そうです。Jさんもすごいやる気満々なんですよ。自分の方がどっちか といえば，消極的というか。そう，自分の場合はいつ開き直るかわからな いので。
＃5：（笑）。

（2012 年 3 月 7 日 H さんインタビュートランスクリプトより）

　HさんとJさんが立ち上げたNAは 2012 年 4 月から始まり，2019 年時点で も続いている。Hさんはもちろん中心的な存在として活動した。それによって ミーティングに対する意識が少し変化した。以前はミーティングの最中に悪ふ ざけをしたり，ミーティングから抜け出したりしていたのだが，とりあえず苦 手だけどミーティング場には居続けようという意識になった。また，できるだ け他者にとって有意義なミーティングにしたいという意識にもなった。

H：やっぱりこうセクやってると，周り誰が来てるっていうのも全部把握するんですよね。ああこの人来た，この人来たって。で，やっぱりこう，1人がいなくなるとこうわかるんですよね。ああ，この人けっこう時間帰ってきてないなとか。そうしたら，ああ，ここのミーティングつまんないのかなと思ってしまうんですよね。

#5：つまんないのかなと思う。

H：つまんないからミーティング出ないのかなとか。だからそれを思うと，自分が行ってる※※（地名）とかそこでセクやってる人たちはそう思うんじゃないのかなと思って。だからそれで今は出るようにしてるっていうか。

#5：ああ，なるほどね。自分のそのセクやってるところは面白くしたいのやっぱり。面白くしたいっていうのも（あれだけど）。

H：やっぱ面白くっていうかこう，居心地のいいところにしたいというか。だから新しくつながった人でも，また次の週来たいなって思うようなミーティング場にしたいっていう。

（2012 年 5 月 5 日 H さんインタビュートランスクリプトより）

▶ 無 断 外 泊

先ほど述べたように H さんは J さんと喧嘩したが，それは H さんが J さんに NA に参加していた女性との仲について相談したところ茶化されたことが原因であった。その女性は H さんに好意をもってさまざまなアプローチをしてきた。H さんはそれほど魅かれることはなかったが，その女性に対してはっきりと拒否をしなかった。その一方でその女性に好意を抱いていた別の男性のメンバーがいた。いわば三角関係になってしまい H さんは困っていた。自分たちが立ち上げた NA にもその女性は定期的に参加をするようになっていた。

H さんはその女性から距離をおこうといろいろと模索をした。しかし，H さんはみずから連絡をしてしまう。その女性に対してあまり好意はなかった。しかし，H さんが Y ダルクを退所してホストになったらお客になるとその女性から言われ，それに心が揺らいだ。また，その女性を利用して飲酒をしようと考えていた。H さんは依存薬物に対する欲求は少なくなっていたが，飲酒に関しては欲求が強くあった。

そして，ある日ミーティングが終わった後にその女性と落ち合い，その女性

の自宅で無断外泊をする。その女性はHさんに，Yダルクを退所して一緒に住める部屋を両親に用意してもらうと伝えていた。Hさんはその部屋に転がり込もうとした。しかし，実際には女性の両親は2人の同居を許可しておらず，Hさんの住める部屋はなかった。そのため，Hさんは女性の家に転がり込むことはできず，1日でYダルクに戻ることになる。また，実際に女性と居酒屋に足を運んだが，緊張や罪悪感のためか「貧血病」になり，1滴も飲めなかったと語る。

> H：自分もう，酒飲む気満々だったんですよ。そのとき。でも，こう，ミーティングが終わるにつれて，こう，震えだしちゃって。＊＊さん（Yダルクの仲間）が，一番知ってるんですけど。もう，震えちゃって，こう。もう，出るんだって思ったら。緊張してか，なんか知んないですけど，震えちゃって。
>
> ＃2：お腹が鳴って，震えたのかと思ったんじゃなくて（笑）。
>
> H：なんか，悪いことしてるような，そんな感覚に襲われちゃって，
>
> ＃5：罪悪感とか。
>
> H：罪悪感とか，いろいろ。で，それで，実際こう居酒屋には行ったんですよ。その女の子と。でも，お酒もう，自分貧血病になっちゃって。貧血みたいになっちゃって。もう，クラクラなって。もう，飯も食える状態じゃなく。最初よりじゃあ，もうカラオケ行こうかっていって，カラオケで，こう自分横になってたんですよ。ずっと。で，そのまま，もう何も食えずに，こう飲めずに，そのまま家に帰って。もうそのまま話して，そのまま寝たみたいな。
>
> （2012年12月8日Hさんインタビュートランスクリプトより）

▶ 別のダルクへの転寮

その後，HさんはYダルクに戻った。しかし，別のダルク（以下，＊＊ダルク）に転寮することになった。転寮するまでにはしばらくの猶予期間があったが，ある日の朝，dさんから突然転寮することが伝えられ，そのまま＊＊ダルクに異動することになった。

Yダルクに比べて，＊＊ダルクは厳しい生活であった。ミーティングの参加

は絶対であり，熱が多少あっても出席しなければならない。また昼にはランニングなどの運動プログラムがあった。またプログラムが終了するまでは自分の部屋には帰ることができなかった。Yダルクとは違い，＊＊ダルクではプログラムを徹底的に行う厳しさがあった。

Hさんは＊＊ダルクでも最初は緊張し，なかなか仲間と打ち解けることができなかった。どうせYダルクに戻ることになるのだからと自分から線を引いて，他の仲間と近づかないようにしていた。そうした中で，Hさんは＊＊ダルクで生活することが苦しくなり，また上記の仲良くなった女性を利用して退寮しようとした。しかし，その苦しい気持ちをミーティングで吐き出したところ，＊＊ダルクのスタッフに励まされ，それで再び頑張る気持ちになった。

　最初3週間して，自分，もう出て行こうと思ってたんですよ。で，一応dさんに電話して，「もう出て行きたいんです」っていうこと言って。そういう話をしてて。で，自分は，もうまあまたこっちの（件の仲良くなった）女の子を利用して，きついからもう出て行こうと思ってたんですけど。でも，こうまあ，dさんとこう，話してるうちに「ちょっと待てよ」，みたいな，「ちょっと考え直せ」って言われて。で，次の日の朝に，まあ，こうミーティングあるじゃないですか。で，そこでもう自分の中で迷ってたんですよね。ほんとに出て行っていいのか。このまま我慢した方が，あとあと先いいことが起きるのか，それを考えて，ミーティングでおろした（話した）んですよ。こう，「出て行くって言ったけど，こう，言ってしまったから，こう，出て行かなきゃいけないのか，その，引けない」っていうことも言って。でも，こう「残りたいけどきついのも嫌だし」っていうことを言ったら，スタッフが1名いて，そのスタッフが駆け寄ってきてくれて，「（一緒に）やっていこうぜ」みたいな。その「自分が出て行くって言ったからって，出て行かなくてもいいんだぞ」って言ってくれて。それでこう，とどまったというか。「じゃあ，頑張ります。もう一度」って言って。だからそのスタッフ1名にはすごくよくしてもらったんですよね。

（2012年12月8日Hさんインタビュートランスクリプトより）

それ以外にもJさんなどのYダルクのメンバーからの電話や手紙がHさん

にとって励みになり，＊＊ダルクでの生活を続けられた。

▶ 再び Y ダルクで

　＊＊ダルクで 4 カ月ほど生活した後に，H さんは Y ダルクに戻ってきた。そのときはとにかく緊張したという。＊＊ダルクで成長した証を見せなくては，と力んでいた。一方で，H さんは下記のように仲間との関係，J さんとの距離感などについて，自分が成長したこと，変わったことを認識していた。

> H：仲間に対して，こう，まあ行く前は，全然こう人に興味がなかったというか。別に俺 1 人でもいいやって，ずっと思ってたのが，こう今では，こうつらいと思うこともあるんですけど，仲間と一緒にこう成長したいというか，仲間と一緒にこうそばにいたいと思えるようになったのが，こう 1 つ全然変わった部分かなと思って。
>
> ＃5：あ，そうなんだ。なんか今までは，なんだろう。その，＊＊に行く前，Y ダルクにいた頃って，けっこう J さんとはそばにいたじゃない。(それ)とはまた，違う感じなの？
>
> H：また，その別に 2 人でこう回復できればいいやと思ってたんですよ。J と俺，2 人で，こう。だけどもう，まわり NA メンバーとか，別に施設の仲間は，自分は要りません，みたいな。もう近寄らないでくださいっていうような感じだったんですけど。今はこう，J と 2 人じゃなく，いろんな人たちがこう周りにいるっていうか。だからその人たちと一緒にこうコミュニケーションとりながら，仲良くじゃないけど。一緒に成長できればなっていうふうに変わったっていうか。＊＊にいたときが，もうやっぱ，すごく 1 人でぽつんてするのが多かったんで。そこからこう，声をかけてもらえたときは，やっぱり嬉しかったんですよね。そうやってなって，だからそのときにこうやっぱり 1 人じゃだめなんだっていうのがわかったっていうか。

> (2012 年 12 月 8 日 H さんインタビュートランスクリプトより)

　Y ダルクに戻ることができた H さんは，一緒にスリップをした J さんとバースデイ(依存薬物を止めた日を意味するダルクのジャーゴン)を迎えることになる。

そこで H さんは「感謝」というテーマで語った。また，そのときに H さんはアノニマスネーム（NA やダルクなどで使う通称を指す言葉）も変えた。以前のネームは憧れていたホストの人の源氏名からとったものであった。新しいアノニマスネームは H さんの本名である。

　　××っていう名前（前のアノニマスネーム）が，こう，ホストの先輩の名前（だった）。それをこうずっと，自分もいつか夜に戻りたいと思ってたんですよ，ホストに。で，No. 1 にいつかなるって思って。その名前をずっと変えないでいたんですけど，もうバースデイちょっと前っていうか，＊＊（ダルク）から帰るちょっと前に，こう，もう自分の中でホストはもうしないって決めたんですよ。お酒は飲みたいけど，ホストはしない。でも，こう昼間の仕事に戻るなら，もうお酒も飲まないで生きていく生活しかないって思って。そしたら，こうもう××っていう名前は必要ないなって思って。もう，そんなのにずっと引きずりまわってても，ずっと手放せないままでいても，変われないと思ったんで，それじゃあもう本名で。ちゃんとありのままで，＊＊（本名）っていう自分でこう，生きて生きられるようになりたいなと思って。

（2012 年 12 月 8 日 H さんインタビュートランスクリプトより）

　H さんは新たな人生を歩み始めた。週 5 回のアルバイトも始めて，職場での人間関係もそれなりにうまくこなせた。もちろんミーティングにも通っていたし，みずからが立ち上げた NA にも再び主体的に取り組みつつあった。
　しかし，H さんはスリップした。正確にいえば，スリップし続けていた。ことの発端は H さんに好意を寄せていた女性と再び連絡をとり，Y ダルクをまた無断外泊したことであった。そのときにじつは＊＊ダルクにいる頃から定期的に飲酒をしていたことが判明した。その結果，X ダルクに転寮することになった。だが X ダルクでもスリップし続け，一時精神病院に入院した。その後は地方のダルクにつながったり，離れたりを繰り返す生活を送っているとダルクスタッフから聞いている。2018 年 3 月時点では地方のダルクにつながっていた。
　H さんの「回復」への道のりは複雑であり，先行きが不透明なのかもしれない。しかし，あれだけ出たがっていたダルクというコミュニティのそばに H

さんは未だ居続けている。Hさんにとってダルクは居場所になりつつあるのかもしれない。なお，Hさんに関してはダルクとの連絡が一時途絶えたこともあって，インタビュー調査に関しては2013年時点で中止となっている。

3 何となくダルクにたどり着いて

V さん／男性／40 代前半／覚せい剤

▶ 「普通」の生活を求めて

V さんが Y ダルクにつながったのは 2013 年 6 月のことであった。V さんは覚せい剤に依存しており，それゆえに何度も逮捕された。Y ダルクは二度目の受刑後の生活先となった。というのも，ダルクへの入所が生活保護受給の条件のようになっていたからだ。覚せい剤を止める気持ちはあったが，ダルクへの入所は躊躇していた。自分と同じように半ば強制的にダルクに入所する人がいると思い，その中で再び覚せい剤の使用を誘われたらどうしようか，ミーティングの中で薬物に関する話を繰り返し聴くことで欲求が高まったらどうしようかと考えていた。

V さんが覚せい剤にはじめて手を出したのは 20 歳のときだった。その当時，風俗店のボーイとして勤めていた V さんは職場の先輩に覚せい剤の使用を勧められた。そのときは「炙り」で覚せい剤を使用したのだが，とても気持ちよく，それからハマった。自分でも購入するようになり，売人から注射器での使用の仕方を教えてもらった。使い始めてから一度逮捕され，執行猶予付きの判決を受けたこともあるが，24 歳までは使い続けた。

24 歳から 33 歳までは覚せい剤を使用することはなかった。そのときにつき合っていた女性と結婚するため，また父親の稼業を継ぐために真面目になると決意し，覚せい剤を止めた。しかし，あるとき網膜剥離になってしまい，片目の視力がなくなってしまった。それゆえに仕事を続けられなくなってしまった。その中で X さんはストレスをためてしまい，それを解放するように MDMA を使用し始めた。しかし，MDMA は効果の割には高額であったので，また覚せい剤を使用し始めた。そのときは以前と違い，使いすぎることなく，コントロールして使用していたと語る。しかし，それから 3 回の逮捕，2 回の刑務所入所を余儀なくされた。ダルクにつながるまでの 5 年間はほとんど刑務所で過ご

していた。

はじめてインタビューしたとき，Ｖさんはダルクに入所２カ月目であった。このときは仮釈放中であり，それが終わる頃までダルクで生活する予定であった。刑務所に居るときから覚せい剤を止めようとしていたのだが，ダルクの生活を通じてその思いをさらに強くした。

　　一応自分も（2013 年）9 月，10 月くらいまで頑張ればいいのかなって。でも，ダルクに関わらなくても，もう止めようって決心は刑務所に居るときに。きつかったんですよ，きついし，時間の無駄だし。本当に思ったんですよ。でも，またダルクに来たことで，また輪をかけて止めるって，意志が出たんでまあ良かったかなと思ってるんですよ。

　　　　　　　　　　（2013 年 8 月 17 日 V さんインタビュートランスクリプトより）

　ダルクでの生活を始めた頃は緊張していたが，徐々に慣れてきた。仲間との関係についても，少しずつ打ち解けることができた。ただ，薬物依存に対するダルクの考え方になじむのには少し時間がかかったようだ。たとえば，「今日一日」（1 日だけ依存薬物を使用しないで生きることを繰り返すことを示すダルクのジャーゴン）という言葉はあまり好きではなかった。「今日一日ではなくって，一生止める決意が必要なんだ」と，覚せい剤を止めるのにあたって自分の断固たる意志が必要だと思っていた。だから，当初は NA（Narcotics Anonymous：薬物依存者のセルフヘルプ・グループの 1 つ）やダルクにいながらも依存薬物を使用する人に対してあまり良い感情をもてなかった。

　　俺，それあんまり好きじゃないんですよ。今日だけとか。今日だけで明日いいのかみたいな。ずーっと止めようって言うのもキツイのかもしれないけど，今日だけって。d さんも言うんですよ，1 回ぐらい滑ってもいいんだぞって。いや俺は本当にやる気ないから 1 回もクソも。もう 1 回やったら終わりだと思うんですよ自分。もう止まらないと思ってるから。もう親兄弟捨てるようで，もう本当に裏街道まっすぐぐらいの決意がなきゃやらないと思ってるんですよ。だから俺は今日だけっていうの好きじゃないですよね。

　　　　　　　　　　（2013 年 8 月 17 日 V さんインタビュートランスクリプトより）

ミーティングでも，なかなか自分から話ができなかった。何を話せばよいのか，どこまで正直になって話せばよいのか，わからなかった。ただ，入所して半年を過ぎた頃には，楽しいとはいえないままも，ミーティングは苦ではなくなった。また，はじめてミーティングに参加する人がいたら「燃える」ともVさんは語った。いつものメンバーには同じような話を聞かせることになるが，はじめての人に仲間として快く迎え入れることを伝わるようにしていた。ただ，ミーティングで「クスリが止まらない，どうしたらいいでしょうか」という話をする人に対して，どのように声をかけていいのかはわからなかった。この時点でVさんは，覚せい剤に依存しているときの記憶がなく，またはそれを忘れようとしていて，それゆえにどのように声をかけたらいいのかがわからなかった。

ダルクの考え方になじむには少し時間はかかったが，生活寮での集団生活は刑務所に比べて楽だった。最終的にほとんどの仲間とうまく関係を築くことができていた。仲間との関係はミーティングなどのプログラムを通じてというよりも，その合間にしていた「バカ話」などで距離が縮まっていたと語る。

＃5：何か，逆に何か堅苦しいミーティングがあるからこそ，その，なんだろうバカ話。

V：バカ話。そういうので縮まったっすよね。

＃5：それはもうそうですよね。逆にミーティングで縮まったって話はね，何かね。

V：ミーティングで縮まんないですよ。で，ミーティングしたってまたね，すぐこれでこうなんて，そんな話はしないですよ。かったるいから。まぁするときもあるんですけどね。昨日みたいのとか今日とかあったときは，そういうときは言いますけど，どうだろうみたいな。言いますけど。

（2013年11月4日Vさんインタビュートランスクリプトより）

それ以外にVさんは覚せい剤を止めるためにとにかく暇を作らないことを意識していた。暇があれば，どうしても覚せい剤に手を出してしまうと考えていた。そして，どこかのタイミングで仕事をして，できれば結婚して，家庭を

もちたいと考えていた。そういった「普通」の生活を送りたいと考えていた。

　Vさんが20代の頃に覚せい剤を使い続けたのは，寂しさや親への不満など
のネガティヴな思いを埋め合わせるという理由があった。一方で，30代の頃
に覚せい剤の使用を再開したときは，仕事もして，女性ともつき合ってと「普
通」の状況で，満たされていた。もちろんストレスも原因だったが，「普通」
以上の刺激を求めたことも大きな理由と考えていた。だから，「普通」の生活
を送り続けることを目標にしていた。

▶ ダルクに慣れる

　ダルクに入所して8カ月が過ぎる頃，VさんはダルクやNAの仲間との交流
をさらに深めた様子を語っていた。生活のルールを巡る仲間と見解の相違や仲
間のスリップ（依存薬物の再使用を示すダルクのジャーゴン）などもあったが，基
本的には仲間と落ち着いた生活を送っていた。スタッフとの関係も比較的良好
だった。自分に比べて若いスタッフ，就労経験が短いスタッフがいたけれども，
先行く仲間として尊敬していた。また，怒られるのが嫌いという性格もあって，
ダルクでの生活はしっかりしようとしていた。

　また，いろいろなNAに通うようになり，人間関係も広がっていた。いつも
同じNAに通うよりも，いろいろな仲間と出会い，いろいろな話をできるよう
になった。Yダルクの中でのいつも同じメンバーでミーティングを行うことに
よってお互いの理解が深まることもあるが，そのメンバーがいないNAに通う
こともまた自分の「回復」に影響すると考えていた。

　こうして，最初は3カ月ほどと考えていたダルクでの生活もそれよりも長く
なったが，市役所のケースワーカーやdさんと相談し，入所1年をめどに退所
する予定を立てた。ダルクでの生活はすごく楽しいというわけではないが，苦
痛ではない。だけど，その後の生活に向けた目標が見出せないところにフラス
トレーションがあった。ただ，ダルクやNAの考え方に対しての捉え方には変
化があった。自分が覚せい剤を止められているのは，自分の力や意志のおかげ
だろうと思っていたVさんだったが，徐々にミーティングなどの効果を感じ
ていた。またダルクでの生活を通じて積み重ねていったクリーン（依存薬物を
使用しない期間を示すダルクのジャーゴン）を大事にしたいと思った。

3 何となくダルクにたどり着いて   221

やっぱり僕自分自身で自分のね，ミーティングっていったって，話したくなければ話さなくったって良いし，話したいことも話すし，話の内容もね，みなにはキレイごと言っていいし，正直なことを話してもいいし，ただそういうミーティングで，まあ回復してるとは思わなかったんですよ。やっぱ自分の力だろうと。自分の意志だろうと。最終的には。とは思ったんですけど，やっぱりここまで来たのは，やっぱり全部とは信じないですけど，はっきり言って。まあ半分くらいはあるのかなって。まあそういうふうには感じますね。あとこうやってクリーンっていうんですか，伸びてくるとやっぱり大切になってくるんですね。

(2014 年 2 月 19 日 V さんインタビュートランスクリプトより)

また，今日一日も受け入れられるようになった。この頃，昔の記憶を思い出し，覚せい剤の使用の欲求がよぎることがあった。そのときに今日一日という考えを思い出し，それで欲求を抑えようとした。また，退所したときに，覚せい剤の使用や飲酒などの誘惑をかわすことができるのかという点でも不安だった。それに対しても今日一日を実践していこうと考えていた。

それが変わったんですよ。前はほら，今日だけじゃ［聞き取り不能］しょうがねー的なことをぬかしてたじゃないですか (笑)。だけど，なんかそういうふうに，なんかそういう欲求的なものが，行動には移さないですけど，頭をよぎったりすると，ああじゃあ今日だけ，一日。なんていうんでしょう。

(2014 年 2 月 19 日 V さんインタビュートランスクリプトより)

また病気になって NA に通えなかったときに，ふっと覚せい剤のことを考えてしまったことがあった。やはり，V さんにとって暇な時間があることは，欲求につながっていた。だから，ダルクや NA からは離れるのはまずいと思った。ダルク入所前は，薬物依存者同士で話をしていたら，また覚せい剤を使いたくなってしまうのではないかと思っていた。でも，覚せい剤を止めるためには仲間が必要だと認識した。この時点では，最終的にはダルクや NA を離れることを目標にしていたが，それは慌てずにしようと考えていた。

また，周囲の人々にかけた迷惑に関して，身近にいた仲間が覚せい剤の使用

で逮捕されたことであらためて感じたと語った。あるとき，Yダルクに通所していた仲間が逮捕されてしまった。その仲間はおそらく刑務所に行くことになることが考えられたため，Vさんは同じ経験をした者として苦しくなってしまった。もっとその仲間に対して，何かをしてあげられなかったのかと考えることもあった。そして，そのような苦しさをもしかしたら親や周囲の人々にさせてしまったのではないかとも考えた。同時に親や周囲の人々から信用を取り戻すのには時間がかかるとも感じていた。

Vさんはこういった気持ちの変化が「回復」なのかもしれないと考えていた。そして，その変化とともに「普通」の生活を取り戻そうとしていた。

ダルクでの生活も長くなり，他の仲間に比べて，在所歴も長くなってきたVさんはついにミーティングで司会をするようになってきた。その頃，ダルクにつながり続けている動機も変わっていた。

> 2月くらいに気づいたんですよ。前からここに来てるのは，（覚せい剤を）止めるために来てたのと，市役所の関係で来なければならないっていう，そういう2つの中途半端な気持ちで来たんだけど，2月の半ばで気づいたんですよ。いろんな人の話聞いてですけど，僕完全に止めようとか突然に思えたっていうか，そのくらいですかね。
>
> （2014年6月2日Vさんインタビュートランスクリプトより）

Vさんはダルクにつながり続けているのは，自分の「回復」のためとあらためて認識した。その後，Vさんは司会をすることも含めて，無理はしないように，より積極的に取り組んでいこうとした。また，Yダルクでプログラムの一環として取り組まれていたSMARPPやエンカウンターグループなどに対しても，前向きに取り組んでいた。

この時期Vさんが課題にしていたのは，新しい仲間に対して，どのように振る舞うかであった。もちろん，新しい仲間だからといって，下に見るのではなく，あくまで対等でいる。しかし，新しい仲間を迎えたときに，受容するだけではなく，先行く仲間としての何らかのアドバイスが必要となるときがある。でも，そのときに誰かに偉そうに指示しているように思えて，どこか傲慢になっているのではないかと悩んでもいた。

結局，Vさんは1年が過ぎてもダルクにいた。ただ，ダルク以外の知人から
はダルクには慣れてはいけないのではとも言われていた。Vさんはダルク以外
の知人も多くおり，定期的に知人たちと会って，アドバイスをもらっていた。
Vさんとしても，退所のタイミングを逃すとズルズルと居続けてしまうのでは
ないかとも考えた。ただ，一人暮らしを始めたとして，ちゃんとプログラムを
実践できるのか，ミーティングに通えるのか不安だった。だから，もう少し，
ダルクで退所後の生活の準備をしようと考えていた。

　他方で，Vさんは退所してから，昼間は好きなことをして，夜のNAだけ欠
かさずに行けばよいと考えていた。しかし，スタッフからは，仕事を探すなど，
昼にやることを見つけることも助言された。

　一方で，ダルクの生活は完全に慣れていた。しっかりと1日3ミーティング
をこなしてきたがゆえの悩みも出てきた。司会を始めた頃は，テーマを決める
ことは苦ではなかったのだが，3，4カ月経つと，それが見つかりにくくなっ
てしまった。また，入所が1年にもなることから，仲間に対してメッセージ性
のある言葉を投げかけることもどこか期待されていると感じていた。でも，仲
間に何を届ければよいのかわからなかった。それでもYダルクやNAの仲間
との仲は良好だった。司会をこなし，その手伝いも欠かさずやっていたことで
仲間から信頼を得ていたようだ。

　だからね，最近ねー。けっこう3，4カ月前までは，たとえば司会を僕が
やったりすると，テーマとかをバンッという感じで，ババババーッとこう，
言えるんだけど，今，けっこう話すことなくなっちゃって，テーマもどうし
ようかな，って悩んじゃう。ただ，こう，僕もそんなじゃないけど，1年居
るから。なんか，メッセージ性の，メッセージ性のあることをくれって言わ
れてて。だから，逆に話しやすいのは，新しい人が来たときとか。そういう
ときはやっぱ，話しやすいです。経験を言えばいいんだから。どうやってこ
う止めてきたのか，とか，そういう今までの経験を話せばいいことだけだか
ら，そっちの方が僕，楽なんですよ。
　　　　　　　　　　　　（2014年8月1日Vさんインタビュートランスクリプトより）

ただ，新しい仲間の話にどうも耳を傾けられないことがあった。新しい仲間

が薬物使用を絶対に止めますといったような「良い話」をしたとしても，ミーティングの他の参加者の手前で取り繕っているだけなのではないかとも思ってしまう。かといって，考え過ぎた話は，それはそれでもっと単純に，本音を話せばよいのにと思ってしまうこともあった。ただ，それも徐々になくなった。

このときのVさんにとっての「回復」のイメージはシラフでも生きていける，また楽しめることだった。それはYダルクやNAのメンバーがいたからこそのものでもあった。ここから先，日常生活の中でちょっとした欲求が起きたりやフラストレーションがたまることはあるだろうけど，ここから悪くなることはないとも考えていた。仲間と一緒に「回復」を歩むことが楽しくなっていた。仲間を信頼しているし，自分も仲間から信頼されたいとも考えていた。

　　そういうね，日常生活のちょっとしたあれ（欲求）はあるけども，もう，こう悪くなるイメージはないです。で，やっぱりこう。今度逆で，NAとかでもっと長い人たちに，もうほんとにクリーンで続こうね，とか言ってくれたりとか。そういうふうに，あと同じぐらいの人には，おんなじに歩んでいこうね，ってこう，言ってくれ，言われたりとかすごいするから，やっぱりこのままいきたいなって思えてますね。そういうのが仲間っていうのかなって，はじめて最近気づいた。Yダルクだけじゃなくて，そうNAメンバーとかもみんな仲間なのかなって思う，わかってきたっていうか最近。

（2014年8月1日Vさんインタビュートランスクリプトより）

▶ 就職と退所，そして「回復」

その後，Vさんは2014年8月から2カ月間かけて就職活動を行うことになったが，それは大変だった。まず，履歴書を書くこともひと手間だった。また面接を受けるのにもどこか気疲れした。当初，Vさんは短時間で終わることできるような仕事を選ぼうとしていたが，なかなか就職できなかった。中年男性が週に数日，4時間程度のバイトしかしないことは，かえって雇う側から不信がられてしまう。就職活動は難航した。

　　難し，すごい難しいです。ね，40過ぎの人がね，週3とかね，4時間とかの仕事して，「大丈夫ですか」って向こうが心配しちゃう。そうすっと，「訳

ありだろ」って思われちゃうんす。それでなかなか受からないっす，はい。

（2015年2月14日Vさんインタビュートランスクリプトより）

　清掃業の会社で面接を受けたことがあるが，そこでも経験を求められて，就職できなかった。しかし，あるとき，新聞広告でスーパーの青果部門のアルバイト募集を見つけた。八百屋での勤務経験が少しあったので，そのことを伝えるようにして，どうにか就職できた。仕事内容はおもに品出しなどの倉庫作業だった。雇用側の要請から，結局週4日働くことになった。体力的には良かったけど，職場での人間関係から精神的には疲れてしまった。とくに仕事に関する物覚えが悪いとされて，いじめではないけれども，よく注意されていた。

　とりあえず3カ月勤めることができたら，ケースワーカーとしても自立生活が可能であると判断でき，退所に近づくということだったので，頑張った。ただ，その勤務先は退所後の居住予定地からは遠方にあった。そのため，そこで勤めていても退所につながらない可能性もあり，またスタッフからの助言もあり，そこを辞めることになった。

　そこで退所後の住まいから通いやすい場所で，ハローワークを通じて新たな仕事を探した。これまでの経験からか，就職活動のコツのようなものを見出して，あるホームセンターの修繕部門でのアルバイトとして速やかに就職できた。これまでにも似たような仕事の経験を買われてのことだった。これまでの経験を活かせるからか，仕事は大変なこともあったが，やりがいも同時に感じていた。ただ，職場はYダルクからは遠く，通勤は大変だった。雇用側にはダルクで生活をしていることは伝えていなかったので，そこは黙っていた。また，仕事を始めたけれども，いつになったら退所になるのか，見当もつかないことにフラストレーションがたまっていた。最初は入所して1年間経てば退所，その後仕事をいくらか継続できたら退所と言われてきたが，最終的な退所のめどが立たなかった。このときのスタッフとのやりとりを通じて，Vさんはダルクに対して少し不信感を覚えてしまった。

　ただ，そのような不信感も，自分が退所に向けて焦っていることが原因だとも理解していた。仕事先にも近い将来引っ越すという前提で雇用されているので，できるだけ早く退所しないとマズいと考えていた。それだからか，この時期はミーティングではどこか不調だった。仕事に関する話が多くなっていたの

で，Ｖさんにとってもどこかしっくりこないところがあったようだ。ちょうど
Ｖさんがダルクにつながった頃に，就職している仲間の話に共感できない点が
あったが，そのような感覚が仲間にもあったのではないかと思っていた。逆に
いえば，あのときの仲間の気持ちがいまになってわかってきた。

退所が近くなると，どこか気持ちが落ち着かなくなる。これまでの仲間を見
ていても，退所間際にいなくなってしまう人がいた。そのときはなぜなのかわ
からなかったが，このときになってはその気持ちがわかると語った。退所に向
けて，いろいろと考えることが多くなり，それゆえに大変な状況であったのだ
ろう。少しおかしな話かもしれないが，Ｖさんは覚せい剤どころの騒ぎじゃな
いという状態になっていた。

　　なん，昔はね，「あれっ，この人」。もうね，「（退所が）近い」ってなって
　る人，なんで逃げちゃったりとか，うん，潰れちゃったりとか，してんのか
　な，と思って。今一番潰れやすいっすね，むしろ，むしろむしろ。

　　　　　　　　　　　　　　　　（略）

　あとっやっぱり，なんか，「退寮とかってまだ全然先だな」とか思っちゃ
　うと，腰据えて，諦めるじゃないですか。逆に，こう，「もうちょいだ」「も
　っすぐだ」とか思っちゃうと，「まだかまだか」とかなったりとか，そうや
　って話も違ってくると，「なんだよ」とか思っちゃったりとか。

　　　　　　　　　（2015年2月14日Ｖさんインタビュートランスクリプトより）

その数カ月後，好条件な場所に退所先が決まった。ただ，仕事に関しては少
し疲れが溜まってきていた。修繕部門ということもあり，お客様がいない時間
帯での仕事が多くなり，疲れは溜まりやすくなる。また会社から頼まれている
のは嬉しいし，何でもできるようにといろいろと研修を受けさせてもらえたが，
自分はアルバイトであり，そこまで頑張って仕事を続ける意味はあるのかと考
えた。この会社でしっかりと勤めたいという気持ちもあったが，それで頑張っ
た結果，ダルクやNAでの活動がおろそかになってしまったところもあった。
Ｖさんにとって，優先すべきはダルクやNAでの活動だった。

　そんなときに，いや，（仕事に）一時期燃えてた時期があるんですよ。いろ

んなことやって。もう NA 行ったらもう，本当眠くて。本当になんか，行ってるだけになっちゃって。これ意味ないなと思って。

(2015 年 5 月 4 日 V さんインタビュートランスクリプトより)

退所することが決まっても，とくに嬉しさがあるわけではなかった。できればY ダルク付近で生活したいと思っていたが，生活保護受給の関係上，居宅する地域は限定されていた。ダルクに通い続けることを念頭に入れたので，少し距離が遠くなると思うくらいだった。NA にも毎日ではないにしろ，無理なく通い続けるつもりだった。仕事についても，無理がないように，嫌になったら辞めようと気楽に考えながら取り組もうとしていた。

ダルクでの生活は約 2 年に及んだが，その期間の間にいろいろと変化があった。1 つは，やはり覚せい剤に対する欲求が出ることがほとんどなくなったことだ。また，自己中心的に生きるのではなく，他者がおかれた状況を考えながら行動できるようになったことだ。これはひとえに仲間との生活の影響が大きい。あとは朝起きて，夜寝るといったような「普通」の生活リズムが作れたことも変化の 1 つだ。

そして，このとき，V さんは「回復」を覚せい剤を使わないで元気に生きつつ，人から信用されることだと考えていた。だから，退所してからが大事だし，「回復」は一生続くものだとも考えていた。ダルクから離れることが決まって，少し気が楽になったが，ここからどう生きていくかも同時に大事になると考えていた。でも，無理せずに自分のペースを考えながら，生きていこうとしていた。

一生大丈夫だとは思われないかもしれないけど，ある程度，「ああ大丈夫だな」って思われるようになるには，出てからやっぱ何年もかかるじゃないですか。だから，僕の中ではここでは終わったかもしれないけど，出てからが勝負だから。それを，うーん。なんか逆に，逆に考えちゃうんですよ。「ああ，こいつどうせ信用してねーな。ここから大変だな」って思うんですよね。だから一概に喜べない。

(2015 年 5 月 4 日 V さんインタビュートランスクリプトより)

▶ダルクスタッフを志す

その後，Vさんは 2016 年 11 月からある地方に存在するダルクにスタッフ研修として出向くことになった。ホームセンターでの仕事は 2016 年 2 月頃に辞めて，そこからハローワークの職業訓練としてパソコン教室に通いながら，仕事を探していたが，見つからなかった。その時期に Y ダルクのスタッフにダルクスタッフになりたいことを伝えていた。そして，Y ダルクのスタッフからそのダルクで研修するという提案を受けた。Vさんは少し考えた。Y ダルク近辺とは違い，その地域ではダルクや NA の活動があまり活発ではなく，本当に自分がやっていけるのかと不安であった。ただ，期間限定であれば大丈夫だろうと判断し，出向くことになった。そのダルクからは研修後は正職員として迎えたいとされたが，Vさんはとりあえず Y ダルクに戻ってくることを前提にしていた。

この頃 V さんは「普通」のことをやるのにも，人よりも頑張らないといけないと能力的な限界を感じていた。それは仕事だけでなく，ダルクでもそうだった。振り返ってみるとミーティングの司会なども相当頑張っていた。でも，ダルクや NA の生活が好きだった。その好きなことをすることでお金がもらえるようになるなら，それはそれで幸せだと思った。だから，ダルクスタッフになることを目指した。

　　そう，何，何するでもたぶん，なんか人一倍やらないと，うーん，と思ってますね。なんかたぶんダルクの職員に関しても，Y ダルクとかでも，もう知ってるなかで，全部知っててやるより，もう知らないところに行って，もう本当に，徹底的に一緒に住んで，やらないとたぶん普通の方とはこう，普通な，にはなれない，っていう。

　　　　　　　　　　（2016 年 10 月 26 日 V さんインタビュートランスクリプトより）

研修先で任されるおもな仕事は，おそらくミーティングの運営になると V さんは考えていた。それはこれまでの経験も活かしながら，うまくこなしていこうと考えていた。誰もが気を抜いて，正直に話せる場にできるようにしていこうと考えていた。

なお，この時期に X ダルクのスタッフにスポンサー（NA の中での相談相手の

ことを指す 12 ステップ・プログラムのジャーゴン）をお願いしていた。そのスタッフが歩んできた「回復」の道のりは，V さんにとって尊敬できるものであった。また，そのスタッフにはいろいろなことを相談することができた。スタッフ研修に関しても賛同が得られた。ただ，スタッフ研修に出向くにあたって，Y ダルクのスタッフからも，スポンサーからもステップ 4 を行うように言われたが，忙しさからか，なかなかできなかった。ステップ 4・5 は自分の性格やこれまでの生い立ちなどを踏まえていかないとできないもので，集中する時間が必要だと感じていた。なので，ステップ 4・5 はスタッフ研修中にできればよいかと思っていた。そのダルクでの研修で自分の「回復」の新たな局面を迎えると考えていた。

　結局，その研修先となったダルクには 2017 年 10 月まで生活し，その後 Y ダルクに戻ってきた。研修を通じて，V さんの「回復」は強固なものとなった。研修先のダルクは，V さんが Y ダルクに戻る頃に 1 人増えたが，研修中は当事者スタッフがおらずにさまざまな仕事をすることになった。ミーティングだけでなく，SMARPP などの運営も手伝った。また，NA もあまり発展はしていない地域だったので，その運営についても力は入れた。しかし，疲れは溜まったようで，ダルクに入所してからはじめてといっていいほど調子が悪くなってしまった。しかし，2018 年 1 月のインタビューでは，NA や Y ダルクに通いながら，少しずつ調子を取り戻そうとしていた。そして，2019 年 2 月にもインタビューを行ったが，仕事をまた始めようとしており，また NA での活動にも力を入れようとしていた。そして，「今日一日」を意識しながら生きていくことがしっくり思えてきた。

　V さんはなんとなくダルクにたどり着き，そこからダルクとのつき合いが長く続くことになった。そのつき合いの中で，「普通」の生活を送ることを模索していた。そのために，人一倍の努力をしていた。でも，V さんはきっとこれからも飄々として様子で，時に疲れることもあるだろうが，ダルクや NA で活動を続けていくのだろう。その過程を追いかけていくと，これも何となく「回復」の意味がわかるような気がする。

　そして，V さんは 2019 年 9 月に 6 年目のバースデイ（依存薬物を止めた日を意味するダルクのジャーゴン）を無事に迎えた。

4 「回復」はつまらない

cさん／男性／40代前半／風邪薬

▶ 「刺激」が好き

cさんは関東地方北部出身の両親のもとで，首都圏のある都市で生まれた。また，3歳年下の妹がいる。子どもの頃，一家が住んでいたのが6畳1間・共同便所の木造アパートであった。両親の仕事による収入が安定していくにつれて，徐々に広い家に移っていった。両親のしつけも特段と厳しいものではなく，cさん曰く，少し貧乏ではあったが「普通」の家庭で育ったと語る。

小学校に入学したcさんはいわばガキ大将だった。この頃から運動が得意であり，運動会や球技大会などで目立って学校の中でヒーローになろうとしていた。その一方で，「あんまり人の気持ちがわからないタイプだったかな」と語るように，ガキ大将といっても友達を守るようなタイプではなく，どちらかというといじめっ子のようなガキ大将であったという。そのため，先生に注意されることもあった。だが，両親や近所の人々からはかわいがられながら，その中でわがまま放題で育っていたという。

cさんは小学生のときから「刺激」が好きであったと語る。cさんの父親は競馬やパチンコなどを日常的に行っていた。cさんは父親に同行して，競馬場やパチンコ屋に出向くことが多々あったと語る。その中で，cさんも大人に交って競馬の予想やパチンコをすることがあり，そのときの「刺激」がアディクションの始まりだったのではないかと語る。

> うん。あの受けちゃいけない刺激，その小学校1年生とかで。受けるべきでない刺激を，こうバーって入ると「ジャラジャラジャラー，ジャラジャラー」，「おお，よくやったなー」みたいな。で，こう，その玉でなんかお菓子交換してくるみたいな。僕はあれが，あれがたぶんね，僕のアディクションの始まりかなって，今思えば。

（2014 年 11 月 12 日 c さんインタビュートランスクリプトより）

　c さんが通っていた小学校では教員による暴力や学級内でのいじめなどがあり，通学をしたくない時期もあった。しかし，中学校での生活はそのようなこともなく楽しく過ごせたと語る。また，小学校から始めていた野球も続け，それに夢中になっていた。現在の c さんにとっても野球は趣味の 1 つである。

　c さんは中学生のときに，喫煙やシンナーの吸引を経験した。その回数は少なかったが，一度使用すると歯止めが利かなくなり，一緒に楽しんでいた友人に取り上げられるほどであった。シンナーの吸引は転校によってぴたりと収まったという。転校先でシンナーの吸引をしている人もおらず，また野球をするのに忙しく，それどころではなくなったとのことだった。このとき c さんはシンナーに依存する人物は自分とは別の世界の住民だと認識していた。

　このときに野球に熱中していたおかげで，父親に変化があったと c さんは語る。c さんの父親はギャンブルに関して問題があった。競馬，競輪，パチンコなどにお金を費やして，家計が困った状況になることがしばしばあった。その中で，c さんの母親と揉めることも多々あった。父親と母親が揉める状況は，あまり覚えていないが，c さんにとってあまり良いものとはいえなかった。その中で，c さんの野球に対する頑張りを見て，父親も「真面目」になり，練習や試合の送り迎えなどさまざまな面で応援してくれるようになった。そのため，c さんは家族の中でヒーローのような存在になっていた。

　中学生のときに所属していたチームで大黒柱として活躍していた c さんは，漠然と野球選手になるという夢を描きながらも，この頃はあまり将来に関しては深くは考えていなかった。それでも野球での活躍が認められ，野球部が強い私立高校に推薦入試で合格した。高校入学までの間，野球部も引退していたので，友人とよくつるんで遊んでいた。またバイクを運転したり，好きな女性と遊んだりもしていた。そのような「刺激」を経験することで野球への関心を徐々になくした。結局，c さんは高校では野球部に入部しなかった。

　高校生になってからは，野球よりも「刺激」を楽しむことを選択した。しかし，そのような「刺激」が楽しかったのも最初の頃だけであった。また，意中の女性に振られたこともあり，日々がむなしくなった。その中で野球部に入部しようと試みたが，それもうまくいかず，「あやうい精神状態」が続いた。そ

の後もさまざまなことを試みて，むなしい状況を脱しようとしたができなかった。そのようなときに，ｃさんは自身が依存していく薬物に遭遇した。

▶ 「咳止めシロップ」との出会い

　定期試験期間中のあるとき，ｃさんは友人が薬局で「咳止めシロップ（ブロン）」を購入して，1本すべてを飲んでいる光景に出くわした。明らかに適量を超えて使用しているので，なぜそのようなことをするのかと尋ねた。その友人曰く，「集中力が増して，試験勉強が捗る」とのことだった。その友人から咳止めシロップの使用を誘われ，一度は断ったものの，2回目にはついに飲んでしまう。それが，咳止めシロップの使用の最初だった。高校1年生の終わり頃であった。使い始めた頃は1回で使用する量が多すぎて，そのため周囲の人物が驚くほどの状態になっていたという。しだいに量を調整しながら使用するようになった。しばらくの間は友人と一緒になって咳止めシロップを使用して，遊ぶようになっていった。

　だが，咳止めシロップを使用する頻度は増えていき，それを購入するためにボーリング場やデパートなどで置き引きをして，盗んだものを質屋に入れるなどの犯罪で得たお金を遊び代や咳止めシロップの購入費用に充てていた。そして，ｃさんはついに1人でも薬を使用するようになった。高校2年生の終わり頃になると，通学前に1本は飲まなくてはいけない状態になった。飲まないと授業中もそわそわして，凶暴な性格にもなったとｃさんは語る。高校3年生になると咳止めシロップの使用量は1日2本ぐらいと，それ以前の倍の量を使用するまでになっていた。咳止めシロップは1本1500円くらいするもので，毎日購入するとなると厳しいものがあり，ゆえに窃盗を繰り返した。あるときｃさんは友人と課外活動中の部活の部室に忍び込み，そこからお金を盗んだりしていた。しかし，それが見つかり，警察に通報された。その結果，退学処分となった。

　高校生のときには，父親との関係はもとどおりになってしまった。ｃさんが野球をやめてしまったため，父親も「もとの生活」に戻り，ギャンブルに再びはまった。他方，母親との関係はとくに変化はなく，あまりうるさいことは言われない状況であった。しかし，高校は退学処分になり，家族の中でも緊張が走った。

それから，cさんは咳止めシロップの使用を止めようと試みた。まだ，両親に咳止めシロップに依存している状況は把握されていなかったようだが，cさん自身の焦りもあって，使用を止めようとした。しかし，離脱症状が厳しいものであり，数日しか止まらなかった。

咳止めシロップの使用を止められなかったcさんは，そこからその効用が切れることに対しての恐怖に怯え続ける日々を送っていた。その生活からの脱出を図ろうとして，cさんは大学に進学することを志した。そのためには大学入学資格検定（現：高等学校卒業程度認定試験）に合格する必要があった。ただ，それに向けた勉強にも咳止めシロップを使用して臨んでいた。集中力が増し，1日に何時間も勉強ができるようになり，大学入学資格検定は合格することができた。だが，大学受験においては勉強の難易度も上がり，咳止めシロップをより使用しながらの勉強が続いた。結局，その年の受験では志望大学に合格できず，cさんは浪人を決意した。

しかし，浪人時代によって咳止めシロップへの依存がよりひどいものになってしまった。浪人となり，1年間の余裕が出たと考えたcさんはパチンコ屋通いを始めてしまった。その中で，お金がなくなり，パチンコ屋の景品を盗んで売り飛ばして，咳止めシロップ代を稼ぐなどの悪循環が続いた。しだいに予備校にも通わなくなった。それどころか幻聴のようなものも聞こえるようになった。時にあまりの体調不良のために，みずから救急車を呼ぶようにもなっていた。

その頃にはcさんにとって人づき合いも面倒くさいものとなり，単独で行動するようになっていた。昼間はパチンコ屋，夜中に勉強をしているような生活になった。また，週末は競馬場などで過ごしていた。そのような生活では学力も期待ほど上がらず，結局前年度に合格していた大学にだけ合格し，そこに進学することになった。

大学に進学してからも，cさんは咳止めシロップの使用を止めようと試みる。そこで野球をやっていたときの自分に戻れば何とかなるのではないかと考え，体育会のアメフト部に入部することになった。アメフト部の練習に参加し，他の部活に比べて「生き生きした感じ」を覚えていたからだ。当時のその大学のアメフト部は1部リーグ入りを狙えるほどの部活であった。cさんはその部活で1年生から戦力として期待された。

cさんは，4年間ずっとアメフトをやり続けた。しかし，学業の成績に関しては芳しくなく，授業にも出席しない状況が続き，留年を繰り返していた。咳止めシロップの使用も結局止められなかった。14時頃に起きて，アメフトの練習をしてから20時頃に帰宅，そこで朝方に寝て……という生活サイクルを繰り返していた。またアメフト部でもcさんの素行について問題になることもしばしばあった。そのような状況でもcさんは学生という身分に縋（すが）りつくために，退学だけは避けようとしていた。咳止めシロップの使用も止められず，大学生活を通してもずっと使用していた。またそのことを他の人々にばれないように過ごさなければならないために，人間関係もしだいに窮屈なものになっていた。

アメフト部の活動は4年で引退することになったが，cさん自身は単位をほとんど取得できておらず，5年目の大学生活に突入した。5年目の大学生活ではほとんど家に引きこもり，咳止めシロップを使用しながらテレビゲームをする生活になっていた。そんな生活も突如として終わりを迎えることになる。

▶ ダルクに入所する

cさんは咳止めシロップ代を稼ぐためにパチンコ屋で万引きをして警察に逮捕された。その頃には家族もcさんが薬物に依存している状況を把握していたらしく，身柄を引き受ける際に咳止めシロップの使用を止めることを条件に出していた。しかし，身柄の拘束が解かれたその日の夜からcさんは咳止めシロップを使用した。そのために，cさんの母親はcさんをダルクに連れていった。それが，cさんがはじめてダルクにつながった瞬間でもあった。

（略）母親と「薬物はもう止めるから，家に戻してほしい」と。「じゃ今回は家に戻ってきていいけど，もう薬物は止めるね」と（約束された）。「今度（咳止めシロップを）使ったら，ダルクに行くね」って，約束して。もう出てきたら，不起訴でそのままね，出てきたら，その日の夜にはもう（咳止めシロップを）使ってたんで。それで，ダルクに来たんですよ，僕も。

（2014年11月12日cさんインタビュートランスクリプトより）

この頃，cさんはまだ大学に籍を残していた。3カ月ほどでダルクを退所し

て，8年かけて大学を卒業しようと思い描いていた。それから良い会社に入って，ちゃんとした生活を送ろうとした。しかし，そうはならず，いまに至るまでダルクとの関係が続くようになった。

Xダルクには両親とともに来た。cさん自身もある程度覚悟していたことではあったが，まるで捨てられるようにダルクに入所することになった。スタッフと今後の生活などに関して諸々の説明があったあと，すぐにミーティングに出席した。はじめて参加したミーティングはいまでもよく覚えているとcさんは語る。刑務所から出所して間もない人，精神病院に10回以上入退院を繰り返していた人，投身自殺を図った影響で歩行が困難になった人，牛乳にトルエンを混ぜながら飲んでいたという人等々，これまでにcさんがまったくといっていいほど出会ったことがないような人々と一緒に共同生活を送ることになったのである。

当時の生活寮は現在とは違う場所で一軒家を借りていた。1名のスタッフを含めて，10名ほどが寝泊まりしていた。部屋は3人部屋であった。当時の同居人は12年間刑務所に入っていた中年男性とcさんと同じ年くらいで同じような薬物に依存していた男性であった。後者の方は，cさんが入寮したときには入院中であった。

また，当時のダルク入所者の年代は20代から30代が中心であったとcさんは語る。現在のダルク入所者の平均年齢よりも10〜15歳ほど下だったようだ（現在は40代から50代以上のメンバーが多い傾向にある）。また，精神科により処方された薬を飲んでいた人も少なかった。またダルク入所者の依存薬物もシンナーと覚せい剤が中心的であり，その当時の時代背景が反映されていたともいえる。また，ダルクの数自体も少なく全国各地から人が集まり，地方色が豊かだったらしい。

生活の流れに関しては現在のダルクとあまり変わらなかった。1日に3回のミーティング（朝と昼はダルクでのミーティング，夜はNA〔Narcotics Anonymous：薬物依存者のセルフヘルプ・グループの1つ〕ミーティング）に出席することと午前0時までの門限がルールになっていた。

現在と様子が異なっていたのはNAである。cさんが入所した当時，NAは数えるほどしかなかった。NAに参加していた人の中に過去にダルクに在所していた人もいたが，ダルクに関わっていない人も多かった。なお，当時のNA

にはダルクスタッフは参加することが少なかった。

▶ ダルクから逃げる

ダルクでの生活に対して，当初はショックを覚えた c さんであったが，シラフではなかったこともあり，しだいに慣れていった。入所してからも咳止めシロップの使用も止められなかった。朝のミーティングが終わると，日々もらえる生活費から咳止めシロップを購入し，使用した。昼のミーティングが終わると，一部の仲間と一緒になって行動し，遊びまわっていた。そこではパチンコ屋などで景品を盗むなどの行為を行っていた。そうやって適当に時間を潰して，夜の NA に参加する日々を送っていた。

そのような生活が 1 カ月ほど続くなか，当時の X ダルクのサテライト施設だったダルクに異動することをスタッフから告げられた。それは当時のプログラムの 1 つであり，X ダルクに入所してから 2 カ月目にその施設で 1 カ月間過ごすことになっていた。c さんにとってその施設は「とんでもない場所」だった。田んぼの真ん中にあるという立地条件のため薬物も容易に手に入れることはできない，施設長もなかなか厳しい人物であるなどの噂を聞いていたので恐れていた。

結果的にいうと，そのダルクには 1 週間ほどしかいられなかった。異動する際に準備していた咳止めシロップをうまくもち込むことはできたが，すぐに使用してしまった。しかし，そのダルクから最寄りの薬局までは歩いて 40 分もかかる。それだけでなく，そのダルク在所者の多くが足を運ぶからすぐに咳止めシロップの在庫がなくなってしまう。別の薬局に行こうとするが往復で 2 時間ほどかかる。この頃には 1 日に 5〜6 本も使用していたのに，このダルクに来てから 1 日に 1 本使用できるのがやっとになった。その状況の中で，当時の c さんはダルクのプログラムをこなすことが困難になっていた。

c さんは「我慢できなくなり」，そのダルクを着の身着のまま抜け出した。ダルクの「追手」に見つからないように，電車の駅にたどり着いた c さんはそこで手に入れた咳止めシロップを使用した。その後，c さんは近くにあった祖父母の家に身を寄せた。しかし，すでにダルクから実家に連絡があり，母親が祖父母に「c が来ても，追い出してほしい」と連絡をしていた。そのため，c さんはいくらかのお金をもらったが，祖父母の家から追い出されてしまった。

その後，cさんはXダルクの近くに戻ってきた。しかし，ダルクには戻らずカプセルホテルなどを転々としながら，生活をしていた。何日か外で寝たこともあったが，cさんにとってとても耐えられるものではなかった。お金に限りもあるため，生活必需品を万引きしながら，どうにか生きていた。ダルクには戻りたいと思っていたが，ダルクで過ごした日々を振り返ると足が重くなっていた。

▶ ダルクに戻る

Xダルクの近くに住んでいたこともあり，NA会場に出向く入所者やスタッフと出会うこともしばしばあった。そこで一緒にミーティングに行くことも提案されていたが，cさんは断っていた。それに対して，彼らも無理やりcさんをダルクやNAに戻そうとはしていなかった。cさんは最終的にダルクに戻った。ダルク側が「また，いつでも戻ってこいよ」というスタンスでいてくれたから戻ることができたとcさんは思っている。

> その泥棒しながら，もう生活していくってのも，そのうちもう「何やってんのかな」ってなってくる，やっぱり。そうするとやっぱりbさんたちの顔が浮かんできてさ。「あーダルク戻るしかねぇのかな」って結局は。それで戻ったんですよね，年明けて「もうだめだな」と思って。
> （2014年12月10日cさんインタビュートランスクリプトより）

cさんがいなかった数カ月の間にXダルクの様子も変化があった。まず，スタッフは変わりがなかったが，在所者の多くが入れ替わっていた。ただ，依存薬物を止め続けている人は以前と比べて元気になっており，笑顔が多く見られていた。cさんから見て，その人たちの生活がとても健康に思えた。たった，数カ月のことであったが，自分よりも先に進んでいるとcさんは捉えた。cさん自身も，以前に比べて正直になれたという。咳止めシロップの使用自体は止まらなかったが，ミーティングの場面でさまざまなことを正直に話せるようになったと語る。

正直になることによって，仲間ともより打ち解けられた。その意味では，cさんにも変化があったといえるが，咳止めシロップの使用は止まらない状況で

あったことには変わりはなかった。そこでスタッフから精神病院への入院を勧められた。cさんは入院には抵抗があったが，ダルクに入所する以上やむをえないとして入院することを承諾した。

　最初の2泊は保護室でいわゆる解毒治療（離脱症状を抑え，身体から薬物の影響をなくすための治療）を受けた。その後，2週間ほど閉鎖病棟で治療やプログラムを受けていた。その間は，体調が悪く，ほとんど寝たきりの状態であったとcさんは語る。その後，開放病棟に移ることになった。

　だが，cさんは開放病棟に移る前から咳止めシロップを購入し，隠しもっていた。入院先の病院は閉鎖病棟であっても，抜け出せるところがあった。病院の近くに薬局を転々としながら，咳止めシロップを購入し，病院のスタッフにばれないように使用していた。しかし，「こんな入院なんて意味がない」とダルクのスタッフになぜか抗議の電話をしようとしたときに，自分の状態を正直に話していたという。その話を聞いたダルクのスタッフは病院にcさんの状況を伝え，あえなく強制退院になってしまった。

　強制退院になったcさんはXダルクに戻った。ダルクのスタッフからは違う病院に入院することを勧められた。cさんはそれをまた受け入れたわけであるが，そこでcさんにとっていわばターニングポイント（「回復」に向けたきっかけを示すダルクのジャーゴン）の1つとなるような経験をすることになった。

　その病院には約2週間しか入院はしなかったのだが，とにかく「ひどい病院」だったと語る。食事がまずい，施設の衛生状態があまり良くない，入院歴が10年以上の人が多くいる，患者に対する職員の対応がよくないなど，さまざまな点において「ひどい病院」であった。それに加えて，外部には完全に出られないので咳止めシロップの購入はできない。当時のcさんにとっては地獄のような期間であった。そこでcさんは数年ぶりに咳止めシロップを一切摂取しない生活を送った。そうするしかなかった。

　cさんにとってはあまりにも長く感じた入院生活であったため，もしかしたらダルクに騙されてずっと入院させられるのではないかと疑念を抱いた。生きながら，死んでいるような感覚を覚えた場であった。結局，2週間後にスタッフが迎えに来て，ことなきを得た。cさんにとってその入院生活はステップ1に書かれているような「無力」を感じた場所であった。そのような意味も含めて，振り返ってみるとスピリチュアルな経験だったとcさんは語る。

（略）自分で言うのもなんだけど，そのときはそんなこと思わなかったけど，なんかかなりスピリチュアルな経験だったんすよね。その病院たった2週間ぐらいしかいなかったんだけど，うん。この，なんか，生きながらにして，この，なんか，死んじゃってるっていうか。墓場みたいなところ。みんな生きてるんだけど，お墓みたいな感じ。

(2014年12月10日cさんインタビュートランスクリプトより)

▶ 「咳止めシロップ」の使用を止め続ける

「ひどい病院」から退院したcさんは，ある決意をした。「スタッフの人たちの言うことを聞いて，薬物を止め続けている人たちの後にくっついて歩こう」と決心したのであった。以前のcさんは，薬物を止めなければいけないと思いながらも，薬物を使用し続けている仲間とつるんでいることも多かった。そこで正直になるだけではなく，先行く仲間についていくように気持ちが変化したのである。

そのような決意をしたcさんであったが，すぐにはうまくはいかなかった。入院生活に慣れていたcさんはダルクに戻った次の日も午前6時ぐらいに起床する。ダルクのプログラムは10時からのミーティングから始まる。もて余した時間の中で，精神状態がなぜか入院以前と同じになってしまった。そのとき，なぜかため込んでいた処方されていた精神安定剤や睡眠薬を大量に飲んでしまった。とにかく憂うつな気分を変えたいと思ったからである。

もちろん心身にかなりの影響が出て，その日の朝のミーティングでは呂律がまわらないような状態になってしまった。スタッフや入所者からは「昨日までのcはどこに行った？」と言われた。その中でcさんは自暴自棄になってしまった。そこで何を思ったか，何駅か離れたダルクに入寮するまでつき合っていた交際相手のもとに出向いた。どこかでまだ未練が残っていたのであろうか，cさんはその彼女に対して復縁を申し込んだ。結果はもちろんダメであった。「あなたとは一緒になると思っていたけど，もう今は何？ 住む世界が違うよね」というような決定的な言葉も同時に返ってきたとcさんは語る。

その帰り道の電車の中で，cさんはある決断を下す。このまま咳止めシロップを止めるか，もしくは死ぬか，という大きな決断を。そのために，最後に依

存してきた咳止めシロップを使用した。生きても，死んでも最後の1回。そして，下記の語りの通り，それ以来咳止めシロップを使用せず，そして，生きていくことになった。そんな決断をしようとしたcさんをダルクやNAが受け入れたのである。

> （略）「この1瓶でもう，俺は決着つけよう」と思って。これに聞いてみようと思って。それで夕方飲んで，ミーティングやってたからミーティング行って。で，どこのミーティングだったかな，ダルクの2階でやってたミーティング，NAかな，行って，とりあえず全部またぶちまけたんですよ。昨日退院したけど，もう朝から眠剤飲んで，さっきも80（錠），40（錠）（註：ブロンには錠剤も存在する），（咳止めシロップを）1本飲んだり，とか言って。ね，もうそのときの正直な気持ち自分で話して。そしたらやっぱ，そんときの，NAがみんなやっぱこう受け入れてくれるんですよね，それでも。「大丈夫，大丈夫だ」みたいな感じで。そう。そこから，それが本当最後だったんですよ，僕。

> （2014年12月10日cさんインタビュートランスクリプトより）

ある年の3月16日のことであった。それ以来，cさんは依存していた咳止めシロップを一切使用していない。その後はダルクやNAのプログラムにみっちりと従った。スタッフや仲間に対して正直であり続け，先行く仲間の後を追いながら，徐々に健康を取り戻していった。離脱症状などもなく，依存対象の薬物に関しては強い欲求にも襲われなくなっていった。

そのような日々は当時のcさんにとって「つまらない」日々でもあった。それ以前のcさんは薬物を使っている人と一緒にいることによって強い「刺激」を得られていた。薬物のやりとりに勤しむ，パチンコ屋で組織的に景品を盗む，どこかで無銭飲食をして逃げ込むなど，けっして心地の良いものではなかったが，強い「刺激」がある生活ではあった。そのときに比べて，みっちりとダルクやNAのプログラムをこなす日々は単調なものであった。しかし，プログラムに従った生活により，変化がもたらされた仲間の存在を知ったため，cさんはそんな日々が「回復」につながると信じた。

また，そのときの人員の都合でスタッフと同部屋で生活していたのもcさん

の「回復」にとっては大きな影響があった。薬物への欲求がなくなり，クリーン（依存薬物を使用しない期間を示すダルクのジャーゴン）は積み重なりつつあったものの，やはり薬物を止めてからの数カ月は「危ない時期」といわれる。その中でスタッフと同じ部屋になり，わかち合いができたことはcさんにとっては有意義なことであった。薬物の使用を止めるという日々を1日1日送り続けていること，そのことに感謝をしながら生活をした時期であった。

▶ 仕事を始める

　クリーンが始まってから1カ月半が経過したとき，cさんはその当時ダルクの在所者がよくアルバイトをさせてもらっていた古紙のリサイクル業者でバイトを始めることになった。午前中はその会社で勤務し，午後からダルク内のミーティングに出席，夜はNAに出席するという生活スタイルになった。

　ちょうどその頃沖縄ダルクの開設に合わせて開かれたフォーラムに4人ぐらいの仲間と一緒に参加した。cさんはそのときに久しぶりにシラフで楽しむことができたと語る。それもcさんの「回復」にとっても大きな影響を与えたことであった。また，このフォーラムの参加に関するお金はcさんがアルバイトで稼いだ給料で賄った。これまではすべてのことについて親からの援助を受けてやっていたが，ここではじめて自分のことを自分のお金で行うことができた。このときcさんは20代半ばであったが，この点もcさんの「回復」に大きな影響があったと語る。そして，そのフォーラムから帰ってきてから，すぐにスタッフとより長い時間働けるバイトを探すことに関する相談をし，その方向に動くことになる。古紙のリサイクル会社で勤務してから1カ月半のことであった。

　この時期からcさんにとって「ダルクを早く退所する」ことがテーマになった。体の調子も良くなり，親に迷惑をかけないようにしたいということが理由であった。また，同級生が社会でしっかり働いている姿を見て，焦りを覚えていた。その状況の中，cさんは「ちゃんとした社会人」になりたいと思い，最初から常勤で勤務できる会社を探そうとした。しかし，それに関してはダルクのスタッフに止められた。まずは，時給制のアルバイトでしっかり勤務できるようになった方がよいと提案され，新宿にあった洋服屋でバイトを始めることになった。ファッションアドバイザーという名前での募集であったが，実際の

仕事は雑務であった。店内外の掃除，在庫品の整理など重労働であったがこなしていた。時間は10時から15時まで，週5日ほどの勤務であった。そして，初任給をもらったときに，スタッフにうまく説明をして，ダルクを退所した。

▶ 早かった退所

　ダルクを退所して，cさんは実家に戻った。しかし，9時に出勤し，夜のNAに参加し，22時頃に帰宅するという生活はその当時のcさんには早かった。実家に戻って生活することによって，いかに自分がダルクに守られていたのか，仲間との生活がいかに面白かったのかについて考えることがあった。実家の自室に1人で過ごすなかで，悶々とした気分になり，咳止めシロップの再使用が少し頭によぎった。

　この状況がまずいとcさんは思い，ダルクに度々相談していた。そこで，ダルクスタッフからもう一度入寮することを提案された。入寮といっても，以前のようにプログラムを中心に生活をするのではなく，ダルクのプログラムが進み就労した人が共同生活をする場所に入所することを提案されたのである。6LDKくらいの部屋に何人かの仲間と共同生活を送ることになった。その家賃として月3万円を支払うだけの負担で済んだので，cさんは再入寮を決意した。再び入所したダルクはやはり居心地の良いものであった。

　絶対にそこに誰かがいる感覚。とくに「回復」を目指す仲間がいるという安心感。それがそのときのcさんにはまだ必要であった。再入寮後の安定した生活を数カ月送るなかで，咳止めシロップに関しては完全に「吹っ切れた」状態になった。

　その後，cさんはNAで知り合った女性とつき合うことになる。女性との交際は経験があったが，シラフの状態でつき合うのははじめてであり，その楽しさも感じていた。しかし，そのつき合いはcさんを意外な方向へと導いた

　その女性とのつき合いの中で，cさんは徐々に「狂って」いった。その女性は他のダルクの入所者であったのだが，cさんとの交際のあり方が問題視され，その女性はそのダルクから退所することになってしまった。そこでcさんはその女性と同棲を始めた。当時のcさんの給料は月10万円ほどであり，女性には収入はない。当然2人で部屋を借りることはできず，その女性の母親にお金を出してもらい，ウィークリーマンションに移り住んだ。

それからのcさんは毎日アルバイトをし，それからNAに出向くといった余裕がない生活を送ることになる。また，女性とのつき合いも「恋愛に酔っぱらっている」状態になり，どこか麻痺した状態になっていた。

仕事を必死に行い，NAに欠かさず参加し，女性との恋愛に酔っぱらうという生活は着実にcさんの身体を蝕んでいった。この間に，クリーン1年のバースデイ（依存薬物を止めた日を意味するダルクのジャーゴン）を迎えていたのだが，そこに参加した仲間に「死相が出ている」と言われるくらいの様相になっていた。その生活が半年ほど続けたところ，cさんはいよいよ倒れて病院に出向いた。cさんはそこで結核と診断された。それもかなり進行が進んでいるものであり，半年の入院が必要となった。

このことをcさんは振り返ると良かった出来事だったと語った。というものの，やはり息が詰まるような生活を送っていたことは間違いない状態であったからだ。なお，cさんが入院期間中に突然その女性と連絡がとれない状況になってしまったのだが，その女性は女性でスリップ（依存薬物の再使用を示すダルクのジャーゴン）などが原因で精神病院に入院していることが後でわかった。その女性と共倒れになる可能性もあったのだ。

▶ダルクスタッフへの転身と大学入学

半年にも及ぶ入院期間中は治療を受け，栄養をとって，休養をするという日々を淡々と過ごしていた。もちろん，仕事も退職した。また退院する際に，退院から1年ほどはフルタイムの就職は控えた方がよいと助言された。その状況の中で今後について考えたcさんはまずダルクに相談しに出向いた。そこで提案されたのがスタッフにならないかという誘いだった。cさんはその誘いに乗った。

cさんはまず3カ月ほど無給で研修を受けることになった。その研修の中でスタッフとして行ったことは，ミーティングの司会，お金の管理の一部，NAへの引率がメインであった。それ以外ではメンバーと一緒に遊ぶなどして過ごしていたという。その当時のメンバーの多くがcさんより年上の方であり，ダルクの方針もあり，いまでもそうだが指導的な立場として振る舞うことはなかった。無給期間が終わると，給料がもらえた。給料は月8万円と高くはないが，「こんなんで，お金をもらってもよいのかな」と思いながらcさんは過ごして

いたそうだ。なお，このとき c さんは基本的には実家に住んでおり，そこから
バイクでダルクに通っていた。

　スタッフになったとしても給料が上がる保障がない状況が続いていた。ただ，そのような状況下においても c さんにとっては幸せなときが続いたとも語る。その当時，c さんは「スタッフ」と「NA メンバー」という 2 つの役割を使い分けることを考えておらず，とにかくメンバーと一緒に楽しむことができれば良いと考えていた。また，c さんはスタッフを「通所者のリーダー」として位置づけていた。その中で，少なくてもお金をもらえるということには c さんは満足していた。そして，c さんにとっても「いいリハビリ」につながっていたとも語る。咳止めシロップに頼らないで，生活の中で楽しみを見つけること。それがスタッフとなった頃に模索したことであった。

　しかし，その生活を続けるなかで，c さんはどこか物足りなさを感じた。スタッフとして，もっと自分にできることはあるのではないかと模索するようになってきた。ある日，ダルクに見学にきた女性がもってきた雑誌を読む機会がたまたまあった。そこでは大学の社会人入試のことが特集されたページがあった。その記事を読んだ c さんはもう一度大学に行こうと決心をした。できるだけダルクの業務に関連がある学部をということで社会福祉学を専攻することを決心した。スタッフになって 2 年後のことだったが，これまでとは違う，新しいことをやりたいというパワーがあったと c さんは語る。

　小論文と面接の勉強を積み重ねた結果，大学入試も無事に突破した。そして，4 年間の大学生活が始まった。c さんが入学したのは夜間学部であったので，昼はダルクで仕事をし，その後大学に通うという生活になった。そのため，NA は土日の夜に通うことになった。c さんにとって，社会福祉学自体はあまり面白いものではなかったそうだが，一度決めた道でもあり，一生懸命勉強をしたと語る。

　また，大学への進学は c さんの「回復」にとって新しい局面を迎えた出来事であったとも語る。それまでの c さんはダルクの仲間と日々一緒に過ごす日々が続いていた。また，同棲相手だった女性とも縁は切れていない状態であった。その中で大学に進学することによって，人間関係の広がりに変化が生じた。そこで，いまの妻との出会いにもつながった。

（略）社会人の人たちだったり，現役の学生もいたけど。そういう，こう，まぁ，一般の人たちと，まぁだんだんつき合うようになってきて，うん。って，その中からやっぱかの，彼女ができて，嫁さんができて，っていうふうなっていくんで。だんだん，人間関係がこう広がっていったかな。

（2015年2月4日cさんインタビュートランスクリプトより）

　2回目の大学生活は「面白かった」とcさんは語る。また，ダルクの業務においても大学での勉強が活かされていた。たとえば，ダルクも福祉関係の施設として認定される際に役立った。また，cさんは薬物依存からの「回復」を支えるうえで精神保健福祉分野の知識も必要となると考えた。そこでcさんは大学卒業後に精神保健福祉士の資格をとるために1年間専門学校に通うことになった。その費用の半分はダルクが出してくれることになった。
　精神保健福祉士の国家試験を受ける年度にいまの妻と結婚することになった。cさんは妻と入学試験のときに出会ってから，一目ぼれ状態であった。入学してから再会し，それから交際し始めることになった。なお，つき合い始める前にcさんはダルクで働いていること，ダルクに至るまでの経緯は妻に対してある程度話していた。ただ，このときは「あまりそこまで言う必要ねぇな」とすべてを話さなかった。しかし，つき合って3カ月が経つ頃にあるスタッフが妻にすべてを伝えた。具体的にいうとダルクが発行しているニューズレターに載っていたcさんのライフストーリーに関する記事を妻にメールに添付して送信した。ただ，逆にそれが良かったとcさんは語る。そのことが理由で別れることにはならないだろうという思いがあったからだ。大学入学までに至る経験がcさんにとって引け目になるものではなく，また妻にもマイナスに受け止められないだろうと考えていた。そして，妻に対する信頼があったのだ。
　妻との結婚式がその年の11月であり，精神保健福祉士の国家試験も翌年1月に控えていたcさんは多忙な日々を過ごしていた。その後，cさんは精神保健福祉士の試験に合格し，落ち着いた生活となった。学校に通うことはなくなり，昼間はダルクで仕事をし，夜は妻が待つ家で過ごすといった生活になっていった。NAには週一度だけ通うようになっていた。そのような生活を過ごすなかで，結婚して約1年後に子どもが生まれた。その過程の中でcさんに再び問題が現れた。

4 「回復」はつまらない　247

▶ギャンブルにはまる

　cさんは妻がレディースクリニックに受診するときによく付き添っていた。なかなか妊娠に至らず，そのことについて相談するためである。cさんはレディースクリニックの雰囲気があまり得意ではなく，妻が受診している間，外で待っているときが多かった。数時間ほどかかることが多かったのだが，あるときcさんはパチンコ屋に出向いた。

　そのときが7年ぶりの入店だったとcさんは語った。前述した通り，cさんは幼少の頃に父に付き添いパチンコ屋に出入りしていた。そのときの影響があったためか，cさんは自分もギャンブルに対して依存していると捉えていた。そのためできるだけパチンコ屋への出入りを避けていた。しかし，このときに「当たり」を引き，「電気が走った感じ」というほどの興奮を覚え，その日からパチンコ屋通いが始まった。

　　（略）ギャンブルの問題っていうの，ちょっと多少あって。親父が，ギャンブル依存症っていうのもあって。その僕も，要はそういうちょっと，（ギャンブルの問題）はあって。で，（ギャンブルは）やめてたんですよね，きっぱり。だけど7年ぶりにちょっとやってみたら，そうしたらその日に（当たりが）出て。そうしたらもう，電気が走った感じだったんです。

　　　　　　　　　（2015年3月11日cさんインタビュートランスクリプトより）

　ダルクの業務を終えてからすぐにパチンコ屋に出向く。休日も朝からパチンコ屋に出向く。妻には嘘をつきながら，パチンコ屋に通い続けていた。その結果，貯金がしだいになくなっていた。cさん自身も危機感を覚え，ミーティングで自分の状況について話をしたという。業務としてミーティングの司会を行っていたが，そのことも気にしないで自身の状況を正直に話すこともあった。

　cさんはパチンコ屋通いが始まった理由を次のように捉えている。まず暇であったことである。大学も卒業し，忙しい生活ではなくなった。しかし，大学に進学した理由でもあったように，cさんは定期的に新しいことをすることを望む。新しい「刺激」を求めるのである。このタイミングで新しい「刺激」，もしくは懐かしい「刺激」，としてパチンコ屋通いが始まったという。また，父親になることから逃げていたのかもしれないともcさんは捉えている。妻が

病院通いを頑張っているのはわかっており，それをサポートしなくてはいけないということもわかっていたのだが，それができなかったという。成熟した大人になりきれていなかったのではないかとcさんは語る。

結果的にいえば，このときのパチンコ屋通いは収まった。そこに至ったのにはいくつかの理由がある。まずインフルエンザに罹ったことである。そこで4日間寝込むことになり，パチンコ屋にも自然と足が向かなくなった。その時間をもってパチンコ屋に通うことを抑えられるようになったという。また，公務員になることを志したというのも理由となっていた。この時期に地方のダルクの仲間に公務員の中途採用があるという情報を得た。このことはハイヤーパワー（自分自身を超えた自分よりも偉大だと認められる「力」を指す12ステップ・プログラムのジャーゴン）であり，自分を変えるにはこれしかいないとcさんは認識し，中途採用試験を受けた。結果的には不採用となったが，cさんは面接試験を受けながら，自分には厳しい仕事だと認識し，「自分の現実」を見据えるきっかけになったという。そのような出来事を通して，パチンコに対する欲求はなくなったと語る。

パチンコ屋通いも収まり，「普段通り」の生活に戻って，数カ月後に第一子の妊娠が判明した。cさんは，子どもが自分を真っ当な状態に戻してくれたのだと語る。仕事などの面においてあまり変化はないが，新しく家族として迎える子どものための準備をするという変化の中で落ち着きを取り戻していった。

▶ 再びギャンブルにはまる

その後，第一子が誕生すると，cさんは「チャレンジ精神」がなくなり，「保守的」になったと語る。サーフィンなど趣味があったのだが，そのことにも使う時間も少なくなり，何かに熱中しすぎるようなことはなくなりつつあった。cさんの言葉を借りて表現するのであれば，結婚当初の「普通の生活」「健康的な生活」「つまらない生活」に戻った。

第一子が誕生したあと，cさんは自身の両親と一緒に暮らすようになった。小学校のときに住んでいた地域に2世帯住宅用の家が見つかり，そこに引っ越した。いつか一緒に暮らして，両親の老後の世話をすることに関しては覚悟があった。また，妻もとくに反対せずにいてくれたことも大きかった。そこで5人で生活するようになり，その数年後に第二子が誕生した。両親と暮らすよう

4 「回復」はつまらない　　249

になり，また2人の子どもに囲まれながら暮らすといった生活を送るようになったcさんだが，ここでまた「病気」が再発することになる。今度はゲームセンター通いであった。

このときはダルクのメンバーの運転免許の書き換えにつき合ったときであった。その待ち時間をどこかで潰そうとしてcさんは近くのショッピングセンターに入り，そこにあったゲームセンターで過ごした。そのゲームセンターに配置されていたメダルゲームにはまってしまった。500円ほど遊んだだけで，「ドバーン」と当たり，「電気が走った」。おおよそ1時間くらいでメンバーを迎えにいかなければならなかったので，そのときはそこで終了したのだが，それからしばらくゲームセンターに通った。

きっかけとなったゲームセンターは自宅からそれなりに離れた場所にあったため，そこには通うことはなかった。しかし，レトロスロット専門のゲームセンターが通える範囲にあることを発見し，そこに通い続けるようになる。そこでは2000円を払うだけで，ゲームがやり放題というシステムになっていた。休みの日になると1日中，そこに通う生活が数カ月続いた。以前のパチンコ屋通いに比べて所持金が減るということはないのであるが，「今日も仕事だ」と家族に嘘をついてまで通っていることには変わりがなかった。

何がきっかけで止まったのか，cさんは覚えていないようだが，このときも2，3日行かない日が続き，ゲームセンター通いは終わった。その間にミーティングで自分がおかれた状況を語ったり，仲間に相談をしたりしていた。ゲームセンターにまで「無力」を感じるほど，cさんはギャンブルにも依存をしていたことがわかったと語る。cさんにとって薬物やギャンブルは「のめり込む」ものであり，何もかも忘れて集中できるものである。ストレスの解消になるし，暇を潰せるものでもある。それにゆえに，「無力」を感じた。

この2回のギャンブルに関する問題から抜け出せたのも家族のおかげであるとcさんは語る。cさんにとって家族は本当にかけがえのないものであり，自分の新しい人生を与えてくれる存在であり，「回復」をもたらしてくれる存在でもある。

　（略）でもね，時々思うの。家族がいなかったら，嫁さんも子どもいなかったら，俺結局やっぱそういう生き方なんのかな，っていうのは。なんのか

なーって思うし，だからってそういう生き方したくないなっていう葛藤もあるし。どうなんだろうな，っていう。だからこそ，やっぱり，あのー，そういうものには感謝してますよね，いつも。うん。もういざとなったら，俺の命を，もう投げ出すしかないなっていうぐらい。もうそれぐらいの覚悟，この人たちいなかったら，たぶん俺どうなってかわかんないなっていう。それでもやっぱりね，与えられたなって思うんですよ。

（2015 年 3 月 11 日 c さんインタビュートランスクリプトより）

▶ 今後のダルクの方向性

　c さんは 20 年ほどダルクスタッフとして関わっているが，メンバーの相談に乗るなどの「直接的な支援」について感じる面白さは変わっていないと語る。また，ダルクを運営するうえでの事務作業や行政との関わりなどのいわば「間接的な支援」についての興味は増している。ただ，最近は NA にあまり通えておらず，依存者としての「回復」には手ごたえがないと語る。それでも，スタッフとして「失敗」したという思いに駆られることはあまりなくなったともいう。

　ただ，c さんは今後のダルクの方向性に関して，いろいろと模索している。これまでのダルクの理念は大事にする必要がある。「薬物依存症である自分を他の仲間に助けてもらいました。だから僕の次の薬物依存者である仲間を助けます」というダルクの流儀である。この共助の理念はダルクがもつ一番の価値であると c さんも語る。ただし，それだけでは「専門性」がある組織とはいえないのではないかとも語る。

　現在，ダルクはさまざまな助成制度を利用できるようになり，そのことに関する説明責任が生じている。また新たな事業形態をとるのであれば，それなりの準備や勉強は必要になるだろう。たとえば，ダルクの多くが法人化しているのだが，その運営に関する勉強は必要になる。また，財務に関してもしっかり行う必要がある。その上で，薬物依存者以外の人材も必要になるかもしれない。

　c さんが感じているようにダルクに相談に来る人々が抱える問題は年々多様化・複相化・複雑化している。その中で薬物依存の経験だけでは乗り切れない支援上の課題にぶつかる可能性がある。しかし，どこまでの「専門性」をもつのか，その「専門性」は何を基盤としたものになるのかについてはダルク間で

も議論が起きている。ダルクの中でも世代交代が起きつつあるなかで，重要な問題である。

このことに関して，ダルクはやはり薬物依存者のための施設であるから，薬物依存の「回復」を基盤とした「専門性」を展開する方がよいとcさんは考えている。メンバーの多くは複雑で多様な問題を抱えているが，支援の入り口は薬物依存の問題であるとすることを曲げてはいけないのではないかと下記のように語る。

　　やっぱりダルクの良さっていうのは結局薬物っていう，誰も見たがらないっていうとこに特化してるのがダルクのスタッフ。で，僕らがね，「アルコールだ」，「ギャンブルだ」，「発達障害だ」，「引きこもりだ」とか言って。まあ，精神保健福祉士としてはね，全然そういう人たちも，相手にできるところにいる。でも，ダルクとしてそれやっちゃったら。それはちょっと，逆にダルクの良さっていうか，価値を下げるんじゃないかなっていう，思います
　　（略）

　　（2015 年 3 月 11 日 c さんインタビュートランスクリプトより）

むろん，cさんにとってもダルクにおける「専門性」に関しては目下模索中といえるだろう。今後のダルクの方向性のあり方は，cさんの「回復」においても大きな影響を与えるのではないかと思う。

▶ 「回復」はつまらない

さて，ここまでcさんの「回復」について記述してきた。cさん自身はこの道のりを振り返ったうえで現状を下記のように表している。

　＃5：今まではすごい（笑），エピソード満載だったんですけど。逆に，なんか安定されてる。
　c：いろいろあったんだけどね，そう，結局，ある程度，ポツッポツッとはね。あの，エピソードあるんだけど。基本的に，うん。同じような生活っていうのかな，うん…。あるんで，あんまそう，あんま変わんないからね，そんな，の話も，面白い話もあんまないかも。

＃5：（笑）。

　c：回復するっていうのあんま面白くないのかもしれない（笑）。

　＃5：それなんか最近思いました。劇的っていうより。

　c：うん，そうなんですよ。

　＃5：言い方難しいんですけど，やっぱ，なんか，ある意味つまんないのかな。

　c：そう，つまんないんですよ，ほんとそう。回復者の話って，すっごいつまんなかったです。話がうまいから回復してるとは限んないから。

（2015 年 3 月 11 日 c さんインタビュートランスクリプトより）

　語弊を恐れずにいえば，いまの c さんにとって「回復」とは「つまらない」といえる。c さんの過去の語りは展開が遅く，しかし劇的な道筋があった。それが現在に近づいていくにつれて，展開は早く，安定した道筋になっていったといえる。

　c さんのライフストーリーは「つまらなくなる」過程とそれを解消する過程を表している。たとえば，結核による入院後における何もできない「つまらない」日々，そこからダルクのスタッフになることにより解消した。また，ダルクのスタッフ業になれた頃におとずれた「つまらない」日々を大学に進学することによって解消した。そして，いま現在は「回復」に伴う「つまらなさ」を「家族」の存在やダルクスタッフとしての「専門性」の追求の中で解消する。「つまらない」のだけれども，「回復」している実感はあるストーリー。その中で c さんは今を生きている。その後，c さんは矯正施設から出所したばかりの仲間に「ミーティング場作りましょう」と誘われ，ホームグループ（主として火曜 NA のこと）を立ち上げることになり，NA ミーティングに再び通い始めたという。

おわりに

　最後に，本書の執筆の際にお世話になった方々に，この場を借りてお礼を述べさせていただきたい。本書は 2018 年 4 月に中央大学大学院文学研究科に提出した博士論文「薬物依存からの『回復』に関する社会学的研究 —— ダルクにおけるフィールドワークを通じて」に加筆・修正を加えたものである。

　まず，何よりも調査に協力いただいたダルクの方々に感謝を申し上げたい。ダルクのみなさんの生活の場に土足で踏み込み，少なからずその場を荒らしてしまったと思う。それでもいつでも快くお話を聞かせていただき，プログラムにも参加させていただいた。不思議なものでダルクに訪問するとなぜか安心する感じを得ていた。もちろん，それは日常をダルクで過ごさない「お客さん」だからこそ感じたものであったかもしれない。それでも，この社会で安心できる場が存在するという確証を得られたのは，私にとって大きな収穫であった。この研究がダルクのみなさんが「回復」を紡ぎ出すうえで何かしらの寄与につながるのであれば，それほど嬉しいことはない。そして，またお互いにぼちぼちと元気な姿でお会いしたいと思っている。

　また，博士論文の執筆の過程においてお世話になった中央大学の天田城介先生，新原道信先生，野宮大志郎先生，一般財団法人青少年問題研究会の矢島正見先生，富山大学の伊藤智樹先生に御礼申し上げたい。とくに天田先生には，お忙しい状況にもかかわらず非常に熱心に指導していただいた。その姿勢はけっして忘れることはない。自分がどのような状況にいたとしても，他者が困惑する状況に陥ったときに親身になれるような研究者を私も目指したい。また，新原先生には社会学的研究という営みの奥深さについて折に触れて教えていただいた。博士論文を記述しているときでもそうだが，新原先生の言葉が時に脳裏によぎることがあった。その言葉をどれほど消化できたかはわからない。でも，これからも「理論」について念頭におきながら研究を進めていきたい。そして，修士のときからお世話になっている上智大学の田渕六郎先生にも感謝を

申し上げたい。田渕先生との出会いや交流がなければ，いまの私はいなかったと本当に思っている。

　また，ダルク研究会において一緒に活動した南保輔氏，平井秀幸氏，中村英代氏，森一平氏，伊藤秀樹氏，山下麻実氏に御礼申し上げたい。博士後期課程に進学してすぐにダルク研究会での活動が始まった。いうまでもなく，その活動の中で本書を書くことができた。そして，この研究会での活動を通じて自分の研究者としてのスタンスも少しずつ形作ることができた。本書において，研究会を通じて得られたものをすべて活かしきれていないのは私の責任である。

　また，京都大学の岡邊健氏，帝京大学の山口毅氏，東京大学非行研究会や立ち研やデジ研でご一緒させていただいている方，日本社会学会，日本犯罪社会学会，福祉社会学会，日本保健医療社会学会，関東社会学会にご所属されている先生方には研究報告や論文について，大変貴重なアドバイスをいただいた。記して御礼申し上げたい。

　また中央大学大学院や上智大学大学院で一緒に勉強した院生の存在もありがたかった。とくに立教大学の阪口毅氏や中央大学大学院の大谷晃氏には博士論文に関わることだけでなく，他のことにも親身にサポートしていただいた。また，上智大学大学院で先輩であった武蔵大学の玉置佑介氏にも感謝を申し上げたい。社会学者の見習いとして研鑽を積んでいるときに，どうしても孤独を感じてしまうことがあった。その中で，玉置氏の存在は自分の進むべき1つの指針となっていた。いつも助けられればかりなので，いつかどこかでお返しができるときが来ればよいと思っている。

　勤務先である埼玉県立大学のみなさまにもいつも大変お世話になっている。個人研究に時間を割くことを許してくれる環境があることは大変に貴重である。埼玉県立大学で勤務したことにより，研究に対する関わり方が変化して，それゆえに本書がまとまったとも思っている。また，講義を行うようになったことは大きな出来事だった。それゆえに私の講義やゼミを受講してくれた方にも感謝を申し上げたい。みなさんとの交流が刺激となり，研究活動に大きな影響を与えた。講義やゼミを通して，研究は1人ではできないことを，生活は1人ではできないことをあらためて教えてくれた。今後も受講生の方にはできる限りのことをしていきたいと思う。

　なお，本書でまとめられた筆者の研究は，いくつかの文部科学省研究費補助

金の助成を受けている（課題番号：22530566, 25380698, 17K04154）。なお，本書の刊行にあたり JSPS 科研費 JP19HP5176 の助成を受けた。このような経済的支援を受けられたことによりスムーズに研究が遂行できたことを感謝したい。また，論文およびダルクメンバーのライフストーリーの転載許可をいただいた福祉社会学会，日本保健医療社会学会，関東社会学会，駒澤大学文学部社会学科，知玄舎，春風社のみなさまにも感謝したい。

　最後に友人や両親，そして本書を完成させる期間に寄り添ってくれた人に感謝する。さりげない優しさがどうにか私を救ってくれ，ここまでたどり着けた。そのような優しさが少しでも増えるような社会になることを願う。

　本書の議論は，すべて筆者個人の見解であり，いかなる問題点もすべて筆者の責任である。残された課題を抽出して，少しずつ乗り越えていきたい。

引 用 文 献

Andrews, D. A., & Bonta, J., 2010, *The Psychology of Criminal Conduct*, 5th ed., LexisNexis.

浅野智彦，2001，『自己への物語論的接近――家族療法から社会学へ』勁草書房.

Bateson, G., 1972, *Step to an Ecology of Mind*, University of Chicago Press.（＝ 2000, 佐藤良明訳『精神の生態学（改訂第二版)』新思索社.）

Bauman, Z., 2004, *Wasted Lives: Modernity and its Outcasts*, Polity Press.（＝ 2007, 中島道男訳『廃棄された生――モダニティとその追放者』昭和堂.）

Becker, H. S., 1973, *Outsiders: Studies in the Sociology of Deviance*, The Free Press.（=2011, 村上直之訳『完訳 アウトサイダーズ――ラベリング理論再考』現代人文社.）

Bruner, J., 1986, *Actual Minds, Possible Worlds*, Harvard University Press.（＝ 1998, 田中一彦訳『可能世界の心理』みすず書房.）

Cloward, Richard A., & Ohlin, Lloyd E., 1960, *Delinquency and Opportunity: A Theory of Delinquent Gangs*, The Free Press.

Conrad, P., & Schneider, J. W., 1992, *Deviance and Medicalization: From Badness to Sickness*, expanded ed., Temple University Press.（＝ 2003, 進藤雄三監訳『逸脱と医療化――悪から病いへ』ミネルヴァ書房.）

ダルク，2018，『ダルク 回復する依存者たち――その実践と多様な回復支援』明石書店.

ダルク研究会編（南保輔・平井秀幸責任編集)，2013，『ダルクの日々――薬物依存者の生活と人生』知玄舎.

ダルク女性ハウス編集委員会，2005，『私にありがとう――ここに私の居場所がある 2』東峰書房.

Farrall, S., Hunter, B., Sharpe, G. H., & Calverley, A., 2014, *Criminal Careers in Transition: The Social Context of Desistance from Crime*, Oxford University Press.

Frank, A. W., 1991, "For a Sociology of the Body: An Analytical Review," Featherstone,

M., M. Hepworth, & B. S. Turner eds., *The Body: Social Process and Cultural Theory*, Sage: 36-102.

————, 1995, *The Wounded Storyteller*, The University of Chicago Press.（=2002, 鈴木智之訳『傷ついた物語の語り手――身体・病い・倫理』ゆみる出版.）

福重清, 2013,「複数のセルフヘルプ・グループをたどり歩くことの意味」伊藤智樹編『ピア・サポートの社会学――ALS, 認知症介護, 依存症, 自死遺児, 犯罪被害者の物語を聴く』晃洋書房: 69-92.

Giddens, A., 1991, *Modernity and Self-identity: Self and Society in the Late Modern Age*, Polity Press.（= 2005, 秋吉美都・安藤太郎・筒井淳也訳『モダニティと自己アイデンティティ――後期近代における自己と社会』ハーベスト社.）

Giordano, P. C., Cernkovich, S. A., & Rudolph, J. L., 2002, "Gender, Crime and Desistance: Toward a Theory of Cognitive Transformation," *American Journal of Sociology*, 107: 990-1064.

Goffman, E., 1963a, *Behavior in Public Places: Notes on the Social Organization of Gatherings*, The Free Press.（= 1980, 丸木恵祐・本名信行訳『集まりの構造――新しい日常行動論を求めて』誠信書房.）

————, 1963b, *Stigma: Notes on the Management of Spoiled Identity*, Simon & Schuster, Inc.（= 2001, 石黒毅訳『スティグマの社会学――烙印を押されたアイデンティティ（改訂版）』せりか書房.）

平井秀幸, 2004,「『医療化』論再考」『現代社会理論研究』14: 252-264.

————, 2005,「覚せい剤使用の『犯罪化』・『医療化』論に関する再検討――『相互作用レベル』における社会的介入に注目して」『犯罪社会学研究』30: 119-137.

————, 2013a,「『承認』と『保障』の共同体をめざして――草創期ダルクにおける『回復』と『支援』」『四天王寺大学紀要』56: 95-120.

————, 2013b,「薬物依存からの『回復』をどう理解するか」ダルク研究会編（南保輔・平井秀幸責任編集），『ダルクの日々――薬物依存者の生活と人生』知玄舎, 13-35.

————, 2014,「『回復の脚本』を書くのは誰か？」『支援』4: 153-158.

————, 2015,『刑務所処遇の社会学――認知行動療法・新自由主義的規律・統治性』世織書房.

————, 2017, 「ダルクは本当に『司法の下請け』になろうとしているのか？
　　—— 刑の一部執行猶予制度とダルクの関係性をめぐる社会学的試論」『現代
　　の社会病理』32: 67-81.

平井秀幸・伊藤秀樹, 2013, 「ダルクにおける『回復』の社会学的検討Ⅱ（2）
　　—— 維持される／手放される『回復』観」2013 年度日本社会学会報告原稿.

Hirschi, T., 1969, *Causes of Delinquency*, University of California Press.（=1995, 森田
　　洋司・清水新二監訳『非行の原因 —— 家庭・学校・社会へのつながりを求め
　　て』文化書房博文社.）

本田宏治, 2011, 『ドラッグと刑罰なき統制 —— 不可視化する犯罪の社会学』生
　　活書院.

法務総合研究所, 2016, 『平成 28 年度犯罪白書』.

石川良子, 2007, 『ひきこもりの〈ゴール〉 ——「就労」でもなく「対人関係」
　　でもなく』青弓社.

石塚伸一編, 2007, 『日本版ドラッグ・コート —— 処罰から治療へ』龍谷大学矯
　　正・保護研究センター叢書, 日本評論社.

市川岳仁, 2010, 「回復と支援の狭間で揺れる当事者 —— 転換期の当事者カウン
　　セラー」『龍谷大学矯正・保護研究センター研究年報』7: 31-42.

————, 2014, 「薬物依存からの回復は『患者』としてか,『障がい者』か, そ
　　れとも……」『龍谷大学矯正・保護総合センター研究年報』4: 95-104.

伊藤秀樹, 2018, 「昔いた場所にメッセージを運ぶ」南保輔・中村英代・相良翔
　　編『当事者が支援する —— 薬物依存からの回復 ダルクの日々パート 2』春風
　　社: 114-128.

伊藤智樹, 2009, 『セルフヘルプ・グループの自己物語論 —— アルコホリズムと
　　死別体験を例に』ハーベスト社.

————, 2012, 「病の物語と身体 —— A・W・フランク『コミュニカティヴな身
　　体』を導きにして」『ソシオロジ』56(3): 121-136.

伊藤智樹編, 2013, 『ピア・サポートの社会学 —— ALS, 認知症介護, 依存症,
　　自死遺児, 犯罪被害者の物語を聴く』晃陽書房.

上岡陽江・大嶋栄子, 2010, 『その後の不自由 ——「嵐」のあとを生きる人た
　　ち』医学書院.

上岡陽江・ダルク女性ハウス, 2012, 『生きのびるための犯罪』イースト・プレ

ス.

葛西賢太, 2007,『断酒が作り出す共同性 —— アルコール依存からの回復を信じる人々』世界思想社.

片桐雅隆, 2011,「物語の時間と社会の時間」『社会学年誌』52: 5-19.

加藤武士, 2010,「薬物依存者たちによる使わないで生きていくための実践 —— これに対して社会は何ができるのか?」『龍谷大学矯正・保護研究センター研究年報』7: 43-52.

Khantzian, E. J., & Albanese, M. J., 2008, *Understanding Addiction as Self Mediation: Finding Hope Behind the Pain*, Rowman & Littlefield Publishers.（= 2013, 松本俊彦訳『人はなぜ依存症になるのか —— 自己治療としてのアディクション』星和書店.）

木村真理子, 2003,「リカヴァリを促進する精神保健システム —— 専門職と当事者のパートナーシップを求めて」『精神保健福祉』34(4): 309-314.

————, 2004a,「特別記事 リカヴァリを志向する精神保健福祉システム —— 当事者活動の拡大に向けて（その1）リカヴァリの理念」『精神科看護』31(3): 48-52.

————, 2004b,「特別記事 リカヴァリを志向する精神保健福祉システム —— 当事者活動の拡大に向けて（2）リカヴァリのシステム」『精神科看護』31(4): 52-55.

Kleinman, A., 1988, *The Illness Narratives: Suffering, Healing & the Human Condition*, Basic Books.（= 1996, 江口重幸・五木田紳・上野豪志訳『病いの語り —— 慢性の病いをめぐる臨床人類学』誠信書房.）

近藤恒夫, 1997,『薬物依存 —— 回復のための12章 DARC 10年の軌跡』大海社.

————, 2000,『薬物依存を越えて —— 回復と再生へのプログラム』海拓舎.

————, 2009,『拘置所のタンポポ —— 薬物依存 再起への道』双葉社.

Lindesmith, A. R., 1968, *Addiction and Opiates*, Aldine.

Maruna, S., 2001, *Making Good: How Ex-Convicts Reform and Rebuild Their Lives*, American Psychological Association.（= 2013, 津富宏・河野荘子監訳『犯罪からの離脱と「人生のやり直し」—— 元犯罪者のナラティヴから学ぶ』明石書店.）

Maruna, S., & LeBel, T. P., 2009, "Strengths-Based Approaches to Reentry: Extra

Mileage toward Reintegration and Destigmatization," *Japanese Journal of Sociological Criminology*, 34: 59-81. （＝ 2011, 平井秀幸訳「再参入に向けた長所基盤のアプローチ —— 再統合と脱スティグマ化への更なるマイル」日本犯罪社会学会編『犯罪者の立ち直りと犯罪者処遇のパラダイムシフト』現代人文社 : 102-130.）

丸山泰弘, 2007,「日本の薬物問題の現状」石塚伸一編『日本版ドラッグ・コート —— 処罰から治療へ』日本評論社 : 51-59.

————, 2015,『刑事司法における薬物依存治療プログラムの意義 ——「回復」をめぐる権利と義務』日本評論社.

丸山泰弘編, 2015,『刑事司法と福祉をつなぐ』成文堂.

松本俊彦, 2016,『よくわかる SMARPP —— あなたにもできる薬物依存者支援』金剛出版.

松尾信明, 2010,「〈コミュニカティヴな身体〉のために —— B・S・ターナーと A・W・フランク」『ソシオロジ』55(2): 3-18.

Melucci, A., 1996, *The Playing Self: Person and Meaning in the Planetary Society*, Cambridge University Press. （＝ 2008, 新原道信・長谷川啓介・鈴木鉄忠訳『プレイング・セルフ —— 惑星社会における人間と意味』ハーベスト社.）

————, 2000, Verso una ricerca riflessiva, regisrato nel maggio 2000 a Yokohama. （＝ 2014, 新原道信訳「リフレクシヴな調査研究にむけて」新原道信編『"境界領域"のフィールドワーク ——"惑星社会の諸問題"に応答するために』中央大学出版部 : 93-103.）

Merton, R. K., [1949] 1957, *Social Theory and Social Structure: Toward the Codification of Theory and Research*, The Free Press. （＝ 1961, 森東吾・森好夫・金沢実・中島竜太郎訳『社会理論と社会構造』みすず書房.）

Merton, R. K., & Barber, E., 1963, "Sociological Ambivalence," E. A. Tiryakian ed., *Sociological Theory, Values and Sociocultural Change*, The Free Press: 99-120. （＝ 1969, 森東吾・森好夫・金沢実訳「アンビバランスの社会学理論」『現代社会学大系第 13 巻 社会理論と機能分析』青木書店 : 371-407.）

南保輔, 2012,「居場所づくりと携帯電話 —— 薬物依存からの『回復』経験の諸相」『成城文藝』221: 135-158.

————, 2014,「断薬とスピリチュアルな成長 —— 薬物依存からの『回復』調

査における日記法の可能性」『成城文藝』227: 42-62.

―――――, 2015,「ダルクスタッフとしての回復 ―― 薬物依存者の『社会復帰』のひとつのかたち」『成城文藝』232: 47-74.

―――――, 2017,「ターニングポイントはポイントではなくプロセスである ―― 薬物依存からの回復における『労役経験』」『成城文藝』240: 417-432.

南保輔・中村英代・相良翔編, 2018,『当事者が支援する ―― 薬物依存からの回復 ダルクの日々パート 2』春風社.

森一平, 2013,『社会化現象の経験的記述 ―― その過程・境界・達成を対象領域として』東京大学大学院教育学研究科博士論文.

中村英代, 2011,『摂食障害の語り ――「回復」の臨床社会学』新曜社.

―――――, 2016,「『ひとつの変数の最大化』を抑制する共同体としてのダルク ―― 薬物依存からの回復支援施設の社会学的考察」『社会学評論』66(4): 498-515.

中西正司・上野千鶴子, 2003,『当事者主権』岩波書店.

Narcotics Anonymous, 2012,『ナルコティクス アノニマス ステップワーキングガイド』NA ワールドサービス社.

Narcotics Anonymous World Services, 2006,『Narcotics Anonymous（ナルコティクス　アノニマス）（第 5 版日本語翻訳版）』Narcotics Anonymous World Services.

日本ダルク本部, 2009,『ターニング・ポイント ―― 薬物依存症リハビリ施設ダルクからのメッセージ』日本ダルク本部.

西田隆男編, 2002,『回復していくとき ―― 薬物依存症者たちの物語』東京ダルク支援センター.

野口裕二, 1996,『アルコホリズムの社会学 ―― アディクションと近代』日本評論社.

―――――, 2002,『物語としてのケア ―― ナラティヴ・アプローチの世界へ』医学書院.

―――――, 2005,『ナラティヴの臨床社会学』勁草書房.

野口裕二編, 2009,『ナラティヴ・アプローチ』勁草書房.

野口裕二・大村英昭編, 2001,『臨床社会学の実践』有斐閣.

野中猛, 2005,「リカバリー概念の意義」『精神医学』47(9): 952-961.

Presser, L., 2016, "Criminology and the Narrative Turn," *Crime Media Culture*, 12(2): 137-151.

Rappaport, J., 1993, "Narrative Studies, Personal Stories, and Identity Transformation in the Mutual Help Context," *The Journal of Applied Behavioral Science*, 29(2): 239-256.

Reith, G., 1999, "In Search of Lost Time: Recall, Projection and the Phenomenology of Addiction," *Time & Society*, 8(1): 99-117.

相良翔, 2013a,「ダルクにおける薬物依存からの回復に関する社会学的考察 ── 『今日一日』に焦点をおいて」『福祉社会学研究』10: 148-170.

────, 2013b,「『今日一日』を積み重ねて」ダルク研究会編（南保輔・平井秀幸責任編集）『ダルクの日々 ── 薬物依存者たちの生活と人生』知玄舎 : 191-219.

────, 2013c,「誰も支援してくれなかったじゃないか」ダルク研究会編（南保輔・平井秀幸責任編集）『ダルクの日々 ── 薬物依存者たちの生活と人生』知玄舎 : 219-246.

────, 2013d,「『空虚』の解消」ダルク研究会編（南保輔・平井秀幸責任編集）『ダルクの日々 ── 薬物依存者たちの生活と人生』知玄舎 : 322-334.

────, 2015a,「薬物依存からの『回復』に向けた契機としての『スリップ』 ── ダルクメンバーへのインタビュー調査から」『保健医療社会学論集』25(2): 63-72.

────, 2015b,「排除 ── 犯罪からの社会復帰をめぐって」本田由紀編『現代社会論 ── 社会学で探る私たちの生き方』有斐閣 : 155-177.

────, 2017,「ダルクヴェテランスタッフの『回復』 ── ヴェテランスタッフへのインタヴューからの考察」『駒澤社会学研究』49: 137-158.

────, 2018,「回復はつまらない」南保輔・中村英代・相良翔編『当事者が支援する ── 薬物依存からの回復 ダルクの日々パート2』春風社 : 147-173.

相良翔・伊藤秀樹, 2016,「薬物依存からの『回復』と『仲間』 ── ダルクにおける生活を通した『欲求』の解消」『年報社会学論集』29: 92-103.

崎山治男・伊藤智樹・佐藤恵・三井さよ編, 2008,『〈支援〉の社会学 ── 現場に向き合う思考』青弓社.

櫻井龍彦, 2014,「森田療法と生活の発見会がもたらす『回復』 ── その社会的意義と社会学がなしうる臨床的貢献について」『浜松学院大学研究論集』10:

31-45.

————, 2015,「『生活の発見会』における共同体の物語と個人の物語——回復の条件に関する社会学的考察」『年報社会学論集』28: 40-51.

————, 2016,「自己探究・物語実践・回復——『生活の発見会』会員へのインタビュー調査から」『三田社会学』21: 80-93.

————, 2017,「回復者の沈黙——『生活の発見会』のある会員の事例から」『東海社会学会年報』9: 69-80.

Sampson, R. J., & Laub, J. H., 1993, *Crime in the Making: Pathways and Turning Points Through Life*, Harvard University Press.

————, 1995, "Understanding Variability in Lives through Time: Contributions of Life-Course Criminology," *Studies on Crime and Crime Prevention*, 4: 143-158.

佐藤哲彦, 2006,『覚醒剤の社会史——ドラッグ・ディスコース・統治技術』東信堂.

————, 2008,『ドラッグの社会学——向精神物質をめぐる作法と社会秩序』世界思想社.

佐藤恵, 2013,「『聴く』ことと『つなぐ』こと——犯罪被害者に対する総合的支援の展開事例」伊藤智樹編『ピア・サポートの社会学』晃洋書房: 123-156.

Schütz, A., 1932, *Der sinnhafte Aufbau der sozialen Welt*, Suhrkamp.（＝ 2006, 佐藤嘉一訳『社会的世界の意味構成——理解社会学入門（改訳版）』木鐸社.）

関水徹平, 2011,「『ひきこもり』問題と『当事者』——『当事者』論の再検討から」『年報社会学論集』24: 109-120.

Shaw, C. R., ［1930］1966, *The Jack-Roller: A Delinquent Boy's Own Story*, The University of Chicago Press.（＝ 1998, 玉井眞理子・池田寛訳『ジャック・ローラー——ある非行少年自身の物語』東洋館出版社.）

嶋根卓也, 2007a,「覚せい剤を作った長井博士」石塚伸一編『日本版ドラッグ・コート——処罰から治療へ』日本評論社: 47.

————, 2007b,「処遇をめぐる爽やかな風（1）——ダルク」石塚伸一編『日本版ドラッグ・コート——処罰から治療へ』日本評論社: 168-186.

嶋根卓也・邸冬梅・和田清, 2018,『薬物使用に関する全国住民調査（2017）〈第12回飲酒・喫煙・くすりの使用についてのアンケート調査〉』平成29年度厚生労働科学研究費分担研究報告書.

Sutherland, E. H., & Cressey, D. R., 1960, *Principles of Criminology*, 6th ed., J. B. Lippincott Company.（＝ 1964, 平野龍一・所一彦訳『犯罪の原因 —— 刑事学原論Ｉ』有信堂.）

玉井眞理子，1998,「初期シカゴ学派モノグラフ　クリフォード・ショウ『ジャック・ローラー』の生活史法」『大阪大学教育学年報』3: 91-104.

田村義保，2004,『覚せい剤乱用者総数把握のための調査研究（6）』（財）社会安全研究財団委託調査研究報告書.

東京ダルク，2009,『平成 19 年度障害者自立支援調査研究プロジェクト「薬物依存症者が社会復帰するための回復支援に関する調査」報告書』平成 19 年度障害者保健福祉推進事業補助金事業.

東京ダルク，2016,『「リカバリング（回復途上）スタッフによる，危険ドラッグ乱用に対する回復支援法の開発」事業報告書「リカバリング（回復途上）スタッフによる，嗜癖行動からの回復支援 —— 危険ドラッグ・ギャンブル・ネット」』第 46 回（2015 年度）三菱財団社会福祉事業・研究助成事業.

東京ダルク支援センター，2010,『「JUST FOR TODAY（今日一日）」 —— 薬物依存からの回復』東京ダルク支援センター.

Turner, B. S., 1984, *The Body and Society: Explorations in Social Theory*, Basil Blackwell.（＝ 1999，小口信吉・藤田弘人・泉田渡・小口孝司訳『身体と文化 —— 身体社会学試論』文化書房博文社.）

上野千鶴子，2011,『ケアの社会学 —— 当事者主権の福祉社会へ』太田出版.

White, W. L., 1998, *Slaying the Dragon: The History of Addiction Treatment and Recovery in America*, Chestnut Health Systems/Lighthouse Institute.（＝ 2007, 鈴木美保子・山本幸枝・麻生克郎・岡崎直人訳『米国アディクション列伝 —— アメリカにおけるアディクション治療と回復の歴史』特別非営利法人ジャパンマック.）

山下麻実，2012,『ダルクにおける薬物依存からの〈回復〉に関する研究 —— 個人の体験と場の機能に着目して』東京大学大学院教育学研究科修士論文.

Young, J., 1999, *The Exclusive Society: Social Exclusion, Crime and Difference in Late Modernity*, Sage.（＝ 2007, 青木秀男・伊藤泰男・岸政彦・村澤真保呂訳『排除型社会 —— 後期近代における犯罪・雇用・差異』洛北出版.）

事項索引

アルファベット

AA（Alcoholics Anonymous）　16, 19, 26

DARC（Drug Addiction Rehabilitation
　　Center）　11, 16

JUST FOR TODAY　90, 94

MA（Marihuana Anonymous）　119

MAC（Maryknoll Alcohol Center）　19

MDMA　217

NA（Narcotics Anonymous）　16, 18-21,
　　59, 60, 108, 112, 151, 166, 191, 203, 214,
　　218, 220, 223, 236, 237, 241, 243, 244,
　　246, 250

NA メンバー　245

SMARPP（Serigaya Methamphetamine
　　Relapse Prevention Program）　14,
　　173, 222, 229

X ダルク　46, 147

Y ダルク　46

あ行

アディクション　17, 18, 231

アノニマスネーム　214

アノミー　31

アノミー論　30

あへん　32

あへん法　5

あへん法違反　5, 6

あるがまま　164

アルコール　16, 23, 37, 74, 79, 196, 199,
　　200

アルコール依存　19, 26, 35, 41, 75, 91,
　　116

アルコール中毒　31

異質な他者　172

依存症　190

依存薬物　20

偉大な力　17, 108, 110

一部執行猶予（制度）　24, 25, 27, 141,
　　174

逸脱者　157, 168

逸脱の医療化　39

偽りのクリーン　60, 61, 66

医療モデル　2, 11

飲酒　205

インタビュー調査　47, 48

埋め合わせ　12, 17, 105, 109, 110, 112,
　　116, 118, 144, 145

エンカウンターグループ　166, 174, 222

か行

解決主義的アプローチ　144

回心　55

「回復」　2, 9, 11, 12, 16-19, 25-27, 30, 35,
　　39, 41, 46, 50, 54, 70, 72, 74, 90, 91, 110,
　　114, 126, 128, 146, 148, 162, 169, 171,
　　189, 191, 192, 222, 242, 249
　　――における規範的なモデル　87
　　――の規範化　122
　　――の多様性　176
　　――を巡るコンフリクト　156-158,
　　163, 165

回復の物語（the restitution narrative）
　　41

学習　33

覚せい剤　3, 4, 13, 16, 19, 23, 74, 79, 146,
　　181, 185, 198-201, 217, 236

覚せい剤取締法　5, 13
覚せい剤取締法違反　5, 6, 19
風邪薬　129
家　族　135, 139, 186, 249
葛藤的サブカルチャー　31
家　庭　219
寛解者の社会　105
機会的使用者　33
聴　く　144, 201
危険ドラッグ　3, 14
キャリア　33
ギャンブル　129, 145, 189, 232, 247
ギャンブル依存　24, 129
今日一日　12, 90, 94, 108, 145, 153, 190,
　　218, 229
共同体の物語（community narrative）
　　41, 163
緊急的住居確保・自立支援対策　27
クリーン　22, 78, 79, 81, 82, 120, 130, 192,
　　204, 220, 224, 244
グループホーム　24
刑事施設及び受刑者処遇法　10
刑の一部執行猶予制度　24, 25, 27, 141,
　　174
ケースワーカー　155, 220, 225
行為の動機　105
更生保護施設　183, 198
更生保護法　10
行動計画　9
広汎性発達障害　24
コカイン　3
五か年戦略　8
個人の物語（personal narrative）　41,
　　163, 164
コード　172
コミュニカティヴな身体（communicative
　　body）　86
コントロール使用者　13

さ行

罪責感　55
再　発　54
再犯の防止等の推進に関する法律の施行
　　9
再犯防止に向けた総合対策　9
先行き不安　98
サブカルチャー論　31
サポーティヴ　77
　　——な関係性　78
参与観察調査　47
時間の感覚　12, 90, 92, 101, 110, 114, 144
自己治療仮説　174
仕　事　193, 219, 223, 229, 244
自助グループ　190
自身の物語（own story）　36
〈実存的疑問〉　167, 168
〈実存的問題〉　167
児童自立支援施設　197
児童相談所　197
児童養護施設　196
市販薬　16
自分でどうにかして生きていく　163,
　　166, 167, 169-171
自分で理解している神　109, 110
自分は何かによって生かされている
　　18, 162, 166, 169, 170
自分より偉大な力　110, 162
司法制度の下請け　174
司法モデル　2, 11
社会学的アンビバランス　158
社会構成主義　38
社会構造　32
社会的絆　34
社会統制　12, 30
社会内処遇　25, 85
社会福祉士　23
社会復帰　25, 194
就　職　226, 244

事項索引　　269

就職活動　　194, 224
集談会　　164
12 ステップ　　16-18, 26, 108, 132
　　──の理解　　128
12 ステップ・プログラム　　108
12 の伝統　　26
就　労　　243
就労継続支援 B 型事業所　　134, 166, 174
障害者自立支援法　　24
障害者総合支援法　　24, 140
正　直　　152, 153, 192, 207, 241
「承認」　　71
少年院　　23, 198
贖　罪　　111, 112, 115
贖罪の脚本（redemption script）　　37, 87
処方された薬　　60
シラフ　　224, 243
自立準備ホーム　　24, 25, 27, 174
神経症　　164
真正さのテスト　　123
身　体　　85, 86, 104, 106
シンナー　　178, 232, 236
睡眠剤・睡眠薬　　23, 61, 205, 240
スタッフ　　13, 126, 148, 220, 228, 236, 242, 244, 245
ステップ 1　　18
ステップ 2　　18
ステップ 3　　18
ステップ 4　　229
ステップワーキングガイド　　119
スピリチュアル　　17, 109, 193, 239
スポンサー　　112, 118, 122, 228
スリップ　　12, 25, 54, 57, 58, 60-62, 80, 83, 85, 108, 109, 147, 153, 188, 201-203, 220, 244
生活の発見会　　164
生活保護　　51, 155, 199, 217, 227
精神安定剤　　23, 240
精神障害者手帳　　194

精神保健福祉士　　22, 23, 246, 251
セカンドアディクション　　130, 145
咳止めシロップ　　233
セクシュアルマイノリティー　　191
セクレタリー　　209
セックスドラッグ　　146, 181
摂食障害　　24
セルフヘルプ　　11
セルフヘルプ・グループ　　10, 11, 16, 41, 42, 54, 55, 70, 71, 80, 164, 166, 172, 173, 218
専門性　　24, 133, 134, 137, 138, 250, 251
専門的支援　　166

た行

退行主義（Retreatism）　　31, 32
退行的サブカルチャー　　31
ダイバージョン　　11
逮捕・補導　　23
大　麻　　3, 23
大麻取締法　　5
大麻取締法違反　　5, 6
立ち直り　　174
棚上げ　　111, 112
棚卸し　　12, 17, 105, 109, 110, 112, 116, 118, 144, 145
ターニングポイント　　34, 186, 239
ダルク　　11, 12, 16, 20, 112, 151, 235, 241, 244
ダルク研究会　　46
ダルクスタッフ　　26, 169
ダルクメンバー　　12, 13, 109
知的障害　　24
調査倫理ガイドライン　　46
重複依存　　24
重複障害　　24
通報義務　　25
〈使う－原因〉　　30
〈使う－プロセス〉　　30, 32, 40

接ぎ木　163, 165, 166
強み（strength）　37
定義の政治　43
デイケアセンター　21
当事者　137, 140
当事者 A　137
当事者 A／B　137
当事者性　137
当事者 B　137
特定非営利活動法人　22
〈止める－原因〉　30, 34, 38
〈止める－プロセス〉　30, 34, 35, 38, 40,
　162
囚われ　150, 153-155
トルエン　236

な行

仲　間　64-66, 70, 72, 73, 76, 78, 82, 90,
　108, 110, 144, 145, 148, 162, 189, 190,
　220, 222, 223, 242, 245, 249
　先行く──　220, 241
何かによって生かされている　108, 162,
　170
ナラティヴ（自己物語）　36-38, 55, 91,
　162, 173
ナラティヴ・アプローチ　39
ナラティヴ・クリミノロジー　37
ナラティヴ・モード　38
二重の失敗（double failure）　32
日本ダルク　21
乳児院　196
認知行動療法　10, 39, 165
臨んで聴く（場）　144, 145, 158

は行

ハイヤーパワー　18, 108, 110, 154, 155,
　162, 193, 248
バースデイ　213, 244
パッシング　63, 85

パネル調査　48
ハローワーク　194, 228
犯罪的サブカルチャー　31
犯罪に強い社会の実現のための行動計画
　──「世界一安全な国，日本」の復
　活を目指して　9
犯罪・非行からの離脱（desistance）　34
ピアサポート　11
ビックブック　26
病　気　248
病気概念　111
ヒロポン　13
不安を声にするための時間と空間　40,
　144, 145, 158, 171
フィールドノーツ　47
ブタンガス　23
「普通」　170, 227, 231
「普通」の生活　151, 154, 208, 220, 248
普通の人間　154
プログラム　148
ブロン　233, 241
分化的接触理論　42
ベテランスタッフ　126, 128, 139
ヘルパー 2 級　194
ヘロイン　37
暴走族　197
暴力団　23
保護観察　10, 198
ポジショナリティ　46
「保障」　73
ホームヘルパー　23

ま行

マック　19, 26
マトリックス・モデル（Matrix Model）
　14
麻薬及び向精神薬取締法　5
麻薬取締法　5
麻薬取締法違反　5

マリファナ　　33, 180
慢性の病い　　92
ミーティング　　18, 20, 21, 41, 46, 63, 71,
　　76, 90, 91, 130, 132, 201, 206, 209, 217,
　　220, 225, 228, 236, 247, 249
無　力　　18, 108, 110, 239, 249
メタンフェタミン　　13
メンバー　　126
目的動機　　105
目的本位　　164
物語行為における時間性　　93
森田療法　　163, 164

や行

薬物依存（症）　　2, 4, 5, 11, 13, 22, 39, 50,
　　111, 221, 250
薬物依存者　　2, 4, 16, 19, 38
薬物依存者・高齢犯罪者等の再犯防止緊
　　急対策　　9
薬物依存離脱指導　　25
薬物事犯者　　4, 8, 10
薬物使用に関する全国住民調査　　14
薬物中毒者　　31
薬物問題　　2, 3, 10-12, 30

薬物乱用対策推進本部　　13
薬物乱用防止五か年戦略　　8
病　い　　91, 111
　　──の語り　　40, 90-92
有機溶剤　　3, 23
揺らぎ　　66, 67, 81, 84, 108
欲　求　　12, 70, 72, 74, 76, 127, 136, 217,
　　224

ら行

リアリティ　　176
リヴァプール離脱研究　　36
リカバリー（recovery）　　26
リスク・ニード応答性モデル（Risk-Need-
　　Responsivity Model）　　14
離脱症状　　32
理由動機　　105
臨床社会学　　41, 167
臨床の場　　40
論理科学モード　　38

わ行

私たちより偉大な力　　18

人名索引

あ行

浅野智彦　55, 56, 93
アッセンハイマー，ロイ神父　20
石川良子　167, 168
市川岳仁　126, 137, 138, 140
伊藤智樹　41, 55, 56, 71, 87, 173
伊藤秀樹　127, 131, 140, 174
上野千鶴子　140
ウェーバー，マックス　105
オーリン，ロイド・E.　31, 32

か行

葛西賢太　54, 55, 71, 109, 110
片桐雅隆　93
加藤武士　24
上岡陽江　169
ギデンズ，アンソニー　167
木村真理子　26
クラインマン，アーサー　40, 91
クラワード，リチャード・A.　31, 32
グリュック夫妻　34
ゴフマン，アーヴィング　85
近藤恒夫　19, 20, 21, 27, 157

さ行

相良翔　146
櫻井龍彦　163-165
佐藤哲彦　13, 158
サンプソン，ロバート・J.　34
シュッツ，アルフレッド　105
ショウ，クリフォード・R.　36
関水徹平　141

た行

玉井眞理子　43

な行

中西正司　140
中村英代　38
野口裕二　38, 91
野中猛　26

は行

平井秀幸　27, 39, 71-73, 84, 87, 111, 127,
　131, 140, 141, 174
ファラル，ファン　34
福重清　173
フランク，アーサー・W.　40, 41, 86, 92,
　93, 105
ブルーナー，ジェローム　38
ベイトソン，グレゴリー　42
ベッカー，ハワード・S.　33, 43
ホワイト，ウィリアム・L.　54, 55, 94

ま行

マートン，ロバート・K.　30-32, 158
マルーナ，シャッド　36, 37, 87, 123
丸山泰弘　8, 10, 13
南保輔　50, 140
メルッチ，アルベルト　144

ら行

ラウブ，ジョン・H.　34
リンドスミス，アルフレッド・R.　32
レイス，ゲルダ　106
ロジャース，カール　174

───────── 著 者 ─────────

相 良 翔
<small>さが ら しょう</small>

2018 年，中央大学大学院文学研究科社会学専攻博士後期課程修了。
現在，埼玉県立大学保健医療福祉学部社会福祉子ども学科助教。
［主要著作］
　相良翔，2018，『自分を信じることから「立ち直る」── 向き不向きよりも
　　前向きに』セルバ出版.
　南保輔・中村英代・相良翔編，2018，『当事者が支援する── 薬物依存から
　　の回復 ダルクの日々パート 2』春風社.
　相良翔，2013，「ダルクにおける薬物依存からの回復に関する社会学的考察
　　──『今日一日』に焦点をおいて」『福祉社会学研究』10: 148-170.
　相良翔・伊藤秀樹，2016，「薬物依存からの『回復』と『仲間』── ダルク
　　における生活を通した『欲求』の解消」『年報社会学論集』29: 92-103.
　相良翔，2017，「更生保護施設在所者の『更生』──『更生』における自己
　　責任の内面化」『ソシオロジ』62(1): 115-131.

薬物依存からの「回復」
―― ダルクにおけるフィールドワークを通じた社会学的研究

2019 年 12 月 20 日　第 1 刷発行

著　者　　相 良　翔
発行者　　櫻 井 堂 雄
発行所　　株式会社ちとせプレス
　　　　　〒 157-0062
　　　　　東京都世田谷区南烏山 5-20-9-203
　　　　　電話　03-4285-0214
　　　　　http://chitosepress.com
装　幀　　髙 林 昭 太
印刷・製本　大日本法令印刷株式会社

© 2019, Sho Sagara. Printed in Japan
　ISBN 978-4-908736-14-8　C3036

　価格はカバーに表示してあります。
　乱丁，落丁の場合はお取り替えいたします。